Filosofia
para crianças

F488   Filosofia para crianças : o modelo de Matthew Lipman em discussão / Claudine Leleux (org.) ; Britt-Mari Barth ... [et al.] ; tradução Fátima Murad. – Porto Alegre : Artmed, 2008.
272 p. ; 23 cm.

ISBN 978-85-363-1461-7

1. Filosofia – Crianças. I. Barth, Britt-Mari.

CDU 1-053.2

Catalogação na publicação: Mônica Ballejo Canto – CRB 10/1023.

Claudine Leleux
e colaboradores

Filosofia
para crianças

O modelo de Matthew Lipman em discussão

Tradução:
Fátima Murad

Consultoria, supervisão e revisão técnica:
Pablo de Vargas Guimarães
Mestre em Música e Educação pela Universidade
Federal do Estado do Rio de Janeiro.
Professor de Arte e Educação e Prática de Pesquisa
em Educação na Universidade Estácio de Sá

2008

Obra originalmente publicada sob o título
La philosophie pour enfants – Le modèle de Matthew Lipman en discussion
Editions De Boeck Université
Rua des Minines, 39B – 1000, Bruxelles
© De Boeck & Larcier S.A., 2005
ISBN 2-8041-4793-2

Capa: *Ângela Fayet Programação Visual*

Preparação do original: *Elisângela Rosa dos Santos*

Supervisão editorial: *Mônica Ballejo Canto e Carla Rosa Araujo*

Editoração eletrônica: *Formato Artes Gráficas*

Reservados todos os direitos de publicação, em língua portuguesa, à
ARTMED® EDITORA S.A.
Av. Jerônimo de Ornelas, 670 - Santana
90040-340 Porto Alegre RS
Fone (51) 3027-7000 Fax (51) 3027-7070

É proibida a duplicação ou reprodução deste volume, no todo ou em parte, sob quaisquer formas ou por quaisquer meios (eletrônico, mecânico, gravação, fotocópia, distribuição na Web e outros), sem permissão expressa da Editora.

SÃO PAULO
Av. Angélica, 1091 - Higienópolis
01227-100 São Paulo SP
Fone (11) 3665-1100 Fax (11) 3667-1333

SAC 0800 703-3444

IMPRESSO NO BRASIL
PRINTED IN BRAZIL

Autores

Claudine Leleux (org.) é professora assistente de filosofia no Departamento Pedagógico Defré da Haute École de Bruxelles, onde é também responsável pela didática da moral não-confessional e da educação para a cidadania para os futuros professores de ensino fundamental.

Britt-Mari Barth é professora honorária de ciências da educação na Faculdade de Educação do Instituto Superior de Pedagogia no Institut Catholique de Paris. Professora convidada na Université Catholique de l'Ouest, em Angers. Dirige o LAREDESCO (Laboratoire de Recherche pour le Développement Socio-Cognitif).

Freddy Mortier é formado em filosofia em Gand e pela Sorbonne. É professor de Ética na Université de Gand. Dirige, desde 2000, o Centro de Filosofia do Meio Ambiente e da Bioética e preside, desde 2004, o Departamento de Filosofia e de Ciência Moral.

Gilles Abel é licenciado e professor de filosofia na Université Catholique de Louvain. Formado em filosofia para crianças pela Université Laval de Québec, sob a orientação de Michel Sasseville, com mestrado em filosofia e especialista em filosofia para crianças. É membro fundador da Philomène ASBL, que oferece formações e dinamizações em filosofia para crianças.

Jacques Lévine é doutor em psicologia e psicanálise. Preside a Association des Groupes de Soutien au Soutien, mais conhecido pelo nome de AGSAS, que visa cruzar psicanálise e pedagogia para formar nas relações de mediação.

Jean-Marc Ferry é professor na Université Libre de Bruxelles e autor de inúmeras obras, entre as quais, recentemente, *Les grammaires de l'intelligence*. Filósofo francês, obteve o Prêmio Louis Marin da Academia de Ciências Morais e Políticas do Institut de France por *La Question de l'État Européen*. Foi laureado, em 1995, com o Prêmio La Bruyère da Academia Francesa pelo conjunto de sua obra.

Marie-France Daniel é doutora em filosofia e professora na Université de Montréal (Quebec), onde leciona ética aplicada. É também pesquisadora no Centre Interdisciplinaire de Recherche sur l'Apprentissage et le Développement en Éducation du Québec (CIRADE).

Marie-Pierre Grosjean-Doutrelepont é professora assistente de filosofia e de moral não-confessional na Haute École de la Communauté Française de Mons (Bélgica). É co-fundadora do Centre d'Analyse, de Recherche et de Éducation em filosofia para crianças. Formou-se em filosofia para crianças no Institut de Philosophie pour Enfants (IAPC) da Montclair State Univesity em de Nova Jersey, e é formadora graduada por Matthew Lipman.

Martine Nolis é professora, dinamizadora e formadora em meio período de filosofia para crianças no ensino fundamental na Bélgica. É também membro da ASBL Philomène.

Matthew Lipman fundou o Institute for the Advancement of the Philosophy for Children (IAPC) no Montclair College (New Jersey, EUA). É lógico, filósofo e pedagogo. Com sua equipe de pesquisa, experimentou pacientemente um ensino de excelência do pensamento e do julgamento. É Doutor *Honoris Causa* da Université de Mons-Hainaut.

Monique Mahieu é licenciada em filosofia pela Université Livre de Bruxelles, inspetora do curso de moral não-confessional no ensino fundamental oficial subvencionado belga e membro da ASBL Ph.A.R.E.

Michel Tozzi é professor do Departamento de Ciências da Educação na Université Paul Valéry de Montpellier, onde dirige o Centre d'Étude et de Recherche sur les Formes d'Éducation et d'Enseignement. É também redator-chefe da revista internacional na linha da didática da filosofia *Diotime l'Agora*.

Nicole Cosssin é psicopedagoga. Coordena um projeto de discriminação positiva, em meio período. Forma professores do ensino fundamental da rede livre na Bélgica em filosofia para crianças.

Xavier Magils é doutorando em filosofia na Université Libre de Bruxelles, membro da ASBL Philosophie-Enfance e animador de grupos de crianças.

Apresentação

A comunidade francesa da Bélgica constitui uma exceção dentro da União Européia: ela não inseriu a disciplina de filosofia no ensino médio. Em Quebec, inclusive, os alunos não têm acesso a essa disciplina antes do ensino superior. A França é exceção em um outro sentido, pois a filosofia coroa os estudos no ensino médio. Essa disparidade, no contexto europeu, não impede que os pesquisadores desses países manifestem o mesmo interesse pelo programa de "filosofia para crianças" do americano Matthew Lipman. O que esse programa oferece de unificador? Sem dúvida, a mesma valorização da infância, da reflexão, do espírito crítico e criativo. Pelo menos foi o que transpareceu quando de um colóquio em Bruxelas, em 14 de fevereiro de 2004, intitulado "Aprender a pensar desde os cinco anos por meio do modelo de Matthew Lipman", reunido por iniciativa do parlamento da comunidade francesa da Bélgica.[1]

A presente obra pretende contribuir para a difusão da filosofia pelo método lipmaniano. Várias das colaborações que a compõem foram expostas nesse colóquio. Outras testemunham reflexões, pesquisas e procedimentos atuais de uma pedagogia em desenvolvimento.

Impunha-se, em particular, abrir este livro, e principalmente sua primeira parte, "Aprender a pensar por si mesmo", dando a palavra ao próprio Matthew Lipman. Sua colaboração data de 1993, mas não perdeu sua atualidade e, sobretudo, ela não é mais acessível ao público francófono hoje. Matthew Lipman indica ali as aptidões que seu programa completo de "filosofia para crianças", do ensino fundamental ao médio, permite forjar.

Para julgar esse procedimento, decidimos, com Marie-France Daniel, rever os pressupostos filosóficos e pedagógicos de Lipman: depois de lembrar os postulados construtivistas em que ele se apóia, Marie-France Daniel procura descrever o resultado de suas pesquisas e, notadamente, a diferenciação a ser feita entre a aprendizagem de uma verdadeira relação "dialógica crítica" e a implementação de simples diálogos.

Toda nova pedagogia, ainda que a filosofia para crianças date do final dos anos de 1960, deveria ser avaliada, a despeito de suas posturas generosas, com um espírito de imparcialidade, o que está longe de ocorrer sempre. A colaboração de Freddy Mortier responde a esse desafio inventariando e criticando os diversos estudos de avaliação que foram realizados do método de Matthew Lipman.

O programa de Matthew Lipman inspirou novos protocolos de intervenção pedagógica. É o caso, em primeiro lugar, de Jacques Lévine, que há vários anos, com sua equipe, se dedica a pensar e a promover "ateliês de filosofia". Dessa prática, Jacques Lévine tirou a matéria para um "ensaio sobre o mundo filosófico da criança". Sua colaboração é também a oportunidade do debate entre filósofos e psicólogos, pois o ponto de vista de Jacques Lévine é o de um psicanalista.

Em segundo lugar, é o caso de um professor de filosofia no ensino médio, Michel Tozzi, que se indaga, em sua colaboração, sobre as diferenças e semelhanças entre seu próprio procedimento, o de Jacques Lévine e o de Matthew Lipman. Ele também relata como sua própria concepção evoluiu incorporando as contribuições não apenas de Lipman e Lévine, das pesquisas-ações sobre a discussão de orientação filosófica no ensino fundamental, mas também do ensino da moral não-confessional da comunidade francesa na Bélgica.

A colaboração de Claudine Leleux visa sobretudo mostrar como a aptidão para filosofar pode ser aprendida progressivamente e como o programa de Lipman constitui um dos meios a implementar para conseguir isso desde o ensino fundamental, embora a criança ainda não tenha acesso ao conceito.

Nem mesmo um consenso sobre os pressupostos epistemológicos e pedagógicos da filosofia para crianças esgotaria a "questão dos métodos". Nicole Cossin, Marie-France Daniel, Jacques Lévine, Xavier Magils, Monique Mahieu, Freddy Mortier, Martine Nolis e Michel Tozzi debateram-na livremente: a "coleta de perguntas" preconizada por Matthew Lipman é indispensável? Exige-se um suporte pedagógico em todos os casos? Que suporte pedagógico deveríamos privilegiar? Os romances *ad hoc* de Matthew Lipman e Marie-France Daniel se justificam, ou deveríamos dar preferência a obras literárias juvenis? O protocolo lipmaniano pode ser introduzido em todos os níveis de ensino e em todas as disciplinas? O programa de filosofia para crianças requer uma formação inicial ou contínua específica dos professores?

Pedimos a Jean-Marc Ferry que dirigisse ao programa de Matthew Lipman o olhar do filósofo que reflete sobre as lógicas da formação da identidade das pessoas. Nessa entrevista, Jean-Marc Ferry assinala, como todos os defensores desse programa, a importância de recorrer, na formação escolar, ao exercício da auto-reflexão. Mas lembra que o estudo da gramática – o que Hegel chamava de filosofia elementar – constitui o complemento necessário desse programa.

Britt-Mari Barth, inspirada mais por J. S. Bruner do que por M. Lipman, mas perseguindo os mesmos objetivos que este último, oferece-nos uma estratégia pedagógica inovadora e eficaz para ensinar a conceitualizar. Essa estratégia modelizada pode ajudar os professores a pesquisar com os alunos os atributos essenciais de noções filosóficas.

Matthew Lipman não esconde que seu programa visa também desenvolver nas crianças uma cidadania responsável. A presente obra aborda, assim, na segunda parte, "Aprender a cidadania e a julgar por si mesmo", uma reflexão mais específica sobre a aprendizagem da cidadania mediante a implantação do programa de filosofia para crianças.

Claudine Leleux, depois de lembrar o que a noção de cidadania pode incluir, propõe uma abordagem da educação para a cidadania mediante competências visando desenvolver de forma independente a autonomia individual, a cooperação social e a participação pública graças ao protocolo lipmaniano de filosofia para crianças associado a outros dispositivos pedagógicos.

Gilles Abel, por sua vez, mostra que a democracia, mais que um valor, é uma atitude que se deve aprender por uma experiência prática do viver-junto – o que possibilita a "comunidade de investigação" tal como a preconiza Matthew Lipman. Segundo Gilles Abel, a experiência democrática insere-se explicitamente na essência do método Lipman, "colocando em cena três balizas conceituais: a legitimidade, o espírito crítico e a solidariedade".

Marie-Pierre Grosjean-Doutrelepont expõe-nos como e por que a filosofia para crianças estimula os professores a instaurar espaços de cidadania na sala de aula. Além disso, sua colaboração permite-nos, graças à descrição minuciosa que a autora formula, compreender melhor os desafios formativos de cada uma das etapas do protocolo de Matthew Lipman.

Finalmente, no momento em que todos os responsáveis pela educação enfrentam a problemática da violência na escola, a pesquisa de Marie-

France Daniel e Michel Schleifer junto a crianças de 5 anos em Quebec e o recurso à filosofia para crianças, a partir de Les contes d'Audrey-Anne para prevenir essa violência, constituem uma verdadeira pista de reflexão e de discussão.

NOTA

1 E, em particular, de sua presidente F. Schepmans, da vice-presidente B. Wynants e dos membros do grupo de trabalho parlamentar para "A introdução de mais filosofia na escola": A. Bailly, P. Charlier, M. Elsen, F. Lahssaini, J.-M. Léonard, R. Miller, D. Van Eyll, J.-P. Wahl. O comitê científico que dirigia o colóquio era composto por M. Bastien, M. Collin, M. Crahay, W. Deweert, J.-M. Ferry, G. Fourez, J. Sojcher, M. Voisin, J. Vandenschrick, enquanto o comitê organizador era formado por C. Daubié, C. Leleux e N. Ryelandt.

Sumário

APRESENTAÇÃO 9

PARTE I
Aprender a pensar e a pensar por si mesmo

1 Reforçar o raciocínio e o julgamento pela filosofia 17
Matthew Lipman

2 Pressupostos filosóficos e pedagógicos de
Matthew Lipman e suas aplicações 31
Marie-France Daniel

3 Estudos de avaliação: o método de
Matthew Lipman como meio de desenvolvimento 53
Freddy Mortier

4 Ensaio sobre o mundo filosófico da criança:
o diálogo Eu Mundo – Instância Mundo 79
Jacques Lévine

5 Lipman, Lévine, Tozzi: diferenças e complementaridades 103
Michel Tozzi

6 Aprender a pensar desde os cinco anos por meio
do modelo de Matthew Lipman? 127
Claudine Leleux

7 Questões de método 141
Nicole Cossin, Marie-France Daniel, Jacques Lévine,
Xavier Magils, Monique Mahieu, Freddy Mortier,
Martine Nolis e Michel Tozzi

8 A importância da auto-reflexão e da gramática 163
Entrevista com Jean-Marc Ferry

9 Da prática à teoria: aprender a construir seu saber 173
Britt-Mari Barth

PARTE II
Aprender a cidadania e a julgar por si mesmo

10 Educar para a cidadania através da filosofia para crianças 191
Claudine Leleux

11 No horizonte da filosofia com crianças:
a democracia como atitude 205
Gilles Abel

12 Instaurar espaços de cidadania 225
Marie-Pierre Grosjean-Doutrelepont

13 A aprendizagem do dialogar e a prevenção
primária da violência 249
Marie-France Daniel e Michael Schleifer

Anexo A 265
Anexo B 267
Anexo C 269

PARTE I

Aprender a pensar e a pensar por si mesmo

1
Reforçar o raciocínio e o julgamento pela filosofia[1]

Matthew Lipman

Tradicionalmente, o objetivo do ensino foi a transmissão do saber. Por pessoa instruída, entendia-se uma pessoa bem-informada. E era mediante esse processo de aprendizagem que se chegava ao saber.

Essa prioridade da transmissão não é mais aceitável. Todos temos consciência da rapidez com que a menor parcela de conhecimento pode tornar-se obsoleta. Conseqüentemente, admitindo que uma pessoa instruída deve ser bem-informada, é indispensável esclarecer que ela deve ser também *racional* e *sensata*, o que significa que o processo educativo deve dedicar-se a cultivar o *raciocínio* e o *julgamento*. E ainda que se reconheça que a aprendizagem é um aspecto importante da educação, sinto que ainda nos falta conceber o ensino como uma iniciação no processo de *pesquisa*.

Não seria adequado concluir apressadamente que a pesquisa só poderia ser científica; existem outras formas de pesquisa. A filosofia é um exemplo disso. Seu objetivo é buscar as características genéricas da justeza do raciocínio. Ela se interessa pelos problemas gerais de definição, classificação, dedução, verdade e significação, e não por esses problemas tais como se manifestam em disciplinas particulares, como a história, a psicologia ou a física. Na medida em que o melhor método de abordá-los consiste em partir do geral para em seguida examinar exemplos mais precisos ligados a âmbitos de estudo particulares, a filosofia é, por excelência, a disciplina mais apta a colocar questões genéricas que permitam iniciar-nos em outras disciplinas e preparar-nos para refletir a respeito. Os práticos que agem com discernimento em seu campo particular são, ao que me parece, aqueles que não esqueceram as questões lógicas, epistemológicas e morais que aprenderam a colocar em filosofia.

Entretanto, a erudição não é suficiente para justificar a integração da filosofia no processo educativo. Uma sociedade democrática exige igualmente civismo. Esse tipo de sociedade não pode prescindir de leitores, jurados, pais, administradores e consumidores racionais e sensatos. As sociedades justas e livres são aquelas cujas instituições são eqüitativas, que estimulam a participação dos cidadãos e nas quais estes deliberam de forma crítica e criativa. Assim, o julgamento e o raciocínio são indispensáveis, e tentar desenvolver esses elementos sem recorrer à filosofia seria o mesmo que encenar *Hamlet* suprimindo o papel do príncipe da Dinamarca.

Até aqui tentei mostrar que, sem a filosofia, a formação cognitiva estava condenada ao fracasso. Permitam-me agora defender o argumento oposto, afirmando que a presença da filosofia no ensino fundamental não poderia tampouco assegurar o êxito da formação cognitiva. Entendo a filosofia aqui em seu sentido tradicional e acadêmico: a das universidades, que as crianças rejeitariam devido à sua aridez e porque não veriam nenhum interesse nela.

Parece que chegamos a um impasse: a formação cognitiva é impossível sem a filosofia, mas o é também com ela. O dilema evidentemente é real, porém existe uma porta de saída. A filosofia pode ser – e já foi – adaptada de modo a ser acolhida com entusiasmo pelas crianças. Resta-nos então remanejar o programa escolar para incluir a filosofia. Mas prefiro apresentar aqui minhas reflexões sobre os resultados da revisão da filosofia e deixar para mais tarde o exame do problema do remanejamento do programa escolar. Assim, começarei por mencionar as pressuposições que servem de orientação para elaborar um programa de filosofia para os ensinos fundamental e médio:

Pressuposição 1: Tal programa deve ser *imparcial* em face das diferentes concepções filosóficas, ao mesmo tempo permanecendo *representativo* da filosofia em seu conjunto.

Pressuposição 2: Esse programa deve ser ensinado de forma *não-dogmática*, o que exige da parte dos professores não só uma sólida bagagem pedagógica, mas também uma capacidade de manter distanciamento no plano filosófico.

Pressuposição 3: Assim como os filósofos, as crianças *se fazem perguntas* sobre o mundo. Conseguem compreender conceitos filosóficos, desde que estes sejam formulados em uma linguagem compreensível para elas, e são capazes de inventá-los. Em suma, as crianças têm uma *afinidade natural* com a filosofia.

Pressuposição 4: *O procedimento lógico* seguido pela criança em uma conversa não é sensivelmente diferente daquele do filósofo. Constata-se que ambos levantam hipóteses, tiram conclusões, definem termos, inspiram-se em idéias de uns e de outros, elaboram classificações, analisam as ambigüidades, etc.

Pressuposição 5: Muitos dos *termos* mais importantes empregados ou analisados pelos filósofos encontram-se no vocabulário de crianças pequenas, como, por exemplo, bom, justo e leal (em moral); verdadeiro, possível e exato (em epistemologia); belo e artes (em estética); razão e meios (em lógica); pessoa, vida e mundo (em metafísica).

Pressuposição 6: As *perguntas* feitas pelas crianças lembram muitas vezes aquelas que os filósofos fazem, no sentido de que ambos põem em questão o que se considera como assentado. Assim, à imagem dos filósofos, as crianças apreciam os enigmas que se referem à oposição aparência/realidade, único/múltiplo, corpo/espírito, etc.

Pressuposição 7: A idéia de que as crianças vivem demais no "concreto" para se interessarem por *idéias* abstratas e discuti-las é totalmente errônea. É, na verdade, um preconceito de adulto que fez com que uma quantidade incalculável de crianças fosse "privada de abstração".

Pressuposição 8: As crianças refletem melhor quando têm à sua disposição *modelos* de bom raciocínio. Esses modelos podem ser fornecidos a elas por seus professores, seus manuais e seus colegas. É particularmente importante que esses manuais apresentem-lhes modelos em que as crianças deliberam juntas e formam *grupos de pesquisa*.

Pressuposição 9: As crianças aprenderão melhor se os textos tiverem um caráter *narrativo* – histórias curtas ou novelas – ou forem apresentados sob uma outra forma literária, por exemplo, a poesia, pois assim elas podem apreender as *significações contextuais*, que são bem menos discerníveis nas exposições argumentativas, e concebê-las como elementos de um todo organizado.

Pressuposição 10: Embora a inteligência possa expressar-se de inúmeras maneiras, é certo que as *linguagens* escrita e oral constituem o principal meio de troca na sala de aula. É preciso ajudar as crianças a raciocinar oralmente em uma linguagem corrente; o raciocínio por simbolização tem uma importância secundária, pois o que nos interessa aqui é o sistema educacional tal como é organizado atualmente.

Pressuposição 11: As crianças querem *explicações*, e a possibilidade de encontrá-las constitui para elas a principal motivação. Por isso, os exercícios abstratos que possam parecer desinteressantes para as crianças deveriam ser utilizados com moderação.

Pressuposição 12: Para que a formação cognitiva seja eficaz, é preciso dispor de manuais de ensino contendo *exercícios* que possibilitem desenvolver as aptidões cognitivas e *planos de discussão* que favoreçam a conceitualização.

Pressuposição 13: A fim de preservar a qualidade e a integridade da disciplina, os exercícios deveriam ser elaborados não por professores, mas por *especialistas de programas de ensino* da disciplina em questão. Do mesmo modo, os professores deveriam ser formados por *especialistas da disciplina*, e não por outros professores.

Pressuposição 14: Uma formação cognitiva eficaz é uma formação que dá ênfase ao desenvolvimento de quatro grupos de aptidões: aptidões ao *raciocínio*, à *pesquisa*, à *conceitualização* e à *formulação*.

Pressuposição 15: O raciocínio é uma *técnica* cujo melhor método de ensino é a aprendizagem cognitiva pela modelização, pelos trabalhos dirigidos e, sobretudo, por discussões sobre pontos concretos. O julgamento é uma *arte* que, enquanto tal, não pode ser ensinada, mas é algo que os pensadores talvez possam aprender por si mesmos. As crianças terão tanto mais chances de conseguir isso quanto mais lhes proporcionarmos um meio intelectualmente estimulante e as encorajarmos a formar grupos de pesquisa. Os indivíduos raciocinam melhor quando interiorizam a disciplina exigida pelo diálogo em um grupo de reflexão e só chegam a julgamentos pessoais depois de terem participado ativamente nas deliberações do seu grupo. Tirar a conclusão de uma dedução implica um raciocínio; formular – ou criticar – uma hipótese, proceder a uma generalização ou fazer uma analogia implica um julgamento. Um ensino racional deve dedicar-se a cultivar ao mesmo tempo o raciocínio e o julgamento, como corpo e espírito, na medida em que esses dois elementos são necessários à constituição de um ser completo.

Gostaria agora de examinar mais de perto o conteúdo e a composição do programa de ensino. No que se refere ao conteúdo, o melhor que posso fazer é, sem dúvida, citar uma passagem de um romance para crianças, a fim de que vocês possam tirar suas próprias conclusões sobre a maneira como a filosofia foi introduzida ali: por trás das palavras, para que os alunos conseguissem descobri-la facilmente por si mesmos.

Nessa história, Suki e seu irmão Kio têm 14 e 6 anos aproximadamente. Seu pai, o senhor Tong, de origem oriental, é fabricante de móveis. A mãe morreu há muitos anos. As crianças, o pai e Anne, amiga de Suki, foram convidados para ir à fazenda de seus avós, que nunca tinham visto. Eles os encontram pela primeira vez depois de terem explorado o celeiro de maçãs, o depósito de ovos e os galinheiros e de terem visto os restos calcinados de uma granja imponente completamente incendiada.

> Finalmente, retomaram o caminho da casa. O fogo já estava aceso na grande lareira de pedra da sala de estar, e Suki, Anne e Kio vieram se colocar diante dela para se aquecerem, girando lentamente sobre si mesmos como se os tivessem enfiado em espetos. Estavam com fome, e os alimentos que lhes serviram eram tão deliciosos que mal conseguiram reconhecê-los. O pão, o leite, os ovos, a manteiga, os legumes – cada coisa tinha um gosto fresco, particular e intenso.
> "É como se os alimentos que comemos habitualmente fossem apenas uma cópia pálida dessa comida", observou Suki. "Em comparação com o leite que temos em casa, esse é o verdadeiro leite! E esses ovos têm o gosto que os ovos deveriam ter – de verdadeiros ovos!"
> Seu avô se permitiu um leve sorriso, ainda que por um instante tenha dado a impressão de que ia dar uma gargalhada. Depois, acendeu o cachimbo e se descontraiu. "E você, filho, o que acha disso?", perguntou a Kio. "Gostaria de ser fazendeiro um dia?"
> Kio estava com a boca cheia de bolo de mirtilo e o "eu não sei" que emitiu pareceu algo como "não chei".
> "Vocês vão reconstruir a granja?", perguntou o senhor Tong.
> Suki viu seu avô corar, mas este se limitou a responder: "não creio".
> A avó inclinou-se em direção ao senhor Tong e lhe disse: "Isso quase o matou, esse incêndio."
> Suki olhou as chamas na lareira. Na sua imaginação, ela via a granja queimando e sua avó segurando o avô. "Ao fogo", exclamou interiormente. Outras imagens atravessaram seu espírito: a bomba, o ar vivificante do outono, os contornos arredondados do prado. "A terra, o ar, o fogo e a água", pensou ela.
> "Queimou como isca", disse o avô de Suki. "É de madeira. Não dá para confiar. Bom mesmo é a pedra. Se um dia for construir outra, vai ser de pedra."
> "Ah", murmurou o senhor Tong em um tom sonhador, "a madeira não nos trai jamais, mesmo que às vezes aconteça sem dúvida de a trairmos. Quando aplaino uma tábua de carvalho ou de nogueira, ou a desbasto ou esfrego com palha de aço, lembro que ela fez parte de uma árvore viva. Qualquer pedaço de madeira, como esse tampo de mesa ou essas cadeiras, já foi vivo. Mesmo

morta, a madeira tem um calor que a pedra nunca terá. Ela é viva, enquanto a pedra, ela...''; ele se deteve, hesitando em completar seu pensamento.
"Até a madeira se petrifica", retorquiu o fazendeiro. "Mais cedo ou mais tarde, tudo se transforma em pedra."
"Suki", disse Kio, "sabe aquela concha que a gente tem em casa? É de pedra, portanto um dia foi viva."
"Bom, não é exatamente de pedra, Kio. Mas e o colar de coral que você me deu um dia? Os recifes de coral? Eles não foram vivos um dia, papai?"
Antes que o senhor Tong pudesse responder, sua sogra observou: "É claro, tudo muda. É a natureza. Mas que história é essa de que tudo se transforma em pedra? Isso é uma asneira! Tudo muda – a vegetação se transforma em húmus, que por sua vez dá outras plantas. Só a mudança é perpétua."
Seu marido retorquiu: "Eu serrei e aplainei cada tábua dessa granja. Agora, elas são apenas cinzas, e essas cinzas não se transformarão em granja. É preciso usar a pedra, é o que lhe digo. Construir coisas que durem para sempre."
Fez-se o silêncio. Durante toda a conversa, Anne teve a impressão de estar sendo indiscreta. Ela achou o silêncio quase insuportável. Percebeu o tique-taque de um pêndulo em um cômodo vizinho. Mentalmente, contou os batimentos, esperando que um carrilhão marcasse um quarto de hora.
A avó de Suki retomou a palavra, um relâmpago no olhar. "Quem viver verá. Mas não se pode confundir nosso trabalho com o da natureza. O da natureza é a mudança – transformar permanentemente uma coisa em outra, sem jamais saber nem perguntar por quê. O nosso, ao contrário, é tornar o mundo poético!"
Suki estremeceu e, levantando os olhos, viu que sua avó a examinava.
"Seu pai me disse que você escreve poemas, Suki."
Suki tentou dizer alguma coisa, mas só conseguiu murmurar sons ininteligíveis.
"Eu também escrevia quando tinha sua idade e durante muitos anos mais tarde." A avó de Suki lançou um olhar ao marido e suspirou. "É curioso, realmente. Tenho um álbum de fotos, cheio de retratos, mas não suporto olhá-los. Quando os vejo, balanço a cabeça e digo para mim: 'Essa não sou eu!' Ao contrário, as poesias, estou sempre lendo e relendo. Elas permaneceram tão frescas como na época em que as escrevi. E digo a mim mesma: 'Se estou em alguma parte, é aqui, nessas palavras'."
"Talvez você não saiba que sua mãe também escrevia poemas", acrescentou o avô de Suki.
Subitamente, Suki teve uma imagem muito precisa da mãe.
"Eu não concordava muito, mas mesmo assim ela estava sempre escrevendo", acrescentou ele.
Os avós de Suki trocaram olhares. A avó se levantou, foi até a cômoda que ficava no canto e tirou um maço de folhas. "Queremos que eles sejam seus", declarou estendendo os poemas para Suki. O avô de Suki concordou com um sinal de cabeça.

Suki apertou os poemas em seu peito. Levantou-se e abraçou os avós, estreitando-os em seus braços, depois pegou novamente os poemas e estreitou-os contra si. Ela sabia que só os leria quando estivesse tranqüila, sozinha, em casa.
Mais tarde, na hora de partir, ela tentou dizer aos avós o quanto o presente a comovera. Eles balançaram a cabeça e disseram: "O importante é que você não demore demais para voltar."
O senhor Tong estreitou calorosamente a mão de sua sogra. "Vou pensar sobre o que disse, que nosso trabalho é tornar o mundo poético."
"Oh!", respondeu ela com um sorriso, olhando para Suki e Kio. "Pode-se dizer que já é um bom começo."²

Os jovens de 14 anos que lêem essa passagem para estudá-la identificam rapidamente os aspectos filosóficos passíveis de controvérsia que permeiam o texto, e suas perguntas, inscritas no quadro*, constituirão o programa de discussão do grupo. Essas perguntas costumam ser do tipo:

A realidade corresponde à maneira como as coisas são ou à maneira como elas deveriam ser?
A diferença entre a aparência e a realidade pode ser comparada à diferença que existe entre uma coisa nova e uma coisa velha?
O que significa: "Nosso trabalho é tornar o mundo poético"?
O ser da avó situa-se em seu corpo ou nas palavras que ela emprega? O que ela deu a Suki?

Quando se recorre aos exercícios e aos planos de discussão do manual de ensino do programa *Suki*, o diálogo logo se transforma em uma pesquisa intensiva de temas estéticos e metafísicos clássicos, tais como a arte em oposição à natureza, a estabilidade oposta à mudança, a vida e o espírito, o espírito e o corpo, a aparência e a realidade. As discussões em torno de temas tão controversos são um meio excelente para aguçar e reforçar a aptidão das crianças ao raciocínio e ao julgamento.

Após esse exemplo de texto romanesco que pode ser entendido por um jovem leitor, abordarei a estrutura e a razão de ser do programa de ensino em seu conjunto, tal como aparece no Quadro 1.1

Os quatro programas de iniciação visam reforçar aptidões de ordem elementar, porém fundamentais – comparação, distinção e ligação; aptidões de ordem média – classificação, seriação, raciocínio por analogia e dedução direta; e aptidões cognitivas de ordem superior – raciocínio por silogismo, recurso a critérios e formulação de julgamento.

---

* Aqui a referência é ao quadro-negro e não ao "Quadro 1.1".

Quadro 1.1 Estrutura e razão de ser dos programas de filosofia para crianças

Escolaridade	Títulos romances e programa FPC*	Aptidões privilegiadas
6ª 5ª	Harry	Dedução imediata Dedução simétrica e transitiva Formulação Generalização Silogismo categórico Silogismo hipotético
4ª	Kio e Gus	Explicação Conceitualização Classificação Explicação pelo exemplo Relação entre o todo e as partes Relação entre os fins e os meios Detecção da ambigüidade e da imprecisão
3ª	Pixie	Seriação Similitudes, metáforas, analogias Elaboração de conceitos
2ª 1ª Educação infantil	Elfie	Comparar Distinguir Relacionar Formular perguntas Fornecer explicações Contar histórias

(Essas "ordens" têm um caráter lógico, e não cronológico. As aptidões de ordem média exigem a posse de aptidões de ordem elementar, as de ordem superior pressupõem a existência das duas precedentes. Contudo, qualquer que seja sua idade, nota-se que as crianças recorrem a aptidões de três ordens, ainda que se reportem mais facilmente a umas do que a outras.) O programa de ensino insiste na seqüência lógica, partindo da hipótese de que, em todos os casos, o desenvolvimento psicológico transcorre conforme essa seqüência. Para cada ano de ensino, o programa fornece exemplos que recorrem a aptidões de ordem elementar, média e superior, apoiando-se no fato de que as crianças de todas as idades serão chamadas a afinar e a reforçar as aptidões ligadas a esses três níveis lógicos.

---

* N. de R. Sigla de filosofia para crianças.

Para transformar a classe em um grupo de pesquisa ativo, tanto no plano cognitivo quanto no afetivo, é preciso considerar que as aptidões à reflexão desenvolvem-se a partir de disciplinas articulares e que elas estão ligadas a atos mentais e disposições psicológicas específicas (ver Figura 1.1).

Tais aptidões e disposições não são construções isoladas e emanam maciça e coletivamente da aplicação do programa de filosofia para crianças (ver Figura 1.2).

Na medida em que o programa de filosofia para crianças procede de uma abordagem pedagógica fundada na "linguagem global", ele dá ênfase às aptidões fundamentais à leitura, à escrita, à expressão oral e à escuta. Em outras palavras, ele visa integrar nessas aptidões fundamentais uma parcela maior de raciocínio e de julgamento. A partir daí, os alunos podem aplicar sua maior aptidão à reflexão às disciplinas que lhes são ensinadas (ver Figura 1.3).

Paralelamente, vale assinalar que as subcategorias da filosofia abordam justamente as normas e os critérios, aspectos que fazem uma falta enorme nos programas escolares atuais. Para ensinar uma disciplina de maneira crítica e refletida, é preciso explorar as pressuposições lógicas, morais, epistemológicas, estéticas e metafísicas, e após isso os alunos perceberão que as matérias que estudam têm uma unidade e uma continuidade muito maior do que tinham antes (ver Figura 1. 4).

Devo deixar de lado aqui a análise do papel da filosofia no ensino para abordar brevemente seu impacto intelectual. Cerca de duas dúzias de experiências foram realizadas até o presente, em particular um estudo bastante recente feito na Áustria que chama a atenção. O Educational Testing Service (ETS) realizou várias dessas experiências, especialmente as duas seguintes: a primeira consistiu em comparar os desempenhos de 2.300 alunos de origens étnicas diversas de 5as, 6as e 7as séries com os de um grupo testemunho mais restrito. Ao final de um ano de aplicação do programa Harry, à razão de 2,5 horas por semana, 8 das 11 comparações feitas entre alunos do mesmo nível revelaram que o grupo experimental obtinha melhores resultados que o grupo testemunho (p = 0,015). Um outro estudo realizado pelo ETS em meio urbano revelou que, após um ano de prática do programa Harry, os progressos dos 100 alunos do grupo experimental superavam nitidamente os dos 100 alunos do grupo-controle (p = 0,00), pois eram 36% superiores em matemática, 66% em compreensão da leitura e 80% no plano do raciocínio. Outros estudos revelam importantes progressos no plano da criatividade.

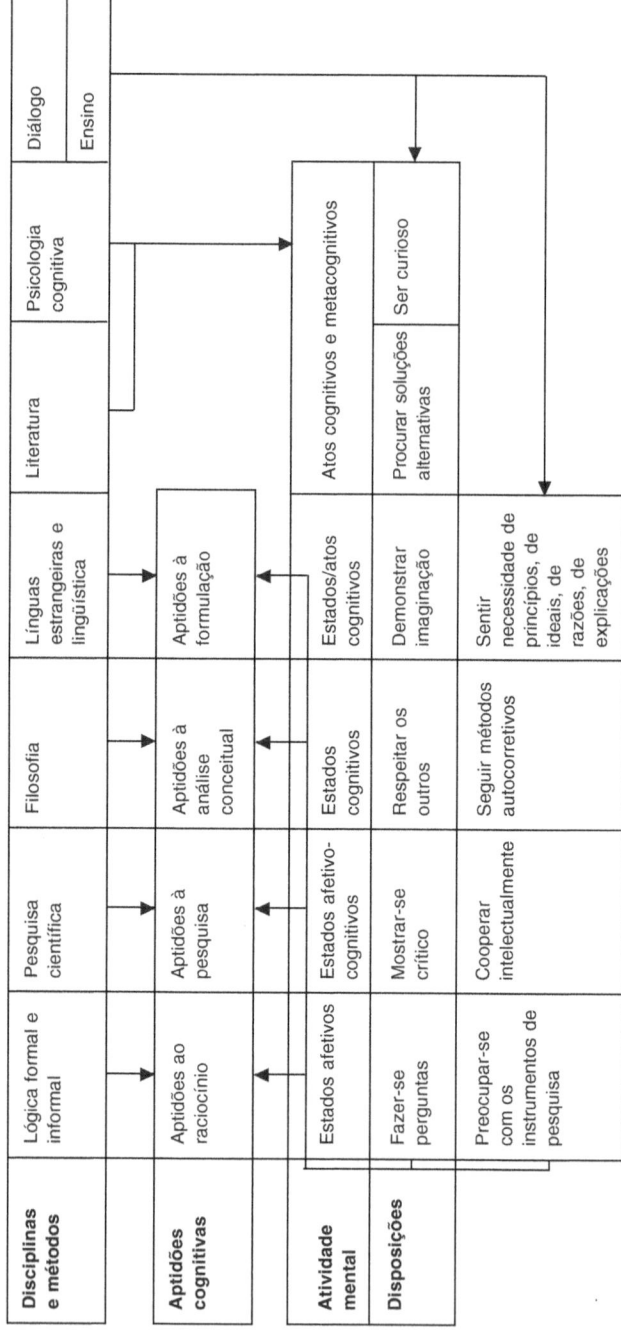

Figura 1.1 Aptidões à reflexão ligadas a disciplinas e disposições particulares.

Filosofia para crianças 27

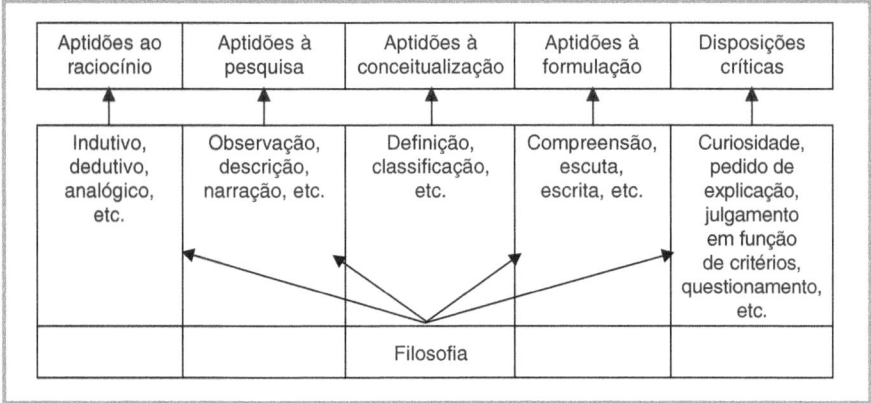

Figura 1.2 Aptidões e disposições desenvolvidas pelos programas de filosofia para crianças.

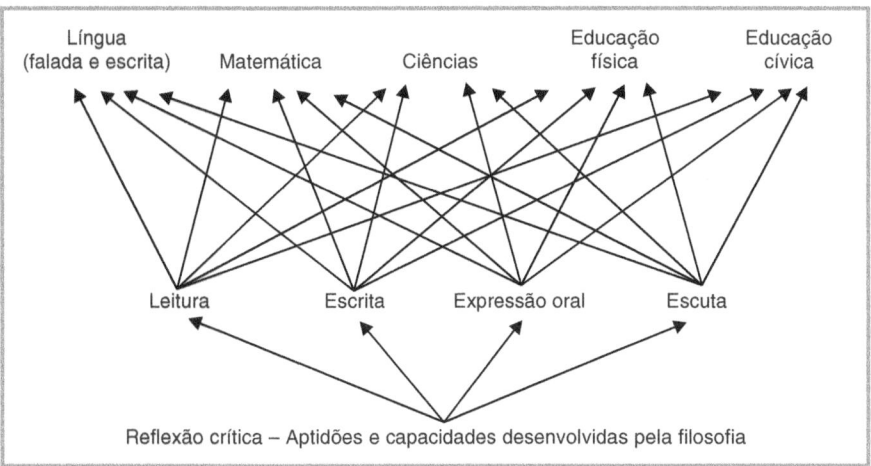

Figura 1.3 Transferência de aptidões à reflexão e ao julgamento às disciplinas ensinadas.

Tentei mostrar que o conteúdo da filosofia é essencial para o ensino, que é bem aceito em classe e que, no plano intelectual, tem uma incidência altamente desejável. Mas preciso reportar-me ao fato de que nosso tema aborda a reflexão no ensino e dizer algumas palavras sobre a maneira como a filosofia satisfaz essa exigência.

Os apelos à reflexão no ensino referem-se geralmente, e com justa razão, à "reflexão crítica", pois não se pode negar que a reflexão habitual,

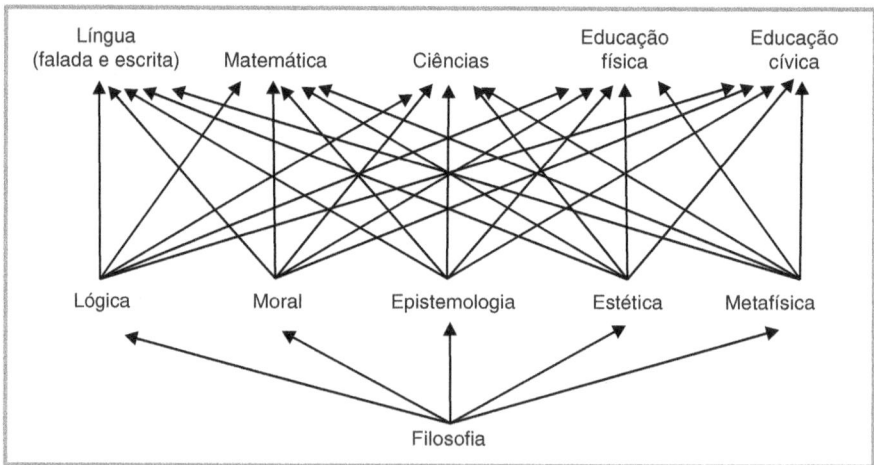

Figura 1.4 Subcategorias da filosofia ligadas às disciplinas escolares.

não-crítica, é onipresente em sala de aula. Mas o que é a reflexão crítica? Existe um certo número de definições, porém os professores e o pessoal administrativo das escolas reclamam de sua imprecisão. Por isso, vou propor a minha. Se ela for aceitável, a única questão que resta é determinar se a filosofia ensinada na escola corresponde efetivamente a essa definição.

Em primeiro lugar, defendo que a reflexão crítica deve ser uma forma de pesquisa, pesquisa que considero uma prática autocorretiva. Por isso, entendo que uma das características essenciais da reflexão crítica é ser autocorretiva. Em segundo lugar, afirmo que a reflexão crítica é um modo de reflexão que, quando se aplicam regras a casos concretos ou se passa da teoria à prática, permite levar em conta circunstâncias particulares. Portanto, a segunda característica da reflexão crítica é ser permeável ao contexto. Em terceiro lugar, a reflexão crítica é um modo de raciocínio. Contudo, mais do que isso, ela se apóia firmemente nessa categoria particular de razões bastante confiáveis designadas pelo vocábulo critérios. A terceira característica da reflexão crítica é, então, em suas aplicações concretas, que ela se apóia em critérios. Assim, por exemplo, a aptidão é um desempenho avaliado em função de critérios. (Será que eu deveria acrescentar que o estudo de funções normativas, descritivas e metodológicas de critérios pertence ao âmbito da filosofia?) Em quarto lugar, enquanto raciocínio concreto ou aplicado, a reflexão crítica tem como objetivo emitir julgamentos. Desse modo, a quarta característica essencial da reflexão crítica é que ela conduz a julgamentos.

Agora estamos em condições de sintetizar esses quatro aspectos em uma dimensão única: *a reflexão crítica é um modo de reflexão autocorretiva permeável ao contexto e apoiada em critérios em vista de emitir julgamentos.* Voltemos à pequena história de Suki, seu irmão Kio, sua amiga Anne, seu pai e seus avós. Vamos considerá-la um modelo eventual. Será que a reflexão que ela ilustra é autocorretiva, permeável ao contexto, fundada em critérios e geradora de julgamentos? *Sua* própria reflexão acerca dessa história também teria sido facilitada no plano dessas mesmas características da reflexão crítica? Gostaria que vocês respondessem afirmativamente nos dois casos, pois assim eu poderia finalizar minha argumentação.

Para concluir: afirmei que, em matéria de ensino, o conhecimento não era um objetivo apropriado e que a razão e o discernimento eram mais importantes. Os antigos já sabiam disso, mas a palavra sabedoria que preferiam empregar tem conotações suscetíveis de perturbar alguns de nós. Porém, de que maneira eles poderiam esperar que se demonstrasse sabedoria a não ser graças à razão e ao julgamento?

Dos gregos até nossos dias, o ensino escolheu a via da evidência e da facilidade. É evidente que as crianças não possuem o saber e que este lhes será proporcionado pela educação. Menos evidente é determinar se as crianças são menos desprovidas de sabedoria do que nós. Essa é uma qualidade de que todos – crianças e adultos – nos beneficiaríamos se a cultivássemos mais. Desejamos que essa nova prioridade atribuída à reflexão no ensino oriente nossas pesquisas no sentido de um reforço do raciocínio e do julgamento. A meu ver, isso não implicaria nada menos que a admissão da filosofia entre as matérias obrigatórias do programa do ensino fundamental e médio.

NOTAS

1 Esta colaboração apareceu pela primeira vez em *Apprendre à penser, penser à apprendre,* documento da OCDE apresentado na conferência de julho de 1989 organizada pelo CERI, OCDE, 1993, p. 141-154. Nós a reproduzimos aqui com a autorização do autor, a quem agradecemos, com duas pequenas correções de tradução.

2 M. LIPMAN, *Suki*, 1978, New Jersey, IAPC, Upper Montclair, capítulo 5.

2

Pressupostos filosóficos e pedagógicos de Matthew Lipman e suas aplicações[1]

Marie-France Daniel

Em Quebec e em todo o mundo, a educação torna-se cada vez mais problemática, visto que o século XXI será provavelmente moldado por três grandes tendências: a internalização e a mundialização, a explosão dos conhecimentos e o desenvolvimento acelerado das tecnologias e a complexificação da vida em sociedade.[2] A escola precisa agora assegurar às jovens gerações uma forma de educação que lhes permita enfrentar esses novos desafios com êxito.

A esse respeito, em um relatório recente, a Comissão Internacional sobre a Educação para o Século XXI, constituída pela Unesco, sustenta que o desenvolvimento do pensamento crítico dos jovens tornou-se essencial para favorecer neles "uma verdadeira compreensão do acontecimento, em vez de desenvolver uma visão simplificada da informação ligada a esses acontecimentos".[3] Além disso, a comissão sugere veementemente que a cooperação entre os jovens seja valorizada, dando a entender assim que o pensamento crítico não deve ser ensinado como uma retórica competitiva, mas como um meio de se enriquecer com a ajuda dos colegas. Em outras palavras, o pensamento crítico deve superar o simples desenvolvimento cognitivo para se integrar ao processo global do desenvolvimento da pessoa.

O relatório da Comissão Internacional sobre a Educação para o Século XXI insere-se na ótica das pedagogias ligadas às teses construtivistas cujos objetivos concernem à necessária complexificação da reflexividade nos jovens, visando a produção significativa de conhecimentos. Com isso, ele adere à intenção primeira da abordagem de filosofia para crianças (FPC), proposta pelo filósofo americano Matthew Lipman.

Apresentarei primeiramente as linhas gerais das teses construtivistas e, para isso, vou expor três postulados construtivistas sobre os quais repousa a abordagem de FPC. Em seguida, apresentarei a FPC e suas relações com o desenvolvimento de um pensamento crítico. Segue-se a apresentação de um processo de desenvolvimento do pensamento crítico dialógico que emana de nossos resultados de pesquisa na Austrália, no México e em Quebec com alunos de 10 a 12 anos. Finalmente, indicarei as dificuldades de aplicação e os limites dessa abordagem.

PRESSUPOSTOS LIPMANIANOS: TRÊS POSTULADOS ORIUNDOS DAS TESES CONSTRUTIVISTAS

Estudar os pressupostos filosóficos e pedagógicos de Matthew Lipman equivale a estudar a filosofia da educação pragmatista e as teses da epistemologia construtivista que ela contém implicitamente.[4] Porém, antes de apresentar a pedagogia ligada às teses construtivistas, esboçarei rapidamente um quadro das perspectivas mais correntes que tendem a definir o ensino e a aprendizagem, a saber, as pedagogias inspiradas no behaviorismo e no humanismo,[5] a fim de situar a pedagogia inspirada no construtivismo no *continuum* das práticas e fazer emergir os desafios de seus postulados.

Pedagogia inspirada no behaviorismo

A primeira perspectiva, que se pode qualificar de tradicional, pressupõe uma pedagogia do desempenho; ela encontra sua essência em técnicas e estratégias de aplicação prática. Diz respeito ao saber e ao saber-fazer. Considera o professor como o especialista de uma área ou o *expert* de um dado campo, cujo objetivo pedagógico consiste em transmitir muitos conteúdos e informações, e isso em um curto espaço de tempo. Essa é a pedagogia mais difundida.

Nessa perspectiva, a reflexão dos alunos é pouco estimulada, mesmo quando se trata do desenvolvimento do pensamento crítico. Os defensores da pedagogia tradicional consideram o pensamento crítico como um *produto* e seu desenvolvimento como uma técnica com o objetivo de controlar o ambiente segundo padrões predefinidos. O pensamento crítico é então uma retórica aplicada de forma mais mecânica. Supõe competências puramente cognitivas e desenrola-se quase sempre em um contexto de competição; é um meio de chegar a fins por vezes não-desejáveis.

Além disso, essa pedagogia não pode ser completamente afastada da sala de aula, pois a sociedade não pode rejeitar todo o saber acumulado há dois séculos e pedir às novas gerações que reinventem o que foi pacientemente desenvolvido. Contudo, não me parece que estejamos falseando os limites da pedagogia tradicional ao afirmar que ela desenvolve nos alunos principalmente habilidades cognitivas simples – memorização, compreensão –, que se revelam insuficientes para assegurar uma formação de qualidade e um desenvolvimento significativo do pensamento crítico.[6]

Pedagogia inspirada no humanismo

A segunda perspectiva do *continuum*, inspirada na corrente humanista, é orientada para o desenvolvimento da pessoa e incorpora a reflexão à transmissão dos saberes. Os conteúdos de ensino não são vistos como fins em si, mas, antes, como meios pelos quais a escola pode desenvolver pessoas equilibradas e integradas. A pedagogia humanista estimula nos alunos valores como o respeito e a experiência pessoal. Estes últimos são considerados como "indivíduos", isto é, seres autônomos, criativos e capazes de reflexão.

Um ensino centrado no desenvolvimento pessoal permite aos alunos: a) pensar em vista do enriquecimento de sua experiência pessoal e situá-los dentro de limites estabelecidos por sua cultura e b) refletir sobre os conteúdos de saber acadêmico organizados logicamente pelos *experts*, a saber, os professores.

Desse ponto de vista, o pensamento crítico é uma *prática*; seu desenvolvimento passa pela compreensão do ambiente e inscreve-se em uma perspectiva intra-subjetiva em que cada justificativa, cada sentido, cada interpretação é aceita sem ser questionada; com isso, as dimensões sociais e políticas muito raramente são apresentadas aos alunos. A pedagogia humanista pode assim engendrar um certo relativismo na epistemologia dos jovens.

Pedagogia inspirada no pragmatismo/construtivismo

Uma pedagogia inspirada no construtivismo ou no socioconstrutivismo encontra seus fundamentos na filosofia da educação pragmatista, que considera os alunos como "sujeitos", isto é, pessoas que estão ancoradas em suas sociedades e que atestam uma consciência pessoal e social. Aqui, a intersubjetividade substitui a intra-subjetividade da perspectiva anterior. De fato, os pragmatistas e os construtivistas sustentam que a educação deve servir à melhoria social. Suas metas, além da iniciação dos jovens nas normas, nas leis e nas tradições de sua cultura, são dirigidas à apropriação dessa cultura de uma maneira crítica.[7] E isso, evidentemente, porque reconhecem o caráter social e construído do saber científico que substitui, entre outras, a verdade pela viabilidade. Essa perspectiva é heurística, na medida em que pressupõe que a finalidade do ensino é estimular o questionamento nos jovens. Assim, o saber torna-se significativo, de um lado, e contextual, de outro; ele participa da reflexão e do diálogo dentro de uma comunidade de pares, tendo em vista a reconstrução social. Assim, se a escola forma sujeitos ativos que têm o poder de construir seu sistema de interpretação e sua representação do mundo, estes vão criar, em contrapartida, condições favoráveis à cooperação, à emancipação e à democratização.[8]

O pensamento crítico é visto ali como uma práxis, isto é, ele estabelece uma relação entre a reflexão e a ação. Sua aprendizagem é um processo (vs. um produto) que visa o desenvolvimento de uma consciência crítica capaz de levar à emancipação e à autonomia da pessoa e da comunidade.[9] O objetivo dessa aprendizagem é a melhoria da experiência individual e social, que advém do conhecimento construído pelos alunos (mais do que transmitido pelo professor). O pensamento crítico pressupõe, além de um saber-fazer e de um saber-dizer, um saber-viver junto.[10]

Como dito anteriormente, situo a abordagem de FPC nesta última perspectiva;[11] vou apresentá-la após destacar certos postulados do construtivismo.

ALGUNS POSTULADOS CONSTRUTIVISTAS

Mencionemos primeiramente que as teorias de caráter construtivista não provêm da pedagogia, mas da epistemologia, ou seja, elas procuram explicar o que se conhece e como se conhece.[12] Portanto, o construtivismo propõe princípios epistemológicos, os quais são retomados e aplicados no âmbito da educação.

Entre os postulados do construtivismo, reterei três, que também foram destacados nas obras do filósofo da educação pragmatista John Dewey e que aparecem implicitamente nas obras de Matthew Lipman.[13]

O primeiro postulado refere-se ao caráter construído dos conhecimentos; o segundo, ao caráter viável; o terceiro, ao caráter social.

O primeiro postulado, que se refere ao caráter construído dos conhecimentos, supõe que o saber não é uma realidade objetiva, predeterminada fora do sujeito, mas uma construção do sujeito-em-busca-de-conhecimentos.[14] Em outras palavras, a realidade só existe no sujeito e dependente do sujeito; ela deve ser construída, e não descoberta; assim, ela coloca o sujeito em uma posição de busca ativa (ator) mais do que de recepção passiva (receptor). Em educação, três conseqüências da aplicação desse postulado são: a responsabilização do aluno, seu engajamento no processo coletivo de produção de conhecimentos e, com isso, o desenvolvimento da auto-estima.

O segundo postulado enfatiza o caráter viável dos conhecimentos; ele confronta, assim, a noção de "verdade". De fato, segundo os pragmatistas e os construtivistas, a verdade nunca é final; é um processo aberto que jamais é atingido, pois é relativo às normas aceitas momentaneamente e aos critérios estabelecidos temporariamente por um grupo, uma sociedade ou uma cultura. Sabemos, por exemplo, que cada comunidade científica, cada escola de pensamento aceita como "verdadeira" o que lhe convém, mas pode ocorrer que a interpretação de algumas dessas comunidades seja contraditória, cada uma justificando sua perspectiva a partir de quadros teóricos específicos e diferentes. Os construtivistas preferem então falar de "viabilidade" dos conhecimentos, termo que se refere à busca de explicações e a interpretações viáveis do funcionamento do mundo; os pragmatistas utilizam o termo "contextualização", que significa que essas explicações e interpretações resultam de uma adaptação ligada ao contexto e oriunda da experiência pessoal. Assim, a viabilidade ou a contextualização dos conhecimentos pressupõe uma diversidade de explicações fundamentadas e justificadas, bem como repousa sobre o compartilhamento entre pares. De fato, é somente quando são justificados experimental ou teoricamente, e depois reafirmados por vários sujeitos, que os conhecimentos construídos são validados e considerados "verdadeiros".[17] No contexto educativo, é a viabilidade dos conhecimentos construídos pelos alunos que vai determinar sua validade, e não sua correspondência com saberes científicos estabelecidos. Consequentemente, os alunos serão levados a experimentar, justificar e confrontar seus conhecimentos.

O terceiro postulado dá ênfase ao caráter social do processo de produção de conhecimentos – o que nos conduz ao socioconstrutivismo. O socioconstrutivismo, fundamentado nos princípios teóricos de Vygotsky,[16] postula que as pessoas constroem seus conhecimentos graças à linguagem e à interação social. Como explica Mead,[17] os processos sociocognitivos desencadeiam-se a partir de uma estimulação das habilidades de pensamento complexo, que se desenvolvem graças às relações que a pessoa mantém com seu ambiente. Em outras palavras, as interações sociais são tão fundamentais ao desenvolvimento cognitivo quanto a própria linguagem, e a complexificação do processo de construção de conhecimentos não pode advir sem as interações principalmente lingüísticas dos sujeitos.[18]

Assim, o terceiro postulado construtivista enfatiza as interações no processo de produção de conhecimentos, caráter que conduz o aluno a ir além da simples memorização para se engajar em um processo de busca consciente e voluntária com seus pares. De fato, é graças aos conflitos cognitivos suscitados em razão de divergências de pontos de vista entre pares que o aluno é levado a: questionar-se, duvidar, problematizar a realidade, propor alternativas de soluções, criticar as alternativas sugeridas e identificar critérios para obter a mais coerente e, por último, aplicar a solução escolhida à experiência cotidiana.[19] Portanto, é à complexidade da reflexividade dos alunos que se refere o terceiro postulado construtivista. Essa complexidade, como explicarei mais adiante, é encontrada em um pensamento crítico, sem o qual o conhecimento pode dar lugar a um relativismo negativo em que predominam os preconceitos, as crenças e as ilusões.[20]

A abordagem de FPC que exporei agora está estreitamente relacionada a esses três postulados construtivistas.

A ABORDAGEM DE FILOSOFIA PARA CRIANÇAS: DO DIÁLOGO CRÍTICO AO PENSAMENTO CRÍTICO

A FPC foi apresentada por Matthew Lipman e sua equipe da Montclair State University (New Jersey) no início dos anos de 1970. Até agora foi implantada em 50 países e seu material foi traduzido em 20 línguas. O material de Lipman compreende sete guias pedagógicos destinados aos professores e sete romances filosóficos dirigidos a jovens de 6 a 15 anos, que adaptam para eles conceitos originários de diversos campos da filosofia: *Elfie, Kio e Augustine, Pixie, Harry, Lisa, Suki, Marc*. Outros suportes filosóficos foram publicados e constituíram objetos de experiências, entre os quais *Les Contes de Audrey-Anne*[21] e *Filosofar sobre a matemática e as ciências*.²² A meta visada por esses suportes filosóficos é desenvolver nas novas gerações o "bem-pensar", chamado de pensamento crítico ou ainda complexo ou multimodal.²³

Lipman sugere três etapas para a apresentação pedagógica do material aos alunos: a leitura, o questionamento e a discussão.

A leitura

A partir dos 6 anos, os alunos geralmente adquirem o prazer de ler por si mesmos. A leitura de um capítulo de romance filosófico é feita então pelos alunos, em voz alta e alternadamente (uma frase ou um parágrafo por aluno). Esses dois aspectos são importantes para marcar a "cooperação" de pares. Na verdade, pode ocorrer que certos alunos tímidos só se expressem na leitura (eles participam pouco ou não participam nas etapas seguintes), mas esse ato já constitui um primeiro engajamento em relação à aprendizagem, em que o aluno não é mais um receptáculo dos dados narrativos, mas sim um participante ativo na leitura. A participação na leitura é também uma troca verbal de primeiro nível com os pares – troca que se transforma gradualmente em compartilhamento de idéias.

Na pré-escola, os contos filosóficos são narrados às crianças de forma tradicional ou com a ajuda de marionetes. Sua participação é então colocada à prova por uma reformulação do conto que são convocados a fazer para a classe.

Em suma, em razão do engajamento concreto que exige dos alunos, a primeira etapa da abordagem lipmaniana constitui uma atividade pedagógica que já se pode ligar ao primeiro postulado construtivista, o caráter construído dos conhecimentos.

A coleta de perguntas

Após a leitura do capítulo, pede-se aos alunos que façam perguntas a propósito de conceitos que gostariam de discutir. A segunda etapa supõe que eles invistam na compreensão do texto lido a ponto de se deixarem indagar pelas situações descritas ali. A compreensão requer não apenas o conhecimento das palavras, mas também uma apreensão global do texto e do contexto. Essa etapa estimula o aluno a entrar em um processo de busca, que está na base de toda reflexão crítica.

Questionar-se e formular uma pergunta já não são mais atos mentais espontâneos nos alunos do final do ensino fundamental.²⁴ Correspondem a uma forma de ensinar que vai de encontro à pedagogia tradicional em que o poder e o direito de fazer perguntas é reservado ao professor. Porém essa aprendizagem é fundamental, na medida em que estimula nos jovens um pensamento autônomo, criativo e crítico. Além disso, a segunda etapa responsabiliza o aluno e coloca-o no primeiro plano de suas aprendizagens, pois são os alunos (e não o adulto) que, mediante suas perguntas, elaboram a agenda da discussão. Assim, a coleta de perguntas assegura sessões filosóficas ancoradas em uma motivação intrínseca.

A segunda etapa supõe que o aluno aprenda não apenas a formular uma pergunta, mas uma pergunta de ordem "filosófica". As experiências realizadas atualmente na França e em Quebec com *Les contes d' Audrey-Anne*[25] mostram que as crianças a partir dos 5 anos são capazes de formular esse tipo de pergunta, desde que sejam guiadas pela professora.[26] De maneira geral, dizemos que uma pergunta é portadora de sentido filosófico quando ela:
- refere-se mais ao "por que" do que ao "como";
- questiona os conceitos (por exemplo: "o que é...?" e "o que quer dizer...?");
- é elaborada em torno da origem, da causa, das conseqüências, das relações (lógicas e lingüísticas) entre as palavras, os conceitos, as idéias (por exemplo: "de onde vem...?" e "o que acontecerá se...?");
- põe em questão as aquisições, as tradições, os preconceitos (por exemplo: "é verdade que...?" e "por que costuma-se pensar que?");
- procura justificativas aos enunciados de colegas (por exemplo: "por que você diz isso?").

Em suma, a formulação de perguntas filosóficas, na medida em que coloca o aluno em uma posição de busca ativa do sentido, responde aos princípios do postulado construtivista relativo à construção dos conhecimentos e, na medida em que fornece aos alunos a oportunidade de se engajarem no questionamento de aquisições e de crenças, já representa um passo em direção ao postulado relativo à viabilidade dos conhecimentos.

Como constataremos nas páginas seguintes, o diálogo filosófico entre pares, terceira etapa da abordagem lipmaniana, ilustra os princípios inerentes aos três postulados construtivistas, ou seja, a construção, a viabilidade e o caráter social dos conhecimentos.

O diálogo filosófico em uma comunidade de investigação

A essência da FPC encontra-se na aprendizagem do "dia-logar". O objetivo dessa terceira etapa não é fazer com que os alunos argumentem visando a competição, mas fazê-los *dia-logar* em uma perspectiva de cooperação, em que toda intervenção individual contribui para enriquecer a perspectiva do grupo. Uma verdadeira "comunidade de investigação" aparece quando o diálogo entre pares caracteriza-se pelo pluralismo, pela reciprocidade e pela tolerância.[27]

Dialogar, que é diferente de conversar,[28] requer uma aprendizagem. Um estudo recente realizado na Austrália, no México e em Quebec[29] revela que uma discussão "interessante" entre alunos não é necessariamente dialógica e que nem todo diálogo é crítico logo de início.[30] De fato, uma discussão "interessante" entre alunos pode ser:

a) **Anedótica**, quando os jovens "falam" de forma não-estruturada a propósito de situações pessoais. Nesse caso, os alunos não estão em um processo de busca, não têm um objetivo comum a circunscrever e eles se deixam mais ou menos influenciar pelas intervenções dos colegas. Além disso, não justificam seus pontos de vista, e suas opiniões são apresentadas como conclusões.

b) **Monológica**, quando os alunos começam a entrar em um processo de busca, porém orientado essencialmente à busca "da" resposta certa. Cada intervenção de um aluno independe das outras. Os alunos têm dificuldade de justificar suas opiniões.

c) **Dialógica**, quando os alunos começam a formar uma "comunidade de investigação", isto é, quando investem na reflexão motivados por um objetivo comum. A experiência realizada com alunos australianos, mexicanos e quebequenses permitiu-nos constatar que uma discussão de tipo dialógico nem sempre comportava o indício de um pensamento crítico. Denominamos esse tipo de discussão de *diálogo não-crítico*, no qual os alunos de 10 a 12 anos podiam muito bem dialogar, mas não avaliar os pontos de vista ou as perspectivas em jogo; não avaliar a validade, a utilidade, a viabilidade dos enunciados ou dos critérios. Nesse nível, os alunos representam as diferenças de opinião, constroem seu ponto de vista a partir dos que são emitidos pelos colegas e começam a justificar suas proposições.

d) **Dialógica semicrítica**, quando, em um contexto de interdependência, certos alunos são bastante críticos para questionar os enunciados dos colegas, mas estes últimos não são bastante críticos para ser influenciados cognitivamente pela crítica emitida, de modo que esta não leva a uma mudança da perspectiva do grupo.

e) **Dialógica crítica**, quando os alunos não apenas melhoram a perspectiva do grupo, como também a modificam. Esse tipo de discussão pressupõe os seguintes critérios: a interdependência explícita entre os alunos; a busca é orientada à construção de sentido (*vs.* a busca da verdade); os alunos têm consciência da complexidade de pontos de vista dos colegas; eles buscam a divergência e consideram que a incerteza é um estado cognitivo positivo; a crítica é buscada por si mesma, como uma ferramenta para avançar na compreensão; os alunos justificam espontaneamente seus pontos de vista e de modo coerente e original; uma preocupação ética pode ser observada em suas intervenções; seus enunciados são pronunciados em forma de hipóteses a verificar e não de conclusões fechadas.

Em suma, o objetivo da terceira etapa é estimular entre os alunos uma discussão que se possa considerar "filosófica", na medida em que seja elaborada como uma "construção piramidal"[31] que se estruture com a ajuda de críticas. De fato, somente o diálogo crítico cria um desequilíbrio cognitivo suficiente para desencadear nos alunos um processo reflexivo,[32] capaz de conduzir à modificação de perspectivas.[33]

Para compreender melhor o papel do diálogo crítico no desenvolvimento de um pensamento crítico em alunos de 10 a 12 anos – objetivo visado pela FPC –, analisei com uma equipe de pesquisadores australianos, mexicanos e quebequenses as transcrições de discussões filosóficas entre alunos de cada um desses países durante um ano letivo. O processo desenvolvimental a seguir, relativo ao pensamento crítico-dialógico, emergiu da análise.[34] A denominação "pensamento crítico-dialógico" foi escolhida por indicar que as manifestações de um pensamento crítico só ocorrem em uma discussão de tipo dialógico.[35]

Nos Quadros 2.1 e 2.2, os elementos em negrito indicam as modalidades e manifestações de um pensamento crítico-dialógico; os elementos em caracteres normais indicam seus antecedentes. Os elementos em itálico não foram verificados empiricamente, mas apenas inferidos.

Assim, o estudo que realizamos fez emergir um primeiro critério do pensamento crítico-dialógico, ou seja, a multimodalidade, que se refere ao pensamento lógico, crítico, responsável e metacognitivo.

Quadro 2.1 Processo desenvolvimental do pensamento crítico-dialógico: conteúdo

Perspectivas \ Modos	Lógico	Criativo	Responsável	Metacognitivo
1 Egocentrismo	Enunciado baseado na experiência perceptual de um fato particular	Enunciado que dá sentido a um ponto de vista pessoal	Resposta relacionada a um comportamento pessoal e particular	Enunciado relacionado a uma tarefa, ponto de vista, habilidade... pessoal e particular
2 Relativismo	Enunciado baseado em uma generalização proveniente dos sentidos e do raciocínio	Enunciado que dá sentido ao ponto de vista de um colega	Resposta relacionada ao comportamento particular de um colega	Enunciado relacionado ao ponto de vista, tarefa, habilidade... de um colega
3 Intersubjetividade (orientada para o sentido)	Enunciado baseado no raciocínio simples (conceitualização)	Enunciado que traz um sentido divergente (transformação)	Resposta relacionada a regras morais (categorização)	Enunciado que expressa uma mudança de perspectiva do grupo (correção)
4 Intersubjetividade (orientada para a construção do conhecimento)	Enunciado baseado no raciocínio complexo e aberto	Enunciado que oferece ou relaciona diversos sentidos	Resposta relacionada a princípios éticos	Enunciado que reconhece o enriquecimento da perspectiva pelos colegas

Nas transcrições de discussões que analisamos, o pensamento lógico não significa a lógica formal tradicional, mas refere-se à lógica informal que pressupõe a coerência nas manifestações da linguagem. Sua complexificação encontra-se na conceitualização, isto é, na capacidade de passar do concreto ao abstrato.

Em nossas análises, o pensamento crítico sempre se manifesta em uma busca de sentido, que tem como ponto de partida a convergência e como ponto de chegada a divergência. O pensamento criativo apenas contextualiza os sentidos, aplica-se à transformação destes últimos.

Quanto ao pensamento responsável, ele encontra aplicação na relação entre o comportamento e as regras morais ou princípios éticos com vistas à melhoria da experiência pessoal e social. Ele aparece quando os alunos investem na reflexão cada vez mais complexa, primeiro sobre os comportamentos humanos, depois sobre as regras morais (categorização de atos particulares) e finalmente sobre princípios éticos (reflexão sobre os fundamentos de categorias).

Quadro 2.2 Processo desenvolvimental do pensamento crítico-dialógico: forma

Perspectivas \ Modos	Lógico	Criativo	Responsável	Metacognitivo
1 Egocentrismo	Enunciado não-justificado Justificativa (incompleta ou concreta) induzida pelo adulto	Enunciado de sentido (unidades) Contextualização do sentido (relações simples)	Enunciado relacionado a comportamentos, regras, princípios	Enunciado relacionado à tarefa, atividade, habilidade...
2 Relativismo	Justificativa espontânea simples (... porque...)	Avaliação do sentido (relações críticas)	Desejo de compreender comportamentos, regras, princípios	Descrição da tarefa, atividade, habilidade...
3 Intersubjetividade (orientada para o sentido)	Argumento (se... então...)	Reflexão sobre os sentidos para transformá-los (relações complexas)	Manifestação de dúvidas conforme comportamentos, regras, princípios	Explicação/ avaliação da tarefa, atividade, habilidade...
4 Intersubjetividade (orientada para a construção do conhecimento)			Estimulação do grupo para uma mudança	Argumentação a propósito da tarefa, atividade, habilidade...

Para concluir, o pensamento metacognitiva, tal como se manifesta nas crianças de 10 a 12 anos envolvidas no projeto de busca, significa pensar a propósito dos pensamentos, das crenças, das perspectivas (as suas e as dos colegas) e exercer um certo controle sobre eles, em vez de simplesmente sofrê-los. A complexificação do pensamento metacognitivo manifesta-se na passagem do autocontrole à correção e ao reconhecimento de ter enriquecido pela comunidade de investigação.

Contudo, para que o pensamento crítico dialógico ocorra, não basta que esses quatro modos de pensamento estejam presentes no discurso dos alunos. Como exemplo, eis algumas situações destacadas em classes de FPC que denotam um certo nível de reflexão multimodal, mas que não garantem sua dimensão crítica: no plano lógico, um aluno enuncia um ponto de vista que é uma generalização (raciocínio), mas cuja ancoragem situa-se na experiência perceptual, o qual não é espontaneamente justificado (perspectiva 2). Aqui o aluno reflete, mas não de modo crítico; ele é coerente, mas não crítico. No plano do pensamento criativo, um aluno elabora um exemplo para contextualizar o enunciado de um colega (perspectiva 2). Ele demonstra criatividade, mas em um nível que não é suficiente para garantir a dimensão crítica que estaria mais na transformação ou na avaliação de significados. No plano do pensamento responsável, um aluno questiona o comportamento particular de um colega com a intenção de compreendê-lo melhor (perspectiva 2). O pensamento responsável é ativo, mas não contribui para a crítica que estaria mais no questionamento dos comportamentos, das regras, etc. No nível do pensamento metacognitivo, um aluno mostra que tem consciência dos pontos de vista dos colegas, das tarefas executadas, etc., descrevendo-os (perspectiva 2). Sem dúvida alguma, esse aluno utiliza um pensamento metacognitivo, mas não em um nível crítico, o que pressuporia que sua consciência levasse à correção do grupo ou à autocorreção. Em outras palavras, *a utilização dos quatro modos de pensamento em questão só contribui para que emerja o pensamento crítico dialógico à medida que se manifestam na conceitualização, na transformação, na categorização e na correção* (perspectiva 3).

A complexificação epistemológica orientada para a intersubjetividade é, portanto, o segundo critério necessário à manifestação de um pensamento crítico dialógico. O estudo mencionado anteriormente fez emergir concordâncias entre os níveis de complexificação das manifestações de quatro modalidades cognitivas e de perspectivas epistemológicas. Assim, nos alunos de 10 a 12 anos, cada modo de pensamento é conjugado ou declinado segundo três perspectivas epistemológicas que denominamos de egocentrismo, relativismo e intersubjetividade orientadas para a busca de sentido.[36]

O egocentrismo, tal como emergiu de nossas análises, pressupõe que as discussões entre os alunos sejam de tipo anedótico ou monológico e que seu pensamento necessite ainda do suporte concreto para se manifestar. Além disso, esses alunos não conseguem justificar seus pontos de vista, mesmo com o estímulo do professor. A crítica é inexistente em suas discussões.

Diferentemente, os exemplos fornecidos no parágrafo anterior ilustravam a segunda perspectiva, a saber, o relativismo, em que os alunos demonstram reflexão, tolerância em relação aos pontos de vista divergentes dos colegas, vontade de compreender, mas cujos pontos de vista são justapostos, em vez de serem avaliados, criticados ou hierarquizados. Assim, ao final da discussão, os alunos vêem-se diante de um conjunto de pontos de vista ou critérios sem conseguir escolher o mais adequado ou o mais significativo já que todos lhes parecem pertinentes.

De modo mais complexo, quando os alunos estão em uma perspectiva ligada à intersubjetividade, seus pontos de vista são apresentados como hipóteses (*vs.* conclusões), a dúvida e a abertura de espírito caracterizam os alunos, a avaliação crítica é permanente, as justificativas enunciadas são completas e acompanham espontaneamente os pontos de vista. O objetivo de tantos esforços sociocognitivos por parte dos alunos parece ser a construção pessoal do sentido. De fato, a análise das transcrições das discussões mostra que eles têm uma vontade coletiva de compreender os conceitos, os problemas, em suma, o mundo à sua volta.

Deve-se observar que o critério ligado à intersubjetividade subentende uma dimensão social. De fato, em um estudo anterior,[37] havíamos destacado que são as bases cooperativas da FPC[38] e seu corolário, a autoestima, que dá aos alunos o impulso necessário para complexificar seu pensamento e modificar suas perspectivas. Os professores participantes da pesquisa indicavam claramente em seus diários que, a partir do momento em que a competição entre alunos deixava de existir em detrimento da aceitação do outro, eles se tornavam mais confiantes em suas capacidades e, ao mesmo tempo, mais cooperativos e mais críticos: "os alunos questionam-se entre eles, ajudam-se mutuamente a complementar seus pontos de vista; elaboram estratégias com a ajuda de colegas, verificam sua estratégia e a comparam às de outras equipes; questionam-se mutuamente e opõem-se aos pontos de vista dos colegas; discutem juntos".[39] Em suma, somente quando os fundamentos da comunidade de investigação estão bem estabelecidos é que as discussões entre alunos ancoram-se na intersubjetividade. Porque então a crítica não é mais um meio retórico com vistas a assegurar a vitória pessoal; é um meio dialógico que visa aprofundar o conceito ou o problema estudado na sessão de FPC e atingir o objetivo comum. Em outras palavras, somente quando a comunidade de investigação se estabelece é que os alunos tornam-se críticos e validam mutuamente seus pontos de vista com a ajuda de critérios como a credibilidade, a utilidade e a coerência. A intersubjetividade está, portanto, a serviço das características construída e viável do processo de construção dos conhecimentos dos alunos.

DIFICULDADE DE APLICAÇÃO DA FILOSOFIA PARA CRIANÇAS E DO LIMITE EDUCATIVO

Vimos anteriormente que os critérios lipmanianos relativos ao diálogo filosófico estão centrados essencialmente no pluralismo, no respeito e na tolerância.[40] Mas esses critérios não estão explicitamente relacionados aos componentes de um pensamento crítico. Desse modo, se os professores respeitam-nos ao pé da letra, os alunos correm o risco de estagnar no relativismo mencionado antes. Esse relativismo é negativo, na medida em que constitui um obstáculo à emancipação intelectual dos alunos.[41] De fato, não os estimula a problematizar a realidade nem a produzir conhecimentos "generativos";[42] eles têm a ilusão de que podem pensar de modo complexo e ao mesmo tempo se manter no conforto da "certeza" intelectual.[43] Paralelamente, os professores têm a ilusão de que os alunos atingiram o limite de suas competências dialógicas e argumentativas, visto que fornecem muitas idéias refletidas. Assim, os critérios do pluralismo, do respeito e da tolerância nas discussões entre colegas devem inserir-se em uma atividade cognitiva que valorize a avaliação, a crítica, a dúvida, o questionamento, etc. – atividade que não corresponde às normas de todos os meios nem de todas as culturas.

O maior desafio dos professores refere-se, portanto, ao desenvolvimento de um pensamento crítico-dialógico nos alunos. De fato, esse tipo de pensamento, assim como a intersubjetividade em que está ancorado, não é espontâneo. A passagem de um pensamento simples (por exemplo: compreender, memorizar, acreditar, preferir, ter uma opinião) a um pensamento crítico-dialógico requer uma aprendizagem em um ambiente educativo apropriado.[44] É um fato reconhecido que todos os seres humanos, independentemente de sua idade, necessitam de uma prática intensiva para adquirir uma certa aceitação da incerteza[45] e para desenvolver hábitos ou predisposições à coerência, à clareza, à busca de justificativas, à abertura em face das divergências de pontos de vista.[46]

Além disso, o papel dos professores é estimular o pensamento dos jovens para a conceitualização, a transformação, a categorização e a correção por meio de uma práxis filosófica regular (uma hora por semana), contínua (escalonada em pelo menos dois anos consecutivos) e idealmente transversal (por meio das disciplinas escolares). A práxis filosófica requer uma competência socrática dos professores que consiste em fazer os alunos "darem à luz" suas idéias mediante perguntas do tipo: *Qual é a diferença entre os termos x e y? Você pode definir os termos que acabou de utilizar? Qual sua justificativa para afirmar que...? Em que critérios você se baseia? Você tem um contra-exemplo? O que você poderia acrescentar para melhorar seu ponto de vista? Você está de acordo com isso que foi enunciado? Que relações você pode estabelecer entre as proposições enunciadas e os princípios morais da classe (ou da escola ou da sociedade)? Como você priorizaria os critérios que acabam de ser enunciados? Como evoluiu sua perspectiva ou a do grupo entre o início e o fim da discussão?*

Outra dificuldade para os professores: o tempo. De fato, estudos demonstram que os progressos sociocognitivos e epistemológicos dos alunos manifestam-se a longo prazo. Por exemplo, nas classes em que os alunos são oriundos de um meio socioeconômico precário e em que o diálogo não é valorizado pela família, a comunidade de investigação pode levar até sete meses para surgir.[47] A FPC exige, portanto, que os professores acreditem nas competências potenciais dos alunos, o que é difícil nesta era em que se exige a rapidez de resultados, em que o desempenho precisa passar, às vezes, pela aprendizagem de uma técnica e em que a busca da eficácia quase sempre reduz a avaliação dos alunos a elementos observáveis a curto prazo. Contudo, as aprendizagens dos alunos que decorrem da práxis filosófica inscrevem-se em uma forma de educação suscetível de lhes permitir enfrentar com êxito os desafios inerentes à globalização, à explosão de conhecimentos e à complexificação da vida em sociedade, porque eles foram adquiridos através do "filosofar".

Para Lipman, o "filosofar" define-se pela "aprendizagem do bem pensar" em uma comunidade de pares. Um limite que decorre dessa concepção do filosofar é que a FPC não introduz os jovens nos tratados e nas doutrinas filosóficas. No final das sessões filosóficas, os jovens não conhecerão as idéias de Descartes nem as teses de Kant ou de Heidegger. Isso não diminui o valor filosófico da FPC, pois uma tradição secular corrobora a pertinência da relação "filosofia-pensamento complexo". Foi com filósofos como Tales, Anaximandro, Anaxágoras, Heráclito e Parmênides que o pensamento tornou-se mais especificamente humano ou, mais exatamente, que ele adquiriu sua especificidade, a saber, o pensamento complexo. Com o advento dos pré-socráticos, ele começou a olhar para si mesmo: tornou-se *re-flexão*. Depois, pela primeira vez, dedicou-se à organização do conjunto dos acontecimentos do cotidiano: assim, tornou-se também processo. Com o advento do diálogo socrático, o espírito humano aprende a questionar metodologicamente e a analisar os temas mais universais (a verdade, a justiça, a beleza, a bondade). Em seguida, o estudo desses conceitos, devido a sua natureza geral e controversa, conduz o ser humano a buscar e a estabelecer balizas: o espírito humano necessita de indicações normativas a fim de entender adequadamente seu campo de conhecimentos e verificar seu funcionamento. Assim, Aristóteles, ao conceber as regras da lógica formal, elevou a relação pensamento-filosofia a um patamar superior.

Além disso, todas as tradições da filosofia (o idealismo, o racionalismo, o positivismo, a fenomenologia, o existencialismo, o pragmatismo, etc.) nem sempre estiveram diretamente relacionadas ao desenvolvimento do pensamento complexo. Em sua concepção tradicional, a filosofia caracteriza-se pela busca de compreensão geral do ser humano, dos fenômenos e do mundo que ele circunscreve, e seu ensino caracteriza-se pela transmissão de explicações e pela aprendizagem de leis, sistemas, tratados, etc., gerados pelos filósofos ao longo dos séculos. Nessa concepção tradicional, o ensino de filosofia inscreve-se no processo de uma pedagogia humanista orientada para a compreensão.

Em suma, o ensino/aprendizagem do filosofar recobre dois sentidos: um tradicional, digamos, orientado para a compreensão do sistema de referência ocidental (pedagogia humanista), e outro orientado para a constituição de sistemas de referência viáveis para os alunos (pedagogia construtivista).[48] As duas concepções são fundamentais em educação, e uma não deve excluir a outra.

Contudo, vale esclarecer que, na ótica de uma educação pré-universitária influenciada pelas recomendações da Unesco, a última parece mais apropriada por permitir aos alunos do ensino fundamental e médio construir as ferramentas para se tornarem pessoas autônomas, críticas e responsáveis. Por exemplo, uma aplicação da abordagem lipmaniana foi feita em relação à aprendizagem de matemática e de ciências no ensino fundamental.[49] Graças a essa práxis, os jovens são levados a questionar essas matérias escolares e a desmistificar os pré-julgamentos negativos.[50] A filosofia é utilizada aqui para estimular a reflexão, pré-requisito essencial à produção do saber científico.

Uma outra aplicação da FPC, desta vez no âmbito de um programa de prevenção à violência na pré-escola,[51] permite às crianças de cinco anos compreender melhor suas emoções e a compreendê-las em uma perspectiva mais socializante.[52] Sabendo que a má gestão dessas emoções é uma das fontes da violência, o trabalho cognitivo sobre as emoções é fundamental. Ele permite também estimular o julgamento dessas crianças de maneira mais autônoma e mais empática[53] e sensibilizá-las para que sejam capazes de reconhecer manifestações mais sutis da violência (por exemplo, a violência verbal ou psicológica).[54] A filosofia é então preventiva.

Para resumir, quer seja ou não praticada no âmbito de uma matéria escolar específica, a FPC não colocará os jovens em contato com os filósofos e suas teses, mas será um meio de prepará-los para enfrentar os desafios do século XXI, estimulando neles competências relacionadas ao diálogo, a um pensamento crítico, a uma busca em comunidade de pares.

CONCLUSÃO

A filosofia para crianças é uma ferramenta pedagógica oriunda de uma filosofia da educação pragmatista e das teses construtivistas. Pressupõe uma (re)construção pessoal e social (e não uma transmissão), uma busca de sentido que tem suas raízes na experiência pessoal e social, um processo que ocorre em grupo ou em uma comunidade de investigação, uma práxis que visa essencialmente a melhoria da qualidade da experiência. É uma experiência intersubjetiva que constitui uma etapa fundamental para transgredir os limites epistemológicos dos alunos, transgredir a visão tradicional do processo ensino/aprendizagem, transgredir o conforto do relativismo no qual as sociedades parecem deleitar-se. Nessa ótica, a filosofia enfatiza o questionamento das aquisições e dos pré-julgamentos; exige esforços educativos alternativos; promove o aluno como sujeito-em-busca-de-conhecimentos, portanto, o aluno como pessoa autônoma e responsável por suas aprendizagens, o aluno apto a pensar de modo crítico-dialógico.

Embora a análise da abordagem de FPC apresentada destaque os pressupostos pragmatistas e construtivistas, minha exposição não tem como objetivo circunscrever Lipman em uma definição rígida, em um quadro teórico monolítico – mesmo porque, aliás, ele não tem a pretensão de acreditar na veracidade apenas de sua interpretação. De fato, se a FPC encontra seus fundamentos no pragmatismo de Dewey e nas teses construtivistas, podemos deduzir que seu idealizador Matthew Lipman e seus colegas (dos quais faço parte) acreditam no pluralismo, e por isso recusamos a nos alienar a uma única epistemologia. Como já foi dito, uma idéia ou um ponto de vista ou uma perspectiva representa apenas um elemento da verdade: elemento que deve ser sempre questionado e revisado.

Finalmente, desejo que o presente capítulo sobre a FPC seja um ponto de partida motivador para aplicações e pesquisas subseqüentes. Estudos mostram cada vez mais que a FPC não é um simples programa escolar, motivado pelos princípios de uma moda transitória. É um procedimento educativo fundamental, na medida em que aspira à atualização de competências latentes dos jovens e mesmo de crianças de 5 anos. E, tendendo ao desenvolvimento do pensamento crítico-dialógico, toca a própria essência da existência humana, a saber, a construção do sentido e do livre-arbítrio. Por isso, defendo que a FPC deve ser conhecida, aproveitada e explorada, apesar das dificuldades de aplicação que se constataram e a despeito dos limites e dos riscos que ela contém implicitamente.

NOTAS

1 Este texto apresentado em Bruxelas, em 14 de fevereiro de 2004, no colóquio organizado pelo Parlamento da Comunidade Francesa da Bélgica, *Aprender a pensar desde os cinco anos à prova do modelo de Matthew Lipman.*
2 C. CORBO, *Préparer les jeunes pour le XXIe siècle. Rapport du groupe de travail sur les profils de formation au primaire et au secundaire*, 1994, Québec: Direction des communications du MEQ; J. DELORS (dir.), *L'Éducation, un trésor est caché dedans. Rapport à l'UNESCO de la comission internationale sur l'éducation pour le vingt et unième siècle*, 1996, Paris, Odile Jacob.
3 J. DELORS, ibid., p. 47.
4 M.-F. DANIEL, *La Philosophie et les enfants*, 1997, Bruxelles, De Boeck & Belin, coll. "Comprendre".
Assinalo que todas essas pedagogias, embora tendam *a priori* para objetivos opostos, não são mutuamente exclusivas, mas situam-se em um *continuum*.
5 Assinalo que todas essas pedagogias, embora tendam *a priori* para objetivos opostos, não são mutuamente exclusivas, mas se situam em um *continuum*.
6 L. BAIN, "Visions and voices", 1990, *Quest*, 42 (1), p. 2-13; H. GIROUX, *Ideology, culture and the process of schooling*, 1981, Philadelphia, Temple University Press; H. GIROUX, "Rethinking the boundaries of educational discourse: Modernism, postmodernism and feminism", 1990, *College Literature*, 17 (2-3), p. 1-51; A. LEWIS, D. SMITH, "Defining higher-order thinking", *Theory into Practice*, 1993, 32 (3), p. 131-137. F M. NEWMAN, "Higher-order thinking in teaching social studies: A rationale for the assessment of classroom thoughtfulness", *Journal of Curriculum Studies*, 1990, 22, p. 41-46; A. PARÉ, *Créativité et pédagogie ouverte*, 1977, Laval, QC: Éd. NHP.
7 P. FREIRE, *Pedagogy of the oppressed*. 1970, New York, Herder and Herder; H. GIROUX, ibid.
8 J. DEWEY, *Experience and education*, 1938/1963, New York, Macmillan Publishing.
9 P. FREIRE, op. cit.
10 J. DELORS (dir.), op. cit.
11 M.-F. DANIEL, op. cit.
12 Ver, entre outros: N. BEDNARZ, C. GARNIER, *Construction des savoirs. Obstacles et conflits*, 1989, Montréal, Agence d'Arc; E. von GLASERSFELD, "Reconstructing the concept of knowledg ", *Archives de psychologie*, 1985, 53, p. 91-101.
13 Particularmente: M. LIPMAN, A.M. SHARP, F. S. OSCANYAN, *Philosophy in the classroom*, 1980, Philadelphia, PA: Temple University Press.
14 J. DEWEY, 1938/1963, op. cit.; F. RUEL, *La Complexification conceptuelle des représentations sociales discursives à l'égard de l'apprentissage et de l'enseignement chez de futurs enseignant(e)s des sciences*, 1984, Faculté des sciences de l'éducation de l'Université de Laval. Tese de doutorado.

15 E. BAYLES, *Pragmatism in education*, 1966, New York, Harper and Row; F. RUEL, op. cit.; E. von GLASERSFELD, 1985, op. cit.; E. von GLASERSFELD, "Pourquoi le constructivisme doit-il être radical?", *Revue des sciences de l'éducation*, 1994, XX(1), p. 21-29.
16 L. VYGOTSKI, *Pensée et langage*, trad. F. Sève, 1985, Paris, Éditions sociales.
17 G.H. MEAD, *Mind, self and society. From the standpoint of a social behaviorist*, 1934/1972, Chicago, IL., The University of Chicago Press.
18 L. VYGOTSKI, op. cit.
19 Ver J. DEWEY, *Comme nous pensons*, 1910/1925, Paris, Flammarion; J. DEWEY, *Démocratie et éducation*, trad. G. Deledalle, 1916/1983, Artigues-près-Bordeaux, L'Âge d'Homme/*Democracy and education*, New York, MacMillan; G. FOUREZ, "Se représenter et mettre en œuvre l'interdisciplinarité à l'école", *Revue des sciences de l'éducation*, 1998, XXIV (1), p. 31-50; M. LAROCHELLE, "La tentation de la classification... ou comment un apprentissage non réflexif des savoirs scientifiques peut donner lieu à un problème épistémologique", *Recherche en soins infirmiers*, 1998, 52, p. 72-80.
20 J. DÉSAUTELS, M. LAROCHELLE, *Qu'est que le savoir scientifique? Points de vue d'adolescents et d'adolescentes*, 1989, Québec, Presses de l'Université Laval; A. MORF, "Une épistémologie pour la didactique: spéculations autour d'un aménagement conceptuel", *Revue des sciences de l'éducation*, 1994, XX (1), p. 29-40.
21 M.-F. DANIEL, *Les Contes d'Audrey-Anne*, 2002b, Québec, Le Loup de Gouttière; *Dialoguer sur le corps et la violence: un pas vers la prévention*, Guia filosófico para os professores, acompanhando *Les Contes de Audrey-Anne*, 2003, Québec, Le Loup de Gouttière.
22 M.-F. DANIEL, L. LAFORTUNE, R. PALLASCIO, P. SYKES, *Les Aventures mathématiques de Mathilde et David*, 1996a, Québec, Le Loup de Gouttière; *Rencontre avec le monde des sciences*, 1996b, Québec, Le Loup de Gouttière; *Philosopher sur les mathématiques et les sciences*. Guia de acompanhamento, 1996c, Québec, Le Loup de Gouttière.
23 M.-F. DANIEL, L. LAFORTUNE, R. PALLASCIO, P. MONGEAU, C. SLADE, L. SPLITTER, T. DE LA GARZA, "A developmental process of dialogical critical thinking in children". *Inquiry: Critical Thinking across the Disciplines* (accepté 2003a); M. LIPMAN, "Critical thinking – What can it be?", *Educational Leadership*, 1988, 46 (1), p. 38-43; M. LIPMAN, *Thinking in education*, 1991, Cambridge, MA, Cambridge University Press; M. LIPMAN et al., 1980, op. cit.
24 J. DEWEY, 1916/1983, op. cit.; M. LIPMAN et al., 1980, op. cit.
25 M.-F. DANIEL, 2002b, op. cit.; 2003, op. cit.
26 M.-F. DANIEL, E. AURIAC-PEYRONNET, C. GARNIER, M. QUESNEL, M. SCHLEIFER, "La socialisation des émotions chez les enfants de 5-6 ans: Incidence du dialogue philosophique entre pairs?", in L. LAFORTUNE, M.-F. DANIEL, P.-A. DOUDIN, F. PONS (dir.), *Émotions, méta-émotions et compétence*

émotive. De la contextualisation à la conceptualisation (accepté 2003b), Montréal, PUQ.
27 M. LIPMAN et al., 1980, op. cit.
28 L. SPLITER, A. M. SHARP, *Teaching for Better Thinking*, 1995, Melbourne, ACER.
29 A pesquisa foi realizada sob a direção de M.-F. Daniel, em colaboração com L. Lafortune, R. Pallascio, P. Mongeau, L. Splitter, C. Slade e T. de la Garza. Ela foi possível graças a uma subvenção do Conselho Canadense da Pesquisa em Ciências Sociais (CRSH) entre 1998 e 2001.
30 M.-F. DANIEL, L. SPLITTER, C. SLADE, L. LAFORTUNE, R. PALLASCIO, P. MONGEAU, "Are the philosophical exchanges of pupils aged 10 to 12 relativistic or inter-subjective?", *Critical and Creative Thinking*, 2002, 10(2), p. 1-19.
31 J. BUCHLER, "What is a discussion?", *Thinking*, 1954/1978, 1(1), p. 49-54.
32 J. DEWEY, 1910/1925, op. cit.
33 R. RORTY, *Objectivity, relativism and truth*, 1991, Cambridge, MA, Cambridge University Press.
34 M.-F. DANIEL, "La pensée critique dialogique", 2002a: <http://www.education-medias.ca/francais/ressources/educatif/outils_de_reflexion/intro_dialogique.cfm> In: <http://education-medias.ca/francais/enseignants/education_aux-medias/approches.cfm>. M.-F. DANIEL et al., accepté 2003a, op. cit. Para a análise do processo desenvolvimental do pensamento crítico, adotamos a posição da maioria dos pesquisadores que consideram o discurso como uma manifestação concreta e observável do pensamento.
35 M.-F. DANIEL et al., 2002, op. cit.
36 Como já se mencionou anteriormente, a perspectiva que denominamos "intersubjetividade orientada para a construção do conhecimento" não foi observada em nenhum grupo de alunos participante de nossa pesquisa, mesmo entre aqueles que tinham cinco anos de experiência com a FPC. Essa perspectiva foi inferida teoricamente. Ela talvez pudesse emergir de discussões entre adultos profissionais que refletissem com o objetivo de estender seu campo de conhecimentos.
37 Estudo dirigido por M.-F. Daniel em colaboração com L. Lafortune, R. Pallascio e M. Schleifer. Subvencionado pelo Conselho Canadense de Pesquisa em Ciências Humanas e Sociais (CRSH) entre 1995 e 1998.
38 M.-F. DANIEL, M. SCHLEIFER (dir.), *La Coopération dans la classe*, 1996, Montréal, Logiques.
39 M.-F. DANIEL, L. LAFORTUNE, R. PALLASCIO, M. SCHLEIFER, "Developmental dynamics of community of philosophical inquiry in an elementary school mathematics classroom", *Thinking*, 2000, 15 (1), p. 2-10.
40 M. LIPMAN et al., 1980, op. cit.
41 J. DÉSAUTELS, M. LAROCHELLE, *op. cit.*; D. KIRK, "A critical pedagogy for teacher education: Toward an inquiry-oriented approach", *Journal of Teaching in Physical Education*, 1986, 5, p. 230-246.

42 A. MORF, op. cit.
43 J. DEWEY, 1910/1925, op. cit.
44 M. LIPMAN, 1988, op. cit.; 1991, op. cit.
45 J. DEWEY, 1910/1925, op. cit.
46 R. PAUL, "Dialogical thinking: Critical thought essential to the acquisition of rationale knowledge and passion", in J.B. BARRON and R.J. STERNBERG (eds.), *Teaching thinking skills: Theory and practice*, 1987, New York, W.H. Freeman, p. 127-148.
47 M.-F. DANIEL et al., 2000, op. cit.
48 Deve-se observar que várias teses do construtivismo apóiam-se na filosofia da educação pragmatista de John Dewey, que encontra muitos de seus fundamentos na filosofia socrática: ver M.-F. DANIEL, 1997, op. cit.
49 M.-F. DANIEL et al., 1996a, 1996b, 1996c, op. cit.
50 L. LAFORTUNE, M.-F. DANIEL, P. MONGEAU, R. PALLASCIO, «Philosophy for children adapted to mathematics: A study of the impact on the evolution of affective factors", *Analytic Teaching*, 2002, 23 (1), p. 11-20.
51 Ver o último capítulo desta obra, assim como M.-F. DANIEL, 2002, 2003, op. cit.
52 M.-F. DANIEL et al., accepté 2003b, op. cit.
53 M. SCHLEIFER, M.-F. DANIEL, E. AURIAC, S. LECOMPTE, "The impact of philosophical discussions on moral autonomy, judgment empathy and the recognition o emotion in 5 years olds", *Thinking*, 2003, 16 (4), p. 4-13.
54 M. SCHLEIFER *et al.*, *ibid.* Esses resultados foram obtidos graças a trabalhos de pesquisa subvencionados pelo Conselho Canadense da Pesquisa em Ciências Humanas e Sociais (CRSH) entre 2002 e 2003. O projeto foi coordenado por M.-F. Daniel e teve a colaboração de pesquisadores quebequenses e franceses: M. Schleifer, C. Garnier, E. Auriac-Peyronnet.

3
Estudos de avaliação: o método de Matthew Lipman como meio de desenvolvimento[1]

Freddy Mortier

UM CRENTE CRÍTICO

A introdução de uma inovação pedagógica na instituição escolar exige justificativas. Uma parte dessas justificativas diz respeito inevitavelmente à eficácia da novidade: "Será que isso funciona?". Depois, devido às limitações impostas pela escassez de tempo e de meios das escolas, deve-se perguntar: "Se isso funciona, a que custo (em tempo escolar, em formação de professores, ao preço de que outras atividades escolares, etc.)?". Tratarei somente da primeira questão, pois a resposta à segunda decorre dela em grande medida. Recordemos apenas que a filosofia com crianças (FCC),[2] ao menos no ensino fundamental, integra-se facilmente ao currículo e funciona muito bem como dispositivo pedagógico dentro de um conjunto de objetivos já definido nos programas de ensino. Assim, em Flandres, a Sociedade para um Ensino Contemporâneo da Filosofia na Escola realizou um projeto de pesquisa cujo relatório final mostra inegavelmente que os objetivos da FCC recobrem aqueles que são legalmente impostos às escolas de ensino fundamental.[3] Mas será que a FCC atinge esses objetivos?

Antes de apresentar alguns estudos de avaliação da filosofia para crianças, gostaria de indicar os limites da eficácia e a avaliação da eficácia de qualquer programa educativo e, portanto, da FCC.

– O programa milagroso não existe. Embora Lipman tenha reportado efeitos sem dúvida espetaculares, esses resultados não se reproduziram depois. O estudo foi realizado por Lipman e Bierman em 1970.

Eram comparados um grupo-controle (C = 20) e um grupo experimental (E = 20) de alunos de 5ª série do ensino fundamental. O grupo experimental "filosofou" por nove semanas à razão de duas aulas de 40 minutos por semana. Havia um pré-teste sobre uma versão longa do California Test of Mental Maturity: não houve diferenças estatisticamente significativas entre E e C. O pós-teste (sobre uma versão curta) permitia inferir a existência provável de uma diferença entre os grupos. A idade mental era de 13 anos e 11 meses para E contra 11 anos e 8 meses para C (um ganho de 27 meses). O estudo abrangia também um pré-teste de compreensão escrita com pós-teste dois anos mais tarde. No pós-teste, as diferenças eram sempre estatisticamente significativas. Houve, portanto, um considerável efeito de transferência entre os progressos no plano do raciocínio e das competências de leitura. O estudo de Bierman difere em dois pontos de outros estudos disponíveis: (a) Bierman indicou a magnitude do efeito (o que, desde então, foi raro e quando havia, era de ordem nitidamente mais baixa); (b) não há outros estudos do efeito de transferência a longo prazo. O próprio Lipman recorda, aliás, que o resultado espetacular talvez se devesse à particularidade do professor.[4] Recordemos, por nossa vez, que a expectativa de efeitos enormes só pode levar à decepção.

– Não há programas verdadeiramente integrais. Os programas educativos são mais ou menos apropriados a alguns campos do funcionamento humano, mas não a todos os programas que desenvolvem ao mesmo tempo e de modo demonstrável as funções cognitivas – verbais, matemáticas, científicas, a orientação espacial, etc. –, assim como as funções emotivas, cooperativas, artísticas, a satisfação geral, etc., não existem. A FCC situa-se principalmente na cidade cognição, no bairro cerebral, na rua verbal, mas tem estadias suntuosas no campo extracognição. Isso não é uma falha, é uma vantagem.

– No mundo da educação, os recém-chegados trazem fardos de justificativas das quais os já estabelecidos são dispensados. Estes últimos não têm de se justificar, ainda que em muitos casos jamais tenham se justificado, pois estão lá desde sempre; aos primeiros compete o ônus da prova mais opressiva. Onde se estava pronto e onde se está sempre pronto a acreditar nos efeitos salutares do latim sobre as aptidões lingüísticas em geral sem jamais ter tido uma prova requer-se dos pretendentes a um lugar no panteão das disciplinas escolares as provas mais patentes.

Serei bastante crítico em face dos estudos de avaliação da FCC de que dispomos. Trata-se de um rigor metodológico que faria perecer quase todas as nossas opiniões sobre a pertinência daquilo que se ensina em nossas escolas. A FCC, ao contrário, enfrentou alguns dos testes mais severos e uma massa de testes menos severos que, no entanto, asseguram-lhe um alto grau de credibilidade. Em suma, o método Lipman, após julgamento crítico, merece o crédito que lhe dão seus crentes.

OS OBJETIVOS DA FILOSOFIA COM CRIANÇAS

Recordemos antes de tudo que, embora a FCC seja apresentada freqüentemente como um programa que visa o desenvolvimento de aptidões de pensamento por meio da filosofia, os objetivos do programa não se limitam à promoção do pensamento crítico. Como fiel discípulo de John Dewey, Lipman situa a contribuição de seu programa também no plano da síntese dos saberes díspares da criança: filosofar ajudaria a criança a se orientar em um mundo inicialmente desprovido e progressivamente provido de sentido. Em outras palavras, a abordagem filosófica, ao menos em sua tendência à síntese dos saberes, tem um valor próprio que deve ser distinguido do valor da filosofia como um meio de aprender a pensar. Esse valor intrínseco da filosofia é igualmente evidente quando Lipman menciona que as crianças, justamente porque são cruelmente desprovidas da informação necessária para compreender seu ambiente cotidiano, têm uma necessidade profunda de filosofar. Analisar o que se entende por "eu", "amigo", "vida" e outras noções fundamentais ajuda a unificar a experiência.

Foram pensados outros objetivos ligados à FCC, cuja realização, por si só, justificaria sua introdução nas escolas tanto de ensino fundamental quanto de ensino médio. A observação de Pritchard – entre outras –, segundo a qual certas crianças sentem prazer em analisar conceitos,[5] quase do mesmo modo como têm prazer em resolver enigmas ou em montar quebra-cabeças, abre um campo totalmente novo à avaliação, a saber, a contribuição da FCC a uma pedagogia da criatividade e da experiência. A FCC contribui ainda para o exercício em grupo das virtudes intelectuais – a aptidão para ouvir os outros, para tomar a palavra e para se expressar com clareza sobre uma questão, seja descritiva ou normativa, a propensão a justificar espontaneamente suas opiniões por razões ligadas por raciocínios, o espírito crítico em relação aos outros e a si mesmo, etc. Trata-se de competências inseparavelmente sociais e intelectuais, indispensáveis ao desenvolvimento daquilo que Charles Sanders Peirce chamou de "comunidade de eruditos" e que a FCC chama de "comunidade de investigação filosófica".[6] A formação de tal comunidade está ligada não apenas ao progresso das habilidades filosóficas das crianças, mas também às suas competências matemáticas e científicas.[7]

Insistiu-se igualmente a respeito da prática da filosofia sobre a auto-estima.[8] O espírito democrático do diálogo filosófico encoraja os mais fracos nas matérias difíceis ensinadas na escola, como matemática e física, a se manifestarem em um âmbito em que as perguntas, assim como as respostas, são por definição controversas e insolúveis. Nessa cidade filosófica, a cidadania é distribuída em partes iguais, e todo mundo pode sentir, se não o triunfo intelectual, pelo menos o de ser entendido por seus pares. O efeito geral da auto-estima sobre o desempenho escolar é bem documentado.

Percebe-se logo a dificuldade da tarefa que consistiria em avaliar a contribuição possível ou provável da FCC na escola: há toda uma rede de ganhos esperados no plano do raciocínio, da construção da identidade, da formação social e ética, associada a uma infinidade de objetivos escolares.

MEDIR O PENSAMENTO CRÍTICO?

No que se refere à FCC, dispomos de provas de sua eficácia. A FCC situa-se em uma corrente dialética – inspirada em John Dewey e Lev Vygotsky – que assinala a necessidade de que a cognição tenha uma relação com o mundo vivido da criança e, ao mesmo tempo, seja resultado de uma operação reflexiva do pensamento sobre ele mesmo (metacognição). Aprender a pensar inclui, portanto, aprender a pensar sobre o pensamento. De fato, segundo vários filósofos formados na tradição analítica anglo-saxônica, pensar sobre o pensar é a própria definição de "filosofia". Sendo de natureza muito geral, as aptidões e disposições ditas metacognitivas facilitariam o pensamento crítico e seriam facilmente transferíveis do âmbito da filosofia para outros âmbitos.

Lipman apresenta a lista[9] de habilidades de pensamento de natureza tanto cognitiva quanto metacognitiva (Quadro 3. 1).

As disposições e as aptidões mencionadas são na realidade muito gerais e não dependem em nada do exercício da filosofia apenas. Pode-se aprender a formular perguntas nos cursos de francês, por exemplo, e a reconhecer contradições, ou a trabalhar com analogias, em qualquer

Filosofia para crianças **57**

curso. No entanto, a filosofia, por ser uma disciplina em que as perguntas e as respostas são por definição incertas, distingue-se no uso geralmente reflexivo dessas ferramentas de pensamento (que se pense na lógica, na retórica ou nas teorias da definição e da significação).

Quadro 3.1 Habilidades cognitivas e metacognitivas

Formular conceitos de maneira precisa	Apreender a importância das considerações
Generalizar adequadamente	Reconhecer interdependências entre meios e fins
Formular relações de causa e efeito	Reconhecer sofismas informais
Saber inferir a partir de uma única premissa	Saber operacionalizar noções
Saber fazer inferências silogísticas a partir de duas premissas	Dar razões
Conhecer regras elementares de modelização	Reconhecer a natureza contextual da verdade e da falsidade
Conhecer as regras da lógica das relações	Fazer distinções
Reconhecer inconsistências e contradições	Descobrir relações
Saber fazer inferências a partir de silogismos hipotéticos em lógica proposicional	Trabalhar com analogias
Formular perguntas	Descobrir alternativas
Identificar suposições subjacentes	Construir hipóteses
Aprender relações entre parte e todo e entre todo e parte	Analisar valores
Saber quando evitar e quando tolerar ambigüidades	Dar exemplos
Levar em conta diferenças de perspectiva	Identificar critérios e utilizá-los
Reconhecer palavras vagas	Definir termos correntes

UMA PEDAGOGIA BASEADA EM EVIDÊNCIAS

Será que o exercício da filosofia contribui para o desenvolvimento dessas aptidões e dessas disposições que, em conjunto, definiriam o pensamento crítico? Em caso afirmativo, quais são os efeitos do pensamento crítico sobre outras variáveis, como a compreensão escrita, as competências matemáticas, a cooperação com outro, etc.?

Seja como for, os pesquisadores têm de resolver o problema de saber como definir a noção a ser medida (seja "o pensamento crítico", "a autoestima" ou "a comunidade de investigação filosófica") e como medir os efeitos da FCC sobre a noção assim definida. Recordemos que "medir" uma variável no membro de uma população consiste em atribuir um valor a essa variável para o membro da população em questão. Essa medida pode ser de nível simplesmente nominal (por exemplo, atribuir o valor "masculino" a um membro da população sobre a variável "sexo"), ordinal (por exemplo, m está na fase 1, fase 2, ... fase N do pensamento crítico, e cada fase seguinte representa um ganho não metricamente especificável em relação à fase anterior) ou paramétrico (por exemplo, a diferença entre o quociente de inteligência de João e de Pedro é de dez pontos).

A ortodoxia metodológica bastante conhecida impõe que a medida seja válida, de um lado, e confiável, de outro. A *validade* refere-se à exigência de que a medida – qualquer que seja seu nível – reflita aquilo que se quer medir. Assim, é preciso que o QI tenha uma relação real com aquilo que é chamado de inteligência geral; que o QI não seja assimilável à competência simplesmente lingüística; que grupos geralmente considerados "inteligentes" também o sejam segundo o teste proposto de inteligência, etc. Correlativamente, na literatura científica, distinguem-se vários tipos de validade. A *confiabilidade* refere-se à exigência segundo a qual o procedimento de medida seja suficientemente preciso para que o resultado não dependa do observador ou de outras circunstâncias acidentais sem qualquer relação com o conceito a ser medido.

Desde que o constructo a ser medido tenha alguma complexidade, as exigências da validade e da confiabilidade tendem a entrar em conflito: assegurar que a medida de um conjunto multidimensional e vago, como "o pensamento crítico", seja válido opõe-se à intenção de reduzir esse complexo – idealmente – a um escore paramétrico único.

Constata-se que o valor da demonstração da eficácia da FCC depende do valor do método de avaliação ou de medida. No âmbito da educação moral, por exemplo, poucos programas demonstraram seu valor – medido por seus próprios objetivos –além do nível ordinal e além de um nível de confiabilidade mínima. Assim, a eficácia do programa de "esclarecimento de valores" é quase sempre medido no nível nominal ou ordinal ("isso funciona!" – em oposição a "isso não funciona" – ou "os alunos fizeram progressos" – sem conseguir quantificar esses progressos). A fim de estabelecer esses julgamentos, confia-se em dados mais impressionistas fornecidos pelos professores ("Para mim, é evidente que isso não funciona nesta classe") em circunstâncias que não admitem generalização (o fato de os alunos esclarecerem seus valores na escola não garante que eles o façam na rua ou em casa).

Na medicina, hierarquizam-se as abordagens diagnósticas ou terapêuticas segundo a qualidade dos métodos científicos utilizados para estabelecer sua eficácia (a medicina baseada em evidências). As alternativas disponíveis para os médicos são ordenadas segundo o seu nível de prova. De maneira semelhante, seria preciso chegar a uma pedagogia ou a uma didática que fossem baseadas em evidências. A opinião comum ou majoritária de professores experimentados constituiria o nível mais baixo de confirmação. A aceitação de uma técnica por especialistas é um indicador de sua qualidade. A seguir, viriam os estudos de casos particulares – ensaios sobre populações de dimensão modesta – ao final dos quais um programa ou um curso demonstraria sua eficácia recorrendo a critérios intuitivamente admissíveis (a satisfação dos participantes, por exemplo, ou suas declarações de que eles teriam aproveitado o curso). Mais para o alto, passando por toda uma gama de níveis de medida, de validade e de confiabilidade, viria a prova quase experimental, com grupo de controle, com tratamento e medidas pré-teste e pós-teste com a ajuda de instrumentos psicometricamente validados. No cume, estariam os programas que sofreram, na mesma população, os testes metodológicos mais variados e rigorosos, de natureza psicométrica ou qualitativa, de natureza formativa (avaliação do processo de aprendizagem) ou somativa (avaliação dos resultados).

Com toda evidência, a FCC beneficia-se bastante de confirmações da ordem inferior. Há uma massa de testemunhos e de estudos que demonstram que o programa atinge seus múltiplos objetivos. Há também uma certa quantidade de estudos da ordem de confirmação intermediária, mais ou menos bem executadas, que no entanto não obedecem às normas metodológicas mais rigorosas.

É lamentável que os pesquisadores envolvidos na avaliação da filosofia para crianças tenham a tendência a publicar seus resultados nas revistas *Thinking*, *Analytic Teaching* e *Critical and Creative Thinking*, editadas pelo próprio Lipmam e por círculos próximos a ele e, portanto, pelo e no mundo dos crentes. Poucos estudos foram publicados por revistas ditas "referenciadas", que recorreram a especialistas anônimos e independentes.[10] Porém, eles existem: alguns relatórios não-publicados, mas integralmente disponíveis junto aos pesquisadores, mostram que a FCC não tem nenhum motivo para temer os testes metodológicos mais rigorosos. É preciso também levar em conta o efeito cumulativo e de reforço mútuo das provas de nível diferente. Fios, talvez tênues em si, entrelaçam-se com outros mais fortes até produzirem uma corda sólida. Desse ponto de vista, e antecipando minhas conclusões, o programa demonstrou sua eficácia em dois ou três planos (situo-os na ordem baseada em evidências: o da promoção do pensamento crítico e o da transferibilidade de aptidões em disposições adquiridas, o da promoção de comunidades de pesquisa em filosofia e o da promoção da auto-estima. Ao contrário, é duvidoso que o programa leve a melhorias no plano da educação afetiva e da personalidade.

O *NEW JERSEY TEST OF REASONING SKILLS*

Os estudos do efeito da FCC sobre o pensamento crítico utilizam quase sempre – mas evidentemente não de modo exclusivo – o New Jersey Test of Reasoning Skills (NJTRS), cuja forma B é o instrumento psicométrico utilizado com mais freqüência em FCC. Mediante solicitação, o Institute for the Advancement of Philosophy for Children,[11] o IAPC, fornece extratos do relatório de Virginia Shipman – que, entre 1976 e 1983, desenvolveu o teste – sobre sua construção, suas qualidades psicométricas, sua validade e sua confiabilidade. A íntegra do relatório de Shipman não foi publicada. No pacote que o IAPC envia, encontram-se os seguintes documentos:[12]

- Um texto tipografado com o título *New Jersey Test of Reasoning Skills. Background Information*, Upper Montclair, N.J., Montclair State College, Institute for the Advancement of Philosophy for Children, 1983, compreendendo V. Shipman, *Evaluation Replication of the Philosophy for Children Program*, Final Report (Excerpts), Princeton, New Jersey, Educational Testing Service, 1983, texto mais ou menos reproduzido em *Thinking*, 5 (1983, 1), p. 45-57.
- *New Jersey Test of Reasoning Skills*, Form B. Totowa, New Jersey, Totowa Board of Education, 1983, incluindo ainda (1) chave re-

visada datada de 1985 que permite calcular o escore do respondente; (2) uma lista que relaciona os 50 itens da versão B a 22 aptidões de pensamento; (3) uma lista de escores médios e de desvios padrão obtidos em populações retiradas de cada uma das 12 séries do ensino fundamental e médio nos Estados Unidos; (4) uma tabela de correlações entre, de um lado, os componentes do New Jersey College Basic Skills Placement Test e, de outro, o Cornell Critical Thinking Test, o Whimbey Analytical Skills Inventory e o New Jersey Test of Reasoning (provavelmente a versão B).
- Sínteses de resultados obtidos com o NJTRS: (1) M. Lipman, A. Gazzard, *Philosophy for Children. Where we are now?* (s.d., provavelmente 1986, 12 p.); (2) A. Gazzard, *Evidence of effectiveness of the Philosophy for Children Program: Quantitative Studies 1987-88* (2 p.); (3) M. Lipman, V. Shipman, A. Gazzard, A. Alvarez *Philosophy for Chilldren. Where we are now?*, IAPC, outubro de 1994.
- Duas avaliações do NJTRS (Form B) escritas e publicadas por assessores independentes: (1) S.J. Cohn, "New Jersey Test of Reasoning Skills", (fonte não-indicada), p. 365-370; (2) A.S. Ellen, "Review of the New Jersey Test of Reasoning Skills – Form B", fonte não-indicada), p. 259-260.

De fato, os materiais fornecidos reportam-se a várias versões do teste. Shipman reporta os resultados de um teste que consiste em 55 problemas de raciocínio em forma de múltipla-escolha. Trata-se da versão Q4-ETS, ela própria uma revisão da versão Q3-ETS. O teste chamado Form B editado pelo Totowa Board of Education é idêntico a uma versão Q4, que é uma revisão do Q4-ETS, e comporta 50 itens.[13] Todos esses testes reportam-se a 22 âmbitos distintos da lógica, como a inferência silogística, eliminação de alternativas, a indução, o reconhecimento de relações simétricas, etc.

Alguns exemplos de tarefas propostas pelos itens:

Item 5 (relacionado à aptidão subjacente: "não tirar conclusões apressadas")
"Conheço uma menina da França que é muito alta", diz Pedro.
"Então, todo mundo na França deve ser alto", replica Jô.
A réplica de Jô é:
a. bem-pensada, porque as pessoas provenientes do mesmo país assemelham-se.
b. mal-pensada, porque as pessoas provenientes do mesmo país em geral são diferentes.

c. bem-pensada, porque só quem visitou a França pode saber se todo mundo lá é alto.

Item 9 (relacionado à aptidão a "identificar pressuposições")
"Quanto a família de Ted pagou pelo bolo de aniversário dele?", pergunta-se João. João supõe que:
a. a família de Ted não tinha feito o bolo de aniversário.
b. a família de Ted tinha feito o bolo de aniversário.
c. a família de Ted não tinha comprado o bolo de aniversário.

Item 13 (relacionado à aptidão ao "raciocínio indutivo")
Bill tem um saco cheio de bolinhas. Sem olhar, ele enfia a mão no saco e retira três bolinhas. Todas são vermelhas. Partindo do que sabe, o que Bill pode saber a propósito das outras bolinhas no saco?
a. Todas são vermelhas.
b. É possível que todas sejam vermelhas.
c. Não podem ser todas vermelhas.

A questão da confiabilidade do teste é logo decidida. Lipman e Shipman forneceram uma "chave" que permite identificar as respostas corretas. Calculando o número de respostas corretas, qualquer codificador obtém um escore único entre 0 e 55 (para o Q4-ETS) ou entre 0 e 50 (para o Q4). Portanto, o teste é bastante preciso. Por outro lado, não encontrei dados sobre a sua estabilidade teste-reteste ("Será que o mesmo sujeito em um breve intervalo obtém mais ou menos o mesmo escore?").

Outra coisa, naturalmente, é a questão da validade.[14] A validação do teste (na versão Q4-ETS)[15] foi obtida em 1980-1981 sobre uma população de 2.346 jovens nas 5ª, 6ª e 7ª séries, de origens étnicas, socioculturais e geográficas diferentes. Havia 74 classes experimentais e 42 classes de controle ao todo no grupo pré-teste. Os resultados obtidos para o grupo pré-teste, assim como aqueles obtidos sobre o pós-teste, foram utilizados para validar o NJTRS. O "tratamento" consistia em filosofar com as crianças, segundo o método Lipman, cerca de duas horas e meia por semana, durante um ano escolar.

Em seu relatório, Shipman coloca-se particularmente a questão da validade do conteúdo do teste. O teste permite medir as aptidões de pensamento? Shipman responde afirmativamente. A rigor, para que um teste de raciocínio seja válido, é preciso que ele cubra a totalidade de tipos de operações de raciocínio possíveis. É preciso, portanto, dispor de uma taxonomia de aptidões de raciocínio. Ora, Lipman forneceu essa taxonomia, e Shipman, em seu relatório, conclui que os itens são *razoavelmente* representativos das aptidões na taxonomia. Essa conclusão decorre de um exame da consistência interna do teste sobre uma amostra aleatória de sete classes representativas das diferenças étnicas, geográficas e socioculturais. A consistência interna é uma medida obtida por certos métodos estatísticos que permite decidir se os itens utilizados para medir uma capacidade ou noção subjacente "co-variam" suficientemente para que possam indicar uma mesma capacidade supostamente latente ou, em outras palavras, se as tarefas diferentes impostas aos sujeitos pelo teste são suficientemente semelhantes para permitir inferências a situações extra-teste. As estimativas vão no sentido desejado: entre 0,84 e 0,94, a consistência aumenta com a série das classes. Desse ponto de vista, o NJTRS é o equivalente a outros testes de raciocínio bem-aceitos, como o California Test of Mental Maturity e o Cornell Class Reasoning Test.

Shipman, pelo que posso discernir, não procurou estabelecer a consistência interna de itens ligados a cada uma das 22 aptidões latentes testadas (ela diz simplesmente que o Q3-ETS tem uma grande consistência interna e que é válido no plano da construção do teste). Trata-se, no caso, da chamada validade da estrutura interna do teste. A idéia geral é que, se o teste "oculta" aptidões distintas (por exemplo, o raciocínio analógico) no interior da função cognitiva (o pensamento crítico), é preciso saber reconstruir os componentes a partir dos dados empíricos.

Eu mesmo tentei obter dados sobre esse tipo de validade para uma população de alunos de 8 a 12 anos (N = 171). Uma análise de fatores sobre 48 itens[16] mostra que, embora o teste, com 12 fatores importantes (valor próprio > 1), abarque uma grande variedade de habilidades de pensamento, está longe das 22 aptidões postuladas por Lipman. Além disso, o peso dos itens sobre os fatores difere consideravelmente do agrupamento dos itens por aptidão, tal como estabeleceu Lipman. Com 4 itens indicadores, o fator teórico "saber identificar razões" seria, segundo Lipman, o mais representado. De fato, a análise descobre um fator muito importante com peso de alto a muito alto sobre 17 itens, e um pouco mais baixo, mas sempre considerável, sobre 6 outros itens (ele explica 34% da variância total). Para os itens com peso de alto a muito alto, trata-se de problemas ligados ao pensamento hipotético e causal, bem como à exploração de possibilidades (o que faz sentido, pois o pensamento sobre a causalidade e o pensamento sobre o possível e o necessário estão logicamente próximos do pensamento condicional). Provavelmente, devido a uma certa convergência, os 6 outros itens responsáveis pelo efeito do fator preponderante têm peso de alto a muito alto sobre um outro fator.

Esse fator – que explica 5,4% da variância total – agrupa os silogismos e raciocínios que põem em jogo a transitividade de certas relações lógicas. Um outro fator (11,6% da variância total) agrupa as tarefas que invocam a lógica de quantificação e a lógica relacional (ainda que não se trate da qualidade da transitividade de certas relações). Um quarto fator agrupa em uma única categoria dois dos fatores hipotetizados por Lipman: o raciocínio analógico e o reconhecimento de simetrias (4,6% da variância total). Facilmente identificável é um fator que relaciona entre eles raciocínios com conclusão prematura (3,1% da variância). Os outros fatores são menos facilmente identificáveis, mas é interessante constatar que existe um fator (representando 3,3% da variância total) que agrupa os itens que mencionam cores. Em suma, parece que Lipman, a partir de esquemas da lógica informal, apenas levou longe demais a subdivisão de competências do pensamento, que se revelam bastante presentes, porém em agrupamentos mais grosseiros. Além disso, por se prender demasiadamente ao caráter formal do pensamento e ao papel normativo da lógica, talvez tenha subestimado um pouco a coerência psicológica e substancial – mais do que lógica e formal – do pensamento. Sem dúvida, os filósofos estimaram que a lógica silogística e a lógica das relações pertencem a mundos diferentes e a ser diferenciados, lá onde os respondentes tratam certos silogismos como formas de transitividade ("Todos os homens são mortais; Sócrates é um homem; portanto, Sócrates é mortal" sendo psicologicamente assimilado a "João é mais alto que Maria; Maria é mais alta que Jô; portanto, João é mais alto que Jô"). O fato do agrupamento psicológico emerge com mais clareza ainda da existência do fator "cores". Evidentemente, as cores não estão ligadas logicamente entre si, mas é como se o raciocínio, a partir de premissas que implicam cores, solicite aptidões distintas e especiais.

Assim, embora a validade de estrutura interna do NJTRS ainda deva ser aperfeiçoada, Shipman mostrou que o teste, ao menos no grupo de idade selecionado por ela, não tem nem piso nem teto, que o valor discriminatório de itens particulares é satisfatório, que os graus de dificuldade entre os itens estão bem distribuídos (alguns difíceis, alguns fáceis e a maioria intermediários), que a variabilidade de escores nos e entre os grupos é igualmente satisfatória.

Uma outra questão diz respeito à chamada validade desenvolvimental: "Existem provas de que o teste mede uma dimensão desenvolvimental?". Lipman e Shipman estimam que o teste é satisfatório desse ponto de vista, mas é preciso fazer algumas restrições a esse respeito. Visto que a capacidade de raciocinar bem está ligada à idade, com um teto provável a partir de um certo ponto, os escores devem traçar uma curva ascendente, que se nivela progressivamente. Parece que é esse o caso. Ellen, uma das recenseadoras independentes do teste, estima, no entanto, que o nivelamento ocorre bem cedo e que os progressos entre as classes de 4ª e 8ª séries são bastante fracos. O outro recenseador, Cohn, observou igualmente que os escores entre as classes de 6ªs séries (ensino fundamental) e os estudantes no primeiro ano da universidade diferem muito pouco. Todas essas observações baseiam-se em dados obtidos em estudos transversais, ou seja, sobre populações de idades diferentes que fizeram o teste no mesmo momento. É o que torna a questão difícil de decidir. Somente um estudo longitudinal, que medisse ao longo de vários anos e de maneira repetida o desempenho de uma única população de respondentes, permitiria concluir se existe ou não um teto. Em todo caso, tudo se resolve limitando a validade desenvolvimental provada do teste às populações de ensino fundamental. O próprio Lipman preferiu inicialmente a hipótese segundo a qual as aptidões de raciocínio atingem um certo teto a partir da 5ª ou da 6ª série. Uma outra explicação poderia ser que o teste é simples demais para populações mais velhas e que essa seria a razão de sua insensibilidade ao desenvolvimento posterior do pensamento. Parece que essa última hipótese acabou sendo admitida pelo IAPC, pois foi construída uma versão do NJTRS para adultos.

De todo modo, a forma B do teste é suficiente para medir progressos advindos do exercício da FCC no ensino fundamental. A validade do NJTRS do ponto de vista da sensibilidade à FCC não deixa nenhuma dúvida. Shipman chegou a mostrar que o NJTRS não apenas apresenta uma tendência clara ao aumento para os escores médios em todos os grupos de pelo menos 20 pessoas que fizeram o pré e o pós-teste. Ela mostrou também que, com apenas duas exceções, os 33 grupos de tratamento (aqueles que tinham "filosofado") haviam obtido escores médios mais elevados. Além disso, os grupos de tratamento haviam obtido maiores progressos que os grupos-controle. Na escola em que não havia grupo de tratamento, o progresso era de 1,2, ao passo que nas escolas em que tinha apenas grupos de tratamento o progresso – na mesma série – situava-se entre 2,2 e 9,8. Em todos os casos em que, na mesma escola e na mesma série, a comparação podia ser feita diretamente entre grupos de tratamento e grupos-controle, os primeiros obtinham escores significativamente melhores que os segundos. Em 8 ca-sos sobre um total de 11, esse resultado sempre se mantinha em um nível p < 0,015 após controle para as diferenças pré-teste entre o grupo-controle e o grupo de tratamento.[17]

Uma outra questão diz respeito ainda à validade de critério (ou à especificidade) do teste. Um bom teste de natureza cognitiva deve correlacionar os escores de outros testes que medem paralelamente aspectos da cognição (por exemplo, a compreensão escrita, o QI, etc.), mas não demasiadamente alto, pois não teria especificidade, isto é, mediria exatamente a mesma coisa que os outros testes cognitivos. Embora o NJTRS tenha sido desenvolvido para medir aptidões de pensamento crítico (critério), ele não parece distinguir com clareza as aptidões propriamente lógicas, como o domínio lingüístico. O IAPC envia uma tabela com o teste que mostra que, como outros testes de raciocínio, há correlações mais fortes com competência escolares gerais. Contudo, o NJTRS tem correlações tão altas com a compreensão escrita que é o caso de se perguntar se ele realmente mede algo diferente.

Quadro 3.2

NJ College Basic Skills Placement	Compreensão escrita	Aritmética	Álgebra	Ensaio escrito
Cornell Critical Thinking Test N = 512	0,68	0,49	0,40	0,44
Whimbey Analytical Skills Inventory N = 513	0,76	0,76	0,70	0,56
New Jersey Test of Reasoning N = 643	0,82	0,67	0,59	0,69

No entanto, essa falta relativa de força discriminatória entre as operações de pensamento e as competências lingüísticas poderia muito bem explicar a sensibilidade do teste à FCC: o programa está intensamente ligado ao uso da língua. Em geral, trabalha-se a partir de romances ou de outros textos escritos; o desencadeamento das discussões depende do reconhecimento de problemas relacionados ao significado de certas palavras ou de certos comportamentos; a motivação dos alunos é reforçada pela confusão de significado de uma infinidade de acontecimentos por meio de um programa que se estende por vários anos; e, finalmente, há uma forte preponderância do uso da palavra em discussões filosóficas. Não é de se surpreender que o programa desenvolva as competências lingüísticas e, através delas as competências de pensamento crítico – desde que, naturalmente, se possa separar o pensamento e a língua.

ESTUDOS DE AVALIAÇÃO

Podem-se encontrar listas mais ou menos completas de estudos de avaliação da FCC nos textos "Where are we now?", já citados, e no endereço http://www.dialogueworks.co.uk.

Realizei também uma pesquisa de estudos de avaliação da FCC publicados em revistas referenciadas e, portanto, independentes do IAPC. Os que foram publicados em *Thinking, analytic teaching* e *Critical and creative thinking* estão longe de ser desprezíveis e costumam ser bem-feitos, mas as outras têm a vantagem do julgamento não-partidário. Em geral, os dados estatísticos apresentados são muito poucos para permitir a avaliação do estudo em profundidade. Na maioria das vezes, os pesquisadores limitam-se a constatar que existe um efeito estatisticamente significativo da prática da FCC, mas não explicitam a grandeza do efeito, etc.

Os estudos – referenciados ou não – padecem em geral das mesmas fraquezas (que, aliás, são epidêmicas nos estudos de avaliação pedagógica): o efeito do programa integral é estabelecido (não há pesquisa de elementos que contribuem mais fortemente que outros para o êxito); não há dados sobre o efeito a longo prazo do programa; nem estudos a longo prazo da motivação dos alunos (muitos programas de pensamento crítico sofrem, após algum tempo, de uma certa lassidão); poucos esforços para controlar o fator "professor" (todos os programas parecem caminhar bem, na medida em que são implementados por bons professores; no caso da FCC, o nível de formação requisitado, particularmente no plano da metacognição e da filosofia, é mais alto).

Estudos com o NJTRS e outros testes de raciocínio

Comecemos por um quadro retirado dos resumos de Lipman e colaboradores (1994). Retenho apenas os estudos posteriores a 1980, utilizando o Q4-ETS (ou versões posteriores do NJTRS) ou outros instrumentos de avaliação validados, com desenho quase experimental (e, portanto, com grupo-controle), informação metodológica e estatística suficiente e com populações > 100 (esta última limitação é abandonada quando se explicita a magnitude do efeito, e não apenas o nível da significação estatística – 8 estudos retidos sobre 28).

Embora raramente se indique a magnitude do efeito, está claro que a FCC "funciona": ela contribui para o desenvolvimento do pensamento crítico.

Estudos sobre outros efeitos da filosofia com crianças

Há outros estudos que mereceriam um lugar na lista de Lipman. Seleciono alguns em razão de seu interesse particular e de sua metodologia sensata:[18]

Sasseville[19]

Objetivo: estudo do efeito da FCC sobre a auto-estima.

Desenho: 5 grupos experimentais (4ª, 5ª e 6ª séries), N = 124 e 4 grupos-controle (3ª, 4ª, 5ª e 6ª séries).

Instrumentos de avaliação: Pierce-Harris testa a auto-estima (compreendendo escalas relativas ao comportamento, à percepção do desempenho intelectual e escolar, à aparência física, à ansiedade, à popularidade e à satisfação); NJTRS.

Tratamento: 5 meses de FCC, 70 minutos por semana. Poucos detalhes estatísticos.

Resultados: comparação dos sujeitos experimentais pertencentes ao quartil mais baixo dos escores sobre o Pierce-Harris no pré-teste: progrediam mais no pós-teste comparados a todos os outros estudantes (não está claro, entretanto, se são todos os outros estudantes ou apenas aqueles, nos grupos-controle). O progresso sobre o teste era em média da ordem de 7,42% comparado ao de alunos nos grupos-controle. Fator por fator: comportamento (12,25%); estatuto intelectual (11,97%); aparência física (9,67%); ansiedade (12,36%); popularidade (15,5%); satisfação (13,24%).

Os ganhos são igualmente observados nos grupos que formam o segundo quartil, mas de modo estatisticamente significativo no nível < 0,01 somente para o estatuto intelectual (da ordem de 6,6%). Não há efeito para os alunos do terceiro quartil, porém há uma queda acentuada para aqueles pertencentes ao quarto quartil (o qual se observa também nos grupos-controle).

Quadro 3.3

Estudo	População	Programa	Variável dependente	Resultados
Iorio, Weinstein, Martin (1981-1982)	3ª, 4ª e 5ª séries E = 369; C = 355	Harry; Pixie	Escores sobre o NJTRS	Avanços em E: $p < 0,001$
Shipman (1982)	6ª Série E = 750; C = 750 (amostra de força igual)	Harry	NJTRS Teste da fluidez e da flexibilidade cognitivas (TFFC)	Em E, progressos sistemáticos comparados a C sobre NJTRS; 14 das 16 classes E: progressos sobre TFFC > que nas classes C
Shipman (1983)				
Iorio, Weinstein e Martin (1984)	3ª, 4ª e 5ª séries E = 380; C = 344 Desenho com controle para a compreensão escrita e o domínio do inglês	Pixie; Harry	NJTRS CDC (percepção pelo professor da capacidade de raciocinar do aluno)	Em E, escores sobre NJTRS significativamente mais altos. Não há correlações altas entre os progressos das aptidões de pensamento e a compreensão escrita ou o domínio do inglês
Jenkins (1985)	Grupo com 12 anos e 8 meses no início do estudo E = 30; C = 30	Harry	NJTRS	Em C, progressos de 4,37 Em E, progressos de 10,31 (não são fornecidos testes estatísticos)

Quadro 3.3 *(continuação)*

Estudo	População	Programa	Variável dependente	Resultados
Schleifer, Lebuis e Caron (1987)	3ª e 4ª séries E = 100; C = 100 (amostra de força igual)	Pixie	NJTRS Entrevistas que permitam avaliar o raciocínio moral (RM); questionário Pierce-Harris sobre o conceito-de-si (PH)	NJTRS: E significativamente melhor que C ($p < 0,01$) RM: não há diferenças entre E e C PH: E significativamente melhor que C ($p < 0,01$)
Jackson e Deutsch (1987)	Grupos com mais de 12 anos E = 1000; C = 1000 (amostra de força igual) ANCOVA-design	Não-explicitado	NJTRS	E significativamente melhor que C
Harckham (1988-1989)	1ª série E = 26; C = 26 (não há medidas repetidas; menciono o estudo porque ele fornece uma idéia da grandeza do efeito)	Elfie	CIRCUS (teste da compreensão, da interpretação e da memorização da língua oral). Aptidões envolvidas: fazer distinções, eliminar, reconhecer relações de causa e efeito, etc.	Em E pós-teste: X = 35,58 DS = 2,17 Em C pós-teste: X = 33,89 DS = 1,92 t-test $p < 0,01$

Os resultados do NJTRS: mudanças estatisticamente significativas no nível < 0,01 para os alunos no quartil mais baixo (6,28% em relação aos grupos-controle), no segundo quartil (8,66%), no terceiro quartil (7,72%), mas não no quarto quartil.

Comentário: a FCC, sob a orientação de professores formados, faz aumentar a auto-estima dos alunos que mais necessitam disso. Parece que há uma relação – a ser estudada mais de perto – entre o desenvolvimento das aptidões de pensamento e a auto-estima.[20]

Sprod[21]

Objetivo: estudar o efeito da FCC sobre o raciocínio científico (havia também uma tentativa de objetivar a evolução de estilos epistêmicos do discurso dos alunos, mas os resultados não são apresentados de forma suficientemente sistemática na publicação).

Métodos: desenho quase experimental, E = 25 (11-12 anos), C = 29 (amostra de força igual).

Instrumentos: dois testes da competência para raciocinar no âmbito das ciências da natureza correntemente utilizadas no Reino Unido. Pré-teste: Volume and Heaviness, pós-teste: Pendulum. O material utilizado nas sessões de filosofia era desenvolvido pelo próprio Sprod, mas baseado em textos publicado pelo IAPC.

Resultados: a ANOVA em dois sentidos demonstra a ausência de diferenças significativas no momento do pré-teste. No momento do pós-teste, observa-se uma diferença estatisticamente significativa no nível $p < 0,01$ entre as médias das populações, devido a um efeito de interação entre duas variáveis: de um lado, o grupo (controle ou experimental), de outro lado, o momento do teste (pré e pós). Sprod dá também uma indicação da magnitude do efeito: 0,7 em unidades de desvio padrão.

Estudos baseados em evidências publicados em revistas referenciadas ou do mais alto nível

Sanz de Acedo e Iriarte Iriarte[22]

Objetivo: estudo da eficácia de um programa Portfolio, abrangendo atividades retiradas de três programas e tendo como meta o desenvolvimento de aptidões de pensamento (Instrumental Enrichment Program [Feuerstein], FCC [Lipman], ODISSEY [Hernstein]). Seis episódios de Lisa (faz parte do programa FCC).

Métodos/Tratamento: cinco sessões por semana de 45 minutos durante um ano escolar.

Desenho: quase experimental; E = 50; C = 59.

Idade: 14-16 anos. Grande maioria de alunos com problemas de aprendizagem e de comportamento, pouco motivados.

Instrumentos de avaliação: padronizados (Culture fair Intelligence Test, Scale 3 [Cattell]; Test de Flexibilidad Cognitiva [Cambios]; The Learning Strategies Scales, Subscale IV) e não-padronizados (Decision Making Test, Problem Solving Test, Self-Regulation of Learning Test).

Resultados: sobre os testes padronizados (que medem a inteligência geral, a flexibilidade cognitiva e o uso de estratégias, facilitando o tratamento da informação), o grupo C não havia progredido; no grupo E, observavam-se progressos estatisticamente significativos no nível $p < 0,01$ (t-tests) sobre os três testes. Similarmente, os progressos sobre os testes não-padronizados limitavam-se ao grupo E e eram significativos no nível $p < 0,001$ (Friedman tests). Os progressos não eram apenas significativos, mas consideráveis em grandeza.

Comentário: o estudo é muito bem-feito e fornece uma abundância de detalhes que permitem julgar o valor e as limitações científicas do trabalho. Mostra que esse programa híbrido, e na verdade muito intenso, permite tomar as decisões dos alunos mais reflexivos, melhora a capacidade de resolver problemas e aperfeiçoa o planejamento e a organização de atividades escolares. Além disso, no grupo E, a inteligência geral (o fator g) aumentou consideravelmente, assim como a flexibilidade cognitiva e as estratégias metacognitivas.

Garcia-Moriyon e colaboradores[23]

Objetivo: estudo da eficácia do programa FCC (Lipman). *Harry* (lógica) e *Lisa* (ética).

Métodos/Tratamento: duas sessões por semana durante um ano escolar (80 horas no total).

Desenho: quase experimental; respectivamente, N = 91, N = 56 e N = 73 grupos experimentais (E); N = 84, N = 59 e N = 83 grupos-controle (C).

Idade: 14,7 anos em média, desvio padrão 0,86.

Instrumentos de avaliação: Teste do fator g de R.B. Cattell, Scale 3 (mede a inteligência geral); Test de Inteligencia General Factorial (IGF) de C. Yuste (mede inteligências específicas: espacial, abstrata, numérica e verbal); Teste HSPQ da personalidade de R.B. Cattell e M.D. Cattell (mede a ansiedade, a excitabilidade, a extroversão e a independência).

Resultados: não há diferenças estatisticamente significativas (t-tests; análise da variância para controlar as diferenças iniciais entre os grupos C e E) entre os grupos E e C sobre o pré e o pós-teste de inteligências específicas e sobre o pré e o pós-teste da personalidade. Há diferenças estatisticamente significativas entre os grupos E e C (t-test) sobre o pós-teste, mas não sobre o pré-teste (um progresso de 2,1 QI para C contra 6,3 para E). Uma análise de variância, a fim de testar se as diferenças de rendimento entre E e C são significativas, neutraliza as diferenças significativas (t-test) sobre o pós-teste ($p = 0{,}194$, $F = 1{,}711$; com $E = 56$; $C = 59$).

Comentário: o estudo é bem-feito e fornece uma abundância de detalhes que permitem julgar o valor e as limitações científicas do trabalho. A conclusão é que as pretensões da FCC de contribuir para o desenvolvimento de inteligências específicas e para o desenvolvimento da personalidade revelam-se não-confirmadas. Mas há um efeito considerável sobre a inteligência geral, muito mais forte que o de ODYSSEY, por exemplo, em um estudo sobre uma população madrilense comparável. Os autores do estudo assinalam com razão que os resultados em seu próprio estudo da análise da variância (o teste da significação das diferenças entre os rendimentos nos grupos C e E) tendem à significação estatística. As populações eram realmente de dimensão mais modesta.

Lim Tock Keng[24]

Pelo que conheço, o ensaio de avaliação mais completo – tanto formativo quanto somativo – foi realizado em Singapura por Tock Keng Lim da Universidade Tecnológica de Nanyang. O relatório final da introdução da FCC em duas escolas em 1992, depois em duas outras em 1993, menciona a utilização de três pacotes de instrumentos de avaliação:
- Testes psicometricamente validados de recognição (dois testes de habilidades de pensamento, desenvolvidos por Lim, e um teste da auto-estima). Trata-se essencialmente de testes de múltipla-escolha, como o New Jersey Test.
- Testes de pensamento crítico de produção, baseados em vídeos: os alunos raciocinam a partir de um roteiro filmado, escrito especialmente para estimular as mesmas aptidões críticas avaliadas pelos testes de recognição.
- Exercícios de "comunidade de investigação", cujo desenrolar é filmado. Os comportamentos que testemunham a presença de um

elemento da lista (reduzida) elaborada por Lipman das aptidões e disposições metacognitivas são codificados por observadores independentes.

Os resultados da experiência ainda não foram publicados. Contudo, em 1995, divulgaram-se os resultados de uma avaliação de desenho quase experimental, com os resultados concomitantes do processo de aprendizagem.[25] Limito-me, na seqüência, ao estudo somativo.

Objetivo: determinar se os alunos progrediram no plano do pensamento crítico.

Métodos: desenho quase experimental (E = 48; C = 32, todos os alunos da 5ª série do ensino fundamental). As duas classes tinham o mesmo currículo, mas o grupo E fora submetido, durante 25 semanas, a uma sessão de FCC por semana. Instrumentos: um teste de inteligência que mede o raciocínio geral (compreendendo itens verbais, numéricos e de percepção), e isso em duas versões paralelas (AH2 pré-teste/AH3 pós-teste, desenvolvidos por Heim, Watts e Simmonds), e um teste de auto-estima (SEI), compreendendo quatro escalas distintas (auto-avaliação nos contextos social, familiar, escolar e pessoal). As marcas dos exames de inglês e de matemática eram recolhidas pré-teste e pós-teste. Havia ainda um teste que media a qualidade da interação na classe (CES), compreendendo nove escalas (por exemplo: envolvimento, orientação para a tarefa, papel de suporte do professor, competição, inovação, etc.).

Resultados: as análises ANCOVA revelam que:
- os escores (ajustados) de matemática e de inglês do grupo E eram significativamente mais altos que os do grupo C;
- a classe E era significativamente mais alta (escores ajustados) para a dimensão verbal e a dimensão numérica (mas não para a dimensão de percepção) do teste AH2/AH3;
- as classes E e C não diferiam significativamente (escores ajustados) nas quatro dimensões do teste de auto-estima e em 7/9 escalas no CES. De fato, o grupo E era significativamente mais baixo (escores ajustados) do que C na escala "controle do professor" (que mede o grau percebido da direção imposta à classe para o professor) e na escala "filiação" (que mede a ajuda mútua e a cooperação entre os alunos).

Comentários: o estudo de Lim confirma que a FCC tem um efeito sobre o raciocínio dos alunos, sobre a inteligência geral (mas não sobre a inteligência da percepção visual) e sobre o desempenho escolar, particularmente em língua e matemática. Esse resultado confirma o de estudos anteriores. É consistente também com um resultado reportado pelo Educational Testing Service em 1978.[26] O grupo E progredia 36% mais que o grupo C em matemática e 66% em competências de leitura. O resultado de Sasseville, isto é, o reforço da auto-estima, não se reproduziu na experiência em Singapura. Além disso, as classes estudadas por Lim não formavam (ainda) os grupos estreitamente cooperativos encontrados, por exemplo, por Marie-France Daniel no Canadá.

CONCLUSÃO: A CORDA SÓLIDA

Chego ao primeiro resultado espetacular reportado por Lipman com o California Test of Mental Maturity: um avanço de 27 meses em idade mental do grupo E sobre o grupo C. Embora o resultado pareça excessivo, outros estudos, de qualidade diversa, confirmam de modo consistente e sistemático que a FCC tem um efeito considerável sobre a inteligência geral, tal como aparece na competência para raciocinar e nas competências lingüísticas e matemáticas. Isso dá margem a considerar que o exercício da FCC conduz efetivamente à constituição de uma comunidade de investigação, embora as provas disso sejam menos sistemáticas. Seriam necessários estudos a longo prazo para verificar se é o caso ou não. Há resultados contraditórios no que diz respeito às relações entre a FCC e a auto-estima. E não parece que a FCC modifique a personalidade.

Como assinalei no início, o programa milagroso não existe. Mas observemos com cuidado a pedra filosófica que nos oferece Lipman. Conseguir verdadeiramente ensinar alguém a pensar de modo crítico não significa já transformar a matéria bruta em ouro?

NOTAS

1 Este texto apresentado em Bruxelas, em 14 de fevereiro de 2004, no colóquio organizado pelo Parlamento da Comunidade Francesa na Bélgica, *Aprender a pensar desde os cinco anos à prova do modelo de Matthew Lipman*.
2 Como outros, prefiro "filosofia *com* crianças" (expressão de ressonância democrática) a "filosofia *para* crianças" (expressão de ressonância paternalista).
3 M. BORMS, W. POPPELMONDE, *Filosoferen met kinderen. Een screening van de*

ontwikkelingsdoelen en eindtermen voor het gewoon basisonderwijs (relatório não-publicado).

4 Estudos sintetizados em M. LIPMAN, A.M. SHARP, F.S. OSCANYAN, *Philosophy in the Classroom*, 1980, Philadelphia, Temple University Press, Appendice B: "Experimental Research in Philosophy for Children".

5 M.S. PRITCHARD, *Philosophical adventures with children*, 1985, Lanhan, University Press of America, p. 67.

6 L.J. SPLITTER, A.M. SHARP, *Teaching for Better Thinking. The Classroom Community of Inquiry*, 1995, Melbourne, ACER, p. 18-26.

7 Para um estudo dos efeitos da FCC e da FCC adaptada à matemática, ver M.-F. DANIEL, L. LAFORTUNE, R. PALLASCIO, M. SCHLEIFER, "The Developmental Dynamics of a Community of Philosophical Inquiry in an Elementary School Mathematics Curriculum", *Thinking*, 15 (2000, 1), p. 2-9.

8 J.C. LAGO, "The Community of Inquiry and the Development of Self-Esteem", *Thinking*, 9 (1990, 1), p. 12-16; A. GAZARD, "Some More Ideas About the Relation Between Philosophy for Children and Self-Esteem", *Thinking*, 9 (1990, 1), p. 17-20.

9 M. LIPMAN, "Thinking skills fostered by Philosophy for Children", in: J.W. SEGAL, S.F. CHIPMAN, R. GLASER (eds.), *Thinking and Learning Skills*, Vol. 1: "Relating Instruction to Research", 1985, Hillsdale, N.J., Lawrence Erlbaum, p. 88-96.

10 A FCC não é a única a sofrer dessa falta no mundo dos programas destinados a promover as aptidões intelectuais. Ver R.J. STERNBERG, K. BHANA, "Synthesis of Research on the Effectiveness of Intellectual Skills Programs: Snake-Oil Remedies or Miracle Cures?", *Educational Leadership*, October 1986, p. 60-67.

11 Montclair State University, New Jersey, EUA.

12 Eu os enumero no texto porque geralmente faltam dados bibliográficos completos.

13 A diferença entre a versão Q4-ETS e a versão Q4 é fácil de explicar. Aparentemente, alguns itens no Q4-ETS cujos escores não correspondem suficientemente ao escore total foram eliminados depois para dar lugar à versão Q4 (Form B).

14 Para uma lista que enumera quinze tipos de validade e três tipos de confiabilidade, ver J.R. REST, "Moral research methodology", in: S. MODGIL, C. MODGIL (eds.), *Lawrence Kohlberg: Consensus and Controversy*, 1985, Philadelphia, Falmer Press, p. 455-469, p. 462.

15 A versão Q3-ETS foi desenvolvida entre 1976 e 1978 para o Educational Testing Service, mas nem o teste, nem os resultados de ensaios de validação foram publicados. Encontra-se um resumo dos resultados em M. LIPMAN, A.M. SHARP, F.S. OSCANYAN, *Philosophy in the Classroom*, op. cit.

16 Eliminei os itens 16 e 23, relacionados à aptidão a "reconhecer ambigüidades", porque as ambigüidades dependem fortemente da língua inglesa e não são traduzíveis em neerlandês. A diferença entre a versão Q4-ETS e a versão Q4 é

fácil de explicar. Aparentemente, alguns itens no Q4-ETS cujos escores não tinham uma correlação suficiente com o escore total foram eliminados posteriormente. Essa versão final é a versão Q4 (Form B).
17 Observemos ainda que o relatório de Shipman não abunda em dados estatísticos e que a apresentação de resultados deixa a desejar. É muito difícil reconstruir quais grupos foram comparados, quais são os critérios de inclusão em que se baseiam os enunciados gerais, etc. Acrescentemos que o método utilizado aqui por Shipman aumenta a probabilidade de que a hipótese zero não seja rejeitada, ainda que seja errônea. Portanto, a estimativa de 8/11 poderia ser uma subestimação da relação real.
18 Existem outros ainda, mas são mais difíceis de resumir devido a metodologias que combinam abordagens quantitativas e qualitativas. Um exemplo disso é o estudo já mencionado de M.-F. Daniel sobre o desenvolvimento da comunidade de investigação filosófica, entre outros.
19 M. SASSEVILLE, Self-Esteem, Logical Skills and Philosophy for Children, Thinking, 11 (1994, 2), p. 30-37.
20 Um outro estudo das relações entre a auto-estima e a FCC padece de erros metodológicos fatais: S. GARDNER, "Philosophy for Children really works! A report on a two year empirical study", Critical and Creative Thinking, 5 (1998, 1), p. 1-13. O estudo é apresentado como tendo um desenho quase experimental, mas os pesquisadores omitiram-se de fazer o pós-teste com os alunos no grupo-controle. O contexto fornecido às hipóteses apresentadas impõe claramente medidas repetidas "within subjects".
21 T. SPROD, "Improving Scientific Reasoning through Philosophy for Children: an Empirical Study", Thinking, 13 (1997, 2), p. 11-16.
22 M.L. SANZ DE ACEDO LIZARRAGA, D. IRIARTE IRIARTE, "Enhancement of Cognitive Functioning and Self-Regulation of Learning in Adolescents", The Spanish Journal of Psychology, 4 (2000, 1), p. 55-64.
23 F. GARCIA-MORIYON, R. COLOM, S. LORA, M. RIVAS, V. TRAVER: "Valoracion de Filosofía para Niños: un programa de enseñar a pensar", Psicothema, 12 (2000, 2), p. 207-211.
24 T.K. LIM, The Philosophy for Children Programme: final report, National Institute of Education, Nanyang Technological University, s.d. (1996-1997).
25 T.K. LIM, "An approach to the evaluation of the Philosophy for Children Program", Journal of Cognitive Education, 4 (1995, 2/3), p. 89-101.
26 Em M. LIPMAN, A.M. SHARP, F.S. OSCANYAN, Philosophy in the Classroom, op. cit. Trata-se do estudo feito por Shipman entre 1976 e 1978.

– O que é que você faz para ser malvado, Philippe?

4

Ensaio sobre o mundo filosófico da criança: o diálogo Eu Mundo – Instância Mundo[1]

Jacques Lévine

OS ATELIÊS DE FILOSOFIA DA AGSAS[*]: GÊNESE, ESTRUTURA E FINALIDADES

O que será tratado na reflexão a seguir compreende um desafio particularmente importante. Trata-se de esclarecer dois pontos:
- É pertinente pensar que existe um domínio que poderia ser chamado de "o Mundo filosófico da criança"? Esse domínio seria ao mesmo tempo diferente e semelhante ao do adulto, mas sua existência implicaria que, desde muito pequenas, as crianças pudessem ser consideradas "naturalmente filosóficas".
- A supor que, com tal hipótese, não caímos no mito da criança que sabe tudo, ou na utopia daí decorrente, há uma única ou várias vias de acesso a esse mundo da "filosofia natural"? Há uma única concepção desse suposto "mundo filosófico" da criança, ou estamos falando de coisas diferentes quando o evocamos?

Sobre esses dois pontos, respondo afirmativamente. Sim, toda criança é, à sua maneira, um "prático" da filosofia. Sim, há lugar para uma pluralidade de concepções, principalmente ao lado da de Lipman, que visamos defender.

Contudo, antes de apresentar meu ponto de vista, a saber, aquilo que entendemos por ateliês de filosofia na abordagem AGsAS (Association des

---
[*] Association de Groupes de Soutien au Soutien.

Groupes de Soutien au Soutien, também chamada de Balint-enseignant ou Rencontres Pédagogie Psychanalyse pour la Formation aux Relations de Médiation), quero iniciar minhas palavras com *uma homenagem a Matthew Lipman, pois foi ele o pioneiro. Cabe a ele a honra de ter aberto o caminho.*

E pouco importa o vocábulo que ele escolheu para designar o que preconiza: comunidade de investigação, deliberação com as crianças a propósito de preocupações filosóficas, iniciação à prática da filosofia desde os primeiros anos... O essencial é que ele foi o primeiro a pedir que a escola deixasse de lado seu desdém pela filosofia na escola, assim como sua falta de esperança, e que estabelecesse um programa claro.

Certamente, outros antes dele haviam considerado aberrante desprezar um capital psíquico tão precioso. Penso na passagem magnífica de Montaigne:

> Visto que é a filosofia que nos instrui a viver e que é nela que a infância, como as outras idades, tem sua lição, por que não comunicá-la? Ensinamnos a viver quando a vida já passou. Certos escolares adquiriram sífilis antes de chegarem à lição de Aristóteles sobre a temperança. Tirem da dialética todas essas sutilezas espinhosas, e os discursos da filosofia são mais fáceis de conceber que um conto de Boccaccio. Uma criança é capaz disso, desde a amamentação, muito mais do que aprender a ler e a escrever. É um grande erro tornar a filosofia inacessível às crianças.[2]

Não é casual, provavelmente, que a iniciativa de Lipman tivesse de esperar 400 anos depois de Montaigne para ser formulada. Era preciso que a palavra da criança fosse mais reconhecida em decorrência de toda uma série de desmoronamentos que estão modificando o lugar da criança em nossa sociedade. *Assistimos a um processo de autoridade em pane*, com todo tipo de desconexões pais/filhos, família/sociedade, alunos/professores... Nesse contexto de *desparentalização*, de dessacralização e de desligamentos múltiplos, as crianças precisam ser encorajadas a olhar de frente as realidades que as ameaçam, a praticar um falar ao mesmo tempo verdadeiro e responsável e a se filiar a novas fontes de força.

Contudo, a admiração não deve fazer calar as *divergências* e restringir o direito à crítica. Quando em 1996, com Agnès Pautard e Dominique Senore, começamos a examinar detalhadamente o procedimento proposto por Lipman, ficamos desconcertados, e mais ainda quando em seguida assistimos a demonstrações.

Surpreendeu-nos bastante a pluralidade de objetivos que Lipman atribui às sessões. Ele pretende de fato:

- dar-lhes o suporte de um texto (*Harry, Elfie, Kio e Augustine*...) que tenha seu próprio valor narrativo e sua própria atratividade;

- fazer seguir esse suporte pela "colheita", isto é, escolher o problema a tratar tirado da leitura do texto, o que envolve em um segundo tipo de atratividade;
- organizar um debate do qual se espera uma iniciação à lógica. Debate que é orientado em sentidos diversos, a propósito do qual o adulto intervém muito.

Para dizer a verdade, isso nos pareceu complicado. Naturalmente, compreendemos a preocupação de transicionalidade que esse procedimento subentende. Mas há ali três objetivos, em vez de um único, e é preciso perguntar se eles não comportam um risco de dispersão que desviaria o interesse do essencial. Além disso, ficamos surpresos com a densidade do discurso do adulto, sua preocupação em intervir para reparar, corrigir, transmitir, como se duvidasse da capacidade da criança de compreender os desafios do debate.

Entretanto, diferentemente de Lipman, nós nos convencemos muito rápido de que *a criança tem necessidade de fazer uma dupla experiência prévia: ela tem necessidade de viver plenamente o poder do pensamento e tem necessidade de se centrar, não no mundo escolar, mas no valor das concepções da existência que veiculamos.*

Enquanto Lipman, após desvios de todo tipo, propõe o raciocínio lógico como finalidade, pensamos que o principal ponto de impacto dos ateliês de filosofia deve ser a palavra da criança, como *espelho de seu modo de pensar a vida, e isso com o mínimo de adições provenientes dos adultos.* Não se trata de obedecer a qualquer ideologia da não-diretividade. Não é porque, depois de 1968, alguns professores foram acusados de laxismo ou de confiança excessiva nas competências naturais da criança que devemos rejeitar tudo o que procede de vias intermediárias em matéria de transmissão. Não se trata de um problema secundário de metodologia, mas de uma escolha de finalidade.

Em outras palavras, após ter lido Lipman e criado nosso próprio método, superando qualquer atitude trivial e estéril de concorrência, percebemos que estávamos diante de *dois modos de conceber aquilo que se pode chamar de "o nascimento do pensamento filosófico das crianças". Há duas abordagens, a dele e a nossa, mas, longe de serem incompatíveis, elas devem ser consideradas complementares.*

O problema passa a ser então o da anterioridade. Deve-se começar, nos ateliês de filosofia, mediante um plano previamente traçado e organizado, com um trabalho de maiêutica, o da criança assistindo ao parto de seu próprio pensamento, ou dar prioridade à aprendizagem da lógica? Nesse caso, as crianças mais novas estão em condições de acolher uma aprendizagem de caráter abstrato? Não há o risco de se desestabilizarem e se desmotivarem se essa aprendizagem for além de suas possibilidades de assimilação? As teorias cognitivas mais recentes mostram-nos de fato que existem três tipos de tratamento das informações cuja ordem deve ser respeitada: o tratamento perceptivo da ordem da constatação sensorial, o tratamento visuomotor em que se elabora o ato, o tratamento subconceitual e depois conceitual.

Michel Tozzi e Jean-Charles Pettier, que se situam com muitas nuanças (...) na órbita de Lipman, também priorizam a lógica – aprender a argumentar, problematizar, conceitualizar – e fazem do treinamento para o debate o objetivo número um.

Obviamente, seria uma estupidez opor-se a que uma pedagogia do "bem pensar" tivesse espaço, mas pensamos que antes do debate, e para que ele seja possível, é preciso tempo para "travar conhecimento" com aquilo que dá matéria e material para o debate, ou seja, a estranha descoberta de que a vida é o que é, que nossos pensamentos e os dos outros são o que são. Precisamos dar tempo para essa primeira impressão, torná-la viva e fazê-la retornar. Precisamos ver do que se alimenta o aparelho de pensar, inclusive em seu registro emocional e sincrético, antes de estudá-lo como aparelho de pensar o pensamento, portanto, em um registro de predominância intelectual, registro que evidentemente tem seu espaço, mas não a qualquer momento.

OS ATELIÊS DE FILOSOFIA DA AGSAS: GÊNESE, ESTRUTURA E FINALIDADES

Do que foi dito decorre que propomos uma estrutura diferente, uma estrutura "não-lipmaniana", porém mantendo a finalidade em sua globalidade, do mesmo modo que, guardadas as devidas proporções, existe uma geometria "não-euclidiana", que não deixa de ser uma geometria. Essa estrutura, chamada de Ateliês de Filosofia AGSAS, é constituída em três etapas.

A primeira etapa referiu-se sobretudo ao procedimento

Pretendíamos que ela fosse regida por uma regra fundamental de uma extrema concisão. Essa regra compreende cinco pontos que são ditos claramente às crianças:

- preâmbulo sobre o sentido do termo filosofia;
- enunciado de um tema;
- anúncio de que a sessão durará dez minutos;
- anúncio de que o professor intervirá o mínimo possível;
- explicações sobre os contratos de funcionamento.

Pode-se dizer que essa é a "regra fundamental" dos ateliês de filosofia tal como os concebemos, é o que rege a estrutura e as finalidades do método.
- O modo como se apresentam os ateliês de filosofia é fundamental: o professor deve ter recebido uma formação apropriada. É importante dizer às crianças, em uma linguagem simples, que elas vão fazer "filosofia", isto é, que vão aprender a refletir sobre as perguntas que os homens se fazem há muito tempo. Aprender a refletir significa que terão um tempo para pensar antes de falar, que não é obrigatório que todos peçam a palavra durante uma sessão e que não há respostas certas ou erradas às perguntas sobre as quais se reflete.

Insiste-se particularmente sobre o estatuto social que se atribui à criança nos ateliês: não é a mesma coisa que um aluno, a mesma coisa que um adulto, a mesma coisa que uma criança; é uma pessoa entre as outras, um habitante da Terra que pensa sobre a maneira como os homens se conduzem na Terra.

Por que dez minutos? Porque a reflexão filosófica é um gênero precioso, mas sobretudo porque o que valoriza a sessão é o fato de pôr em movimento um trabalho mais amplo que, de todo modo, não termina nem em dez minutos nem em uma hora, sendo que o essencial é seu lançamento e sua estimulação. A experiência mostra que ele prossegue no interior do sujeito, mesmo fora das sessões e que é essa continuação que dá seu valor. Assim, a limitação do tempo torna-se a motivação para esse prolongamento.
- O tamanho do grupo. Na pré-escola, é necessário trabalhar em pequenos grupos de seis a oito crianças. No ensino fundamental, meias classes mas também classes inteiras funcionam bem. O ateliê com a classe inteira permite ao grupo perceber-se como "comunidade de investigação". Os alunos sentem-se solidários uns com os outros, o que dá ao trabalho em comum o valor *de uma co-construção do pensamento*.
- A palavra circula, seja com o microfone, seja com o bastão de palavra que o professor entrega a pedido ou que os alunos passam

entre eles. Microfone e bastão de palavra têm *funções simbólicas sobre as quais é importante refletir*. Provavelmente, representam a presença da "testemunha", do "terceiro", de uma instância que dá caráter solene à situação e instala um espaço em que a seriedade é obrigatória sem ser pesada. O bastão de palavra é a Lei, é a ordem que se refere ao papel de cada um entre todos. Isso institui cada um enquanto sujeito independente – "você é convidado a ocupar seu lugar" – e como sujeito dependente – "você não fala enquanto os outros estão falando". Mas é sobretudo um *sinal de confiança na capacidade das crianças de ter, tanto quanto qualquer outro, uma opinião refletida sobre as coisas do mundo.*

- As sessões, na medida do possível, são gravadas. Quando é o caso, a fita pode ser colocada à disposição das crianças, porém em condições claramente explicitadas de confidencialidade.
- A reescuta não é obrigatória, nada é feito de forma sistemática e repetitiva; contudo, quando ocorre, o interesse é retomar as discussões e abrir uma segunda etapa, o debate propriamente dito, ponto a que voltaremos.
- No que diz respeito ao lugar do professor, *um problema essencial é suscitado: o de seu silêncio*. No entanto, trata-se de um silêncio objetivo, que subjetivamente tem um significado diferente do silêncio, pois *o adulto, enquanto princípio de realidade, mesmo não intervindo, está presente* por meio de todos os elementos da estrutura: o tema, o bastão de palavra, etc. A experiência mostra que alguns professores têm uma grande dificuldade de respeitar essa regra de não-intervenção durante os dez minutos da sessão, visto que sua formação ensina-lhes antes de tudo a dirigir estreitamente as aprendizagens dos alunos, e eles têm medo de que as crianças, deixadas à própria sorte, fiquem desamparadas, não encontrem nada para dizer ou não respeitem mais a estrutura. Ao contrário, quando superam essa apreensão, *fazem a descoberta espantosa da inteligência das reflexões das crianças mesmo sobre temas difíceis, inclusive com crianças também difíceis*. Isso provoca neles uma mudança de olhar que se prolonga em uma indagação sobre o ofício de professor: como perceber melhor o potencial que se revela por ocasião dos ateliês? Portanto, o que se desencadeia é uma reflexão profunda sobre a identidade profissional. Nesse aspecto, os Ateliês de Filosofia constituem uma ferramenta de formação dos próprios professores para uma outra concepção da relação. Aquela em que uma circulação da palavra na "horizonta-

lidade", portanto no âmbito de um novo tipo de co-reflexão, prevalece sobre a "verticalidade" tradicional da transmissão. A escola está tão centrada nos desempenhos, nas produções das crianças, que se priva freqüentemente de estabelecer as condições que fazem emergir o potencial dos alunos. Além disso, na estrutura dos ateliês de filosofia, a intervenção do professor, devido à sua identificação modelizadora, poderia interromper o trabalho tateante de elaboração do pensamento realizado pelas crianças. *Ao contrário, sua presença silenciosa e confiante é necessária,* pois as crianças não conseguem produzir pensamento sobre esses temas importantes se não se sentirem autorizadas. O professor é a garantia das condições de tomar a palavra e dos modos de gestão do tempo. Representa a legitimidade da perspectiva aberta pelos ateliês de filosofia.

- No que diz respeito ao tema, as discussões ainda estão em curso. Todo professor tem uma idéia própria sobre a formulação mais adequada. Aparentemente, frases de introdução ao tema, como "Hoje vamos refletir sobre a felicidade..." ou "O que vocês acham da pobreza...?", em geral são mais eficazes do que a frase: "O que é que...?", pois ela pode induzir a idéia de que existe uma resposta certa para a pergunta colocada, porém o debate está aberto.

É necessário adaptar as perguntas à idade das crianças, começando, para os alunos da pré-escola, com perguntas que têm uma relação com sua vivência, do tipo "crescer", "por que a gente vai à escola?", "uma criança e uma pessoa grande são a mesma coisa?"...

Eis uma lista não-exaustiva de temas: **Eu existo?... A beleza... O medo... A coragem... Os animais pensam?... A injustiça... Sonhar... Zombar... A vergonha... Vencer... A felicidade... A tristeza... A alegria... Ser inteligente... O orgulho... Desprezar... Olhar para alguém... Ser olhado... A imaginação... Dançar... Ser sapateiro... Ser rei... Ser uma princesa... Ser forte... A cólera... A aventura... Por que a gente morre?... Por que a gente nasce?... A pobreza... A riqueza... Lembrar-se... Compreender e aprender são a mesma coisa?... O amor... A família... O corpo... A palavra... O que é realmente importante na vida?... Como explicar que existam plantas e animais e não somente homens?...**

O que queremos ressaltar é que todo tema funciona como *convite à viagem.* Esse ponto merece o desenvolvimento a seguir.

Qual é, de fato, a natureza de nosso desejo? Que desejo de sessões nos anima? Efetivamente, a idéia central é a da viagem. Ela nos ocorreu na época a partir do modo como Agnès Pautard preparava seus alunos de quatro anos da pré-escola para a introdução na escrita. Ela dava uma importância muito grande ao que chamava de "a viagem ao país dos sons" e, em primeiro lugar, dos "sons vogais". Para chegar aos "A" – um mês era dedicado a isso – eram preparadas quatro malas para depositar as palavras contendo um A.

> Por exemplo, para entrar no AviÃo, eles devem embArcAr com um bilhete de embArque levando sua mochilA ou sua mAlA, um lAnche, depois é preciso AtAr os cintos e pArtir, etc.
>
> Ao chegar ao país dos A, faz-se a conta do que se acumulou nas bAgAgens. Mais tarde, acrescentam-se outras palavras com A encontradas nas ilustrações e nos dicionários. As palavras são datilografadas. Então, cada um desenha o país do A com o que encontrou (Rémi desenha um bArco em um lAgo, Jean-Marie desenha o Aeroporto, uma cAbAnA, um drAgÃo, um cAminhÃo...).

Se menciono abundantemente esse modo de viagem é porque o ateliê de filosofia foi concebido como uma viagem ao país das idéias, mais precisamente como uma *viagem de pesquisa sobre a natureza humana*. Cada tema corresponde a uma viagem para modos de relação, para vivências que formam aquilo que é próprio da vida cotidiana dos seres humanos: a esperança, a aflição, a violência, a amizade, etc. A sessão funciona como uma palavra que se abre para deixar que apareçam os constituintes, as experiências de vida que se carrega. Para a criança, filosofar, ao menos nesse nível protofilosófico, é indagar-se sobre o que pensam as palavras, sobre o que as palavras pensam do mundo. Ao evocá-las, instala-se em um face a face com o que elas representam.

Nesse primeiro momento, recebemos uma quantidade significativa de relatórios de sessões vindos de professores interessados nessa abordagem. Alguns nos enviaram dossiês compreendendo sessões isoladas com seus comentários sobre as reações das crianças. Porém, na maior parte dos casos, trata-se de sucessões de sessões, algumas vezes até vinte, estendendo-se por um ou dois anos com os mesmos alunos, igualmente acompanhadas de comentários. Desse modo, em pouco tempo estávamos em posse de várias centenas de relatos de sessões, isto é, de preciosos documentos de trabalho pelos quais manifestamos nosso reconhecimento aos professores que os fizeram chegar a nós. Três artigos publicados na revista *Je est un Autre* correspondem a esse período.

A SEGUNDA ETAPA TRATOU DA ANÁLISE MAIS APROFUNDADA DESSES MATERIAIS

Esse trabalho, descrito em um texto de 21 páginas, foi editado no *site* da AGSAS na internet.[3]

A análise foi orientada em quatro direções:
- A ressonância do tema;
- A evolução de idade em idade;
- A indagação sobre os efeitos dos ateliês de filosofia;
- A indagação sobre os fatores na origem desses efeitos.

A ressonância do tema

A propósito da ressonância, pareceu-nos que o tema insiste em perguntar à criança: "O que você sabe sobre o modo como a vida funciona?". Se nos reportamos às ilustrações que se seguem – em forma de sinopses – e que visam dar uma idéia do desdobramento das sessões, vemos que o tema, como palavra indutora, remete ao mesmo tempo à experiência pessoal da criança – seu reservatório de vivências sobre a questão – e à sua experiência coletiva, o suposto reservatório de vivências da coletividade conforme a criança esteja impregnada delas, sendo que esses dois tipos de experiências são constituídos igualmente de uma multiplicidade de vivências associadas.

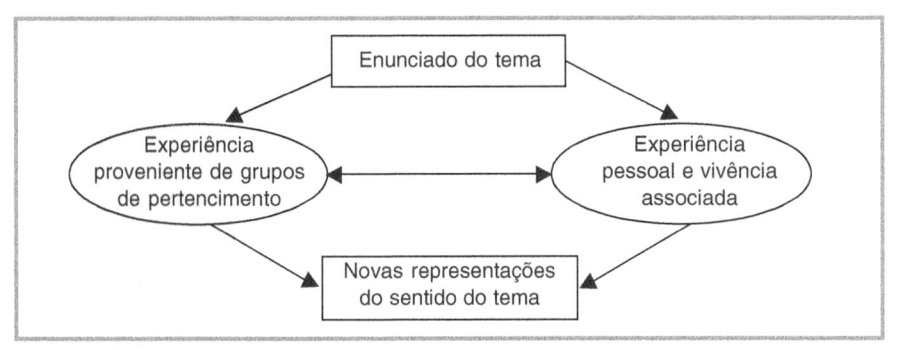

Figura 4.1 A ressonância do tema.

Nesse contexto, o tema corresponde a uma mensagem do professor à criança: "Tenho certeza de que você sabe muitas coisas sobre o que se passa na vida, sobre a amizade, o medo, o sonho...". Assim, ele envolve em uma descoberta, que deve ser feita separadamente e com as outras crianças, sobre o que é o pensamento de todos a partir do pensamento de cada um. O forte desejo das crianças de responder leva-nos a refletir: ele mostra que todos têm necessidade de dizer ou de se dizer "Eu também sei alguma coisa sobre esses grandes problemas da vida". A palavra aqui é demonstração de existência e de valor de si mesmo, é uma maneira de tomar lugar na cadeia de viventes que se indagam sobre a vida. É ao mesmo tempo um Eu pessoal e um Eu grupal que se expressam, e é provavelmente a vontade de pôr ordem ao que vem dessas fontes plurais, muitas vezes divergentes, a verdadeira motivação do pensamento de caráter filosófico. Ora é o "isso fala" grupal, enquanto olhar do terceiro, que assegura uma função de vigilância do "isso fala" pessoal, ora é o inverso. Determinar do que é feito esse terceiro nas diferentes idades das crianças é um dos problemas do qual nos ocuparemos na análise a seguir.

A evolução de idade em idade

A hipótese geral é que isso que observamos, por exemplo, no nível de uma classe de último ano do ensino médio, só tem sentido verdadeiramente como desfecho de várias etapas prévias. Sem essas etapas prévias, que correspondem àquilo por onde é preciso transitar antes de ter acesso ao pensamento conceitual, não é possível compreender os componentes de um pensamento filosófico elaborado. Na subjacência das produções dos maiores pensadores da filosofia, circula o imaginário invisível e aparentemente irracional de estratificações anteriores. Bachelard mostrou bem isso. *Assim, minha hipótese é a de que, a partir das respostas das crianças, podemos retomar a evolução de suas atitudes diante da vida, suas maneiras sucessivas de receber a vida, portanto, os momentos constituintes do que se pode chamar de sua "filosofia natural".*

Se agora seguimos de forma rigorosa a evolução de idade em idade, vemos que as coisas caminham:
- do pensamento infantil ao pensamento adulto;
- do pensamento exógeno, isto é, que está voltado para as realidades externas e que transita pela linguagem explícita, ao pensamento endógeno, que corresponde à subjetividade e que segue a via da "linguagem oral interna";
- do olhar do terceiro, no início pouco presente nas crianças, ao olhar de instâncias que representam a universalidade ou mesmo a transcendência.

Estabelecemos *sinopses* que reúnem, a partir de gravações, as respostas das crianças sobre cada um dos temas e, para salientar as tendências próprias de cada grupo de idade, tomamos essas respostas tal como se sucederam. Trabalhando sobre essa justaposição, reproduzimos o clima em que se desdobra a sessão e podemos ver que, para além da aparente falta de nexo entre as respostas, circula uma ligação. A escuta de cada um repercute mais ou menos na formulação das respostas seguintes, o que não põe em perigo sua autonomia de formular. É a adoção desses procedimentos que conduz a hipóteses sobre a natureza do olhar que as crianças lançam sobre a vida nas diferentes idades, sobre a maneira como interpretam "a viagem ao país da filosofia".

A. Pré-escola

A sinopse (aqui sobre o tema "crescer" apresentado na pré-escola) mostra que a criança pequena está envolvida em um confronto com três ordens de pensamento:
- os pensamentos prontos (conformidade com o que ela imagina ser a opinião dos outros);

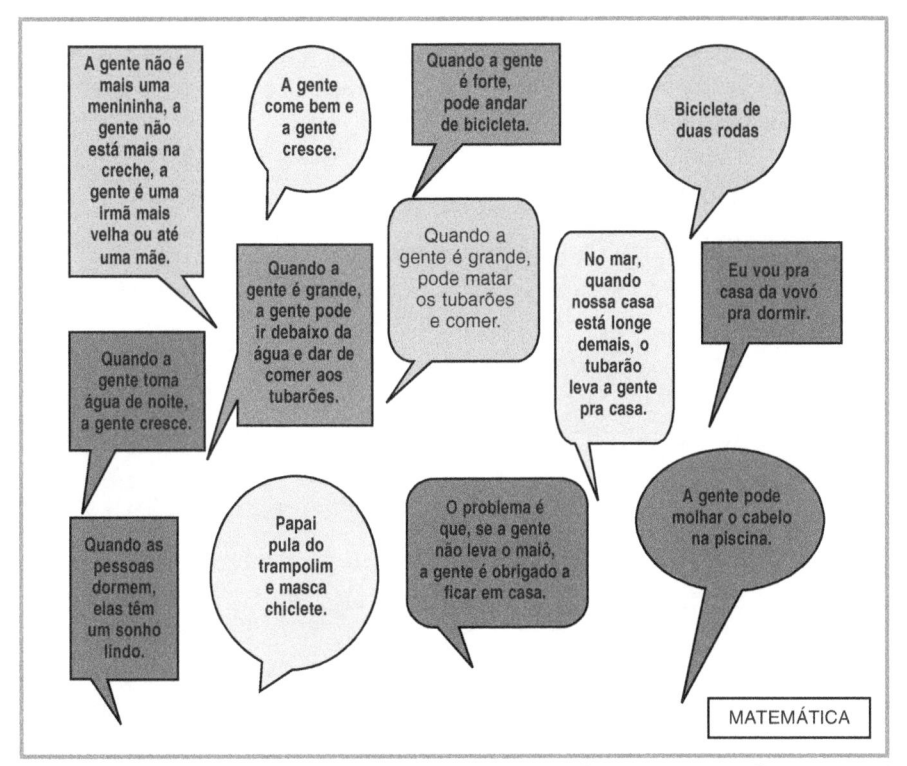

Figura 4.2 Crescer. *"Hoje vamos pensar na nossa cabeça o que quer dizer crescer."*

- os pensamentos de tipo mágico ou lúdico: *"a vida funciona como eu quero"*;
- os pensamentos práticos da vida cotidiana infantil.

O todo corresponde a uma concepção da vida "mágico-realista".

B. 1ª série (6-7 anos)

A criança dessa idade é um ser de inventário, *"a vida é como ela é"*. A mentalidade é a da constatação factual. Uma parte de sua atividade psíquica consiste em demarcar, durante um trabalho de comparação, de seriação e de categorização, as diferenças e as semelhanças que estruturam o mundo exterior. Muitas crianças ainda estão bloqueadas nesse inventário e não conseguem dar lugar a vivências mais personalizadas, enquanto outras demonstram uma fluidez e uma riqueza de linguagem surpreendentes, o que é uma característica da nova comunidade escolar.

C. 2ª série (7-8 anos)

"A vida comporta realidades ocultas". Isso a criança já sabe há muito tempo, mas significa que, no âmbito dos ateliês de filosofia, o pensamento sobre a organização e o funcionamento das coisas da vida, mesmo permanecendo ainda na ordem do inventário, comporta agora um direito de falar de verdade, particularmente pelas alusões à sexualidade, que ela não se permitia antes.

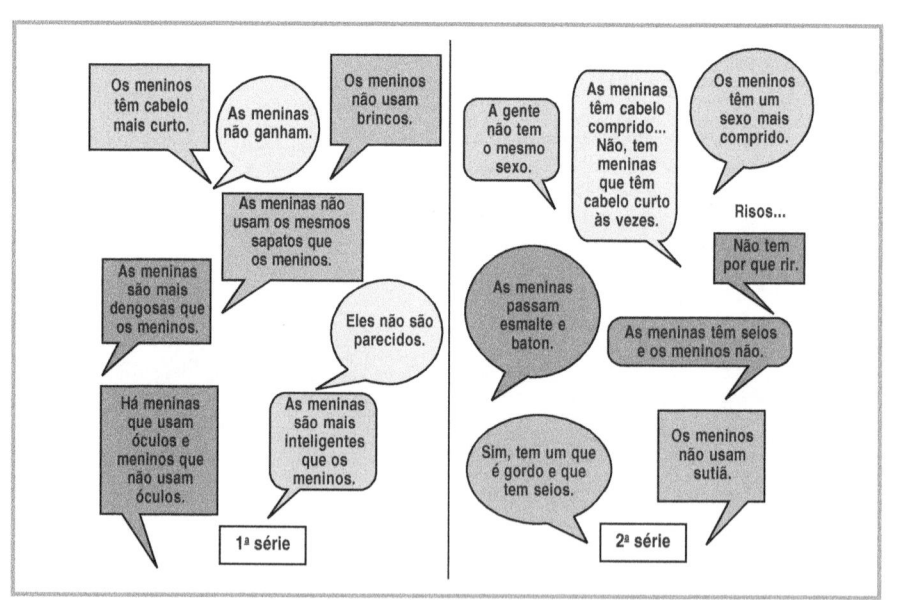

Figura 4.3 Qual a diferença entre um menino e uma menina?

D. 3ª e 4ª séries (8-10 anos)

"A vida não é tão fácil como se imagina". O tema "a coragem" mostra que a criança introduz em sua reflexão a noção de "forças contrárias". Ela se vê como o palco de uma luta entre tendências antagonistas. *Esse aspecto endógeno, esse trabalho em que o sujeito explicita o que está pensando intimamente, assume um lugar tão importante como o aspecto endógeno, a referência às situações externas.*

O tema "a esperança" mostra que a criança se descobre capaz de se interessar ao mesmo tempo pelo devir pessoal e com o da humanidade. *A vida de agora se insere na trajetória do devir coletivo,* o horizonte muda, as noções de evolução e de relatividade tornam-se componentes da paisagem pré-filosófica.

A coragem

- A coragem é não fugir quando alguém o persegue. Quando alguém o persegue, você se obriga a ficar no lugar.
- É saber guardar um segredo por toda a vida, mesmo se tiver vontade de contar.
- É não deixar um pequeno fazer qualquer coisa, mas tomando cuidado pra não machucá-lo.
- É ousar dizer "eu te amo" quando está apaixonado.
- É confessar seu medo... não é ignorância... é normal ter medo.
- É não ter medo de dar respostas mesmo que esteja errado.

A esperança

- É esperar ter um carro e um emprego.
- É quando uma pessoa acha que vai morrer e a outra lhe diz que ela vai viver.
- Se não houvesse esperança na Terra, não haveria absolutamente nada, você diria sempre "eu não sirvo pra nada".
- É a esperança de ver a luz por muito tempo, de não ficar no escuro.
- É pelo menos viver bem por muito tempo pra ver seus netos e ver como o mundo muda.
- Você pode ter a esperança de viver por muito tempo, mas não demais, porque se depois você está sofrendo muito, você tem a esperança de morrer.
- Se você acabou de abandonar seu companheiro, você tem a esperança de refazer a vida.

3ª e 4ª séries

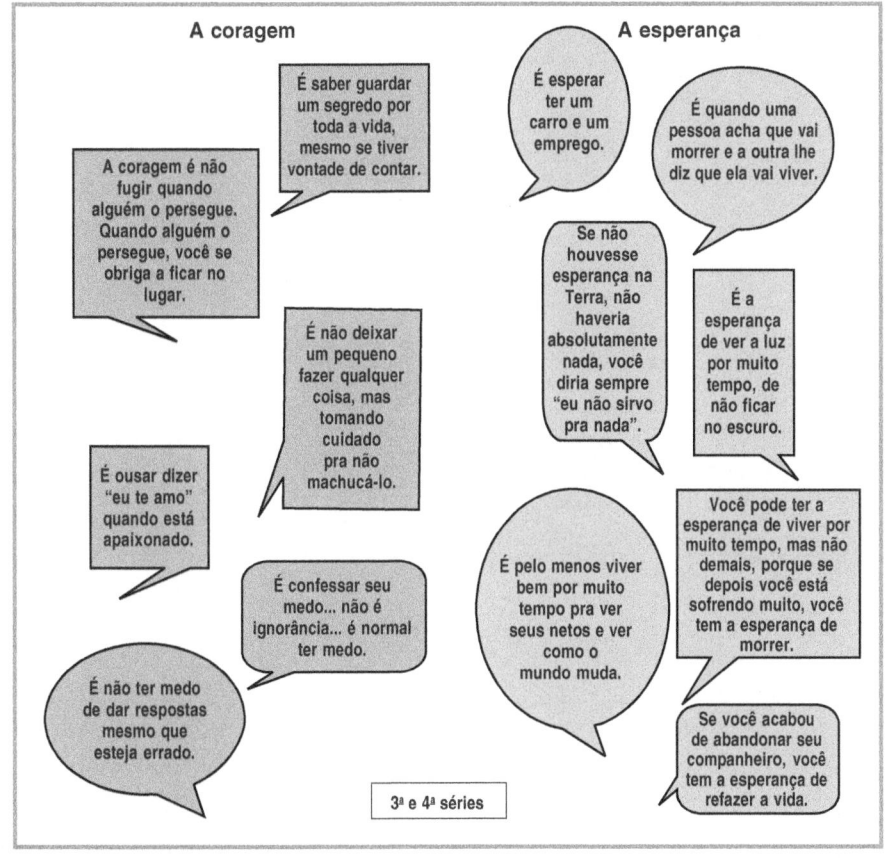

Figra 4.4 Coragem e esperança.

5ª série (10-11 anos)

O tema "por que estamos na Terra?" confirma que, para a criança nessa idade, *a vida é feita de uma pluralidade de enraizamentos* e que ela se instaura muito mais do que antes como pai de si mesma e, ao mesmo tempo, pai do mundo. A aparição mais decisiva da Instância Mundo como pólo de referência para o pensamento é provavelmente o elemento mais importante da evolução nesse período.

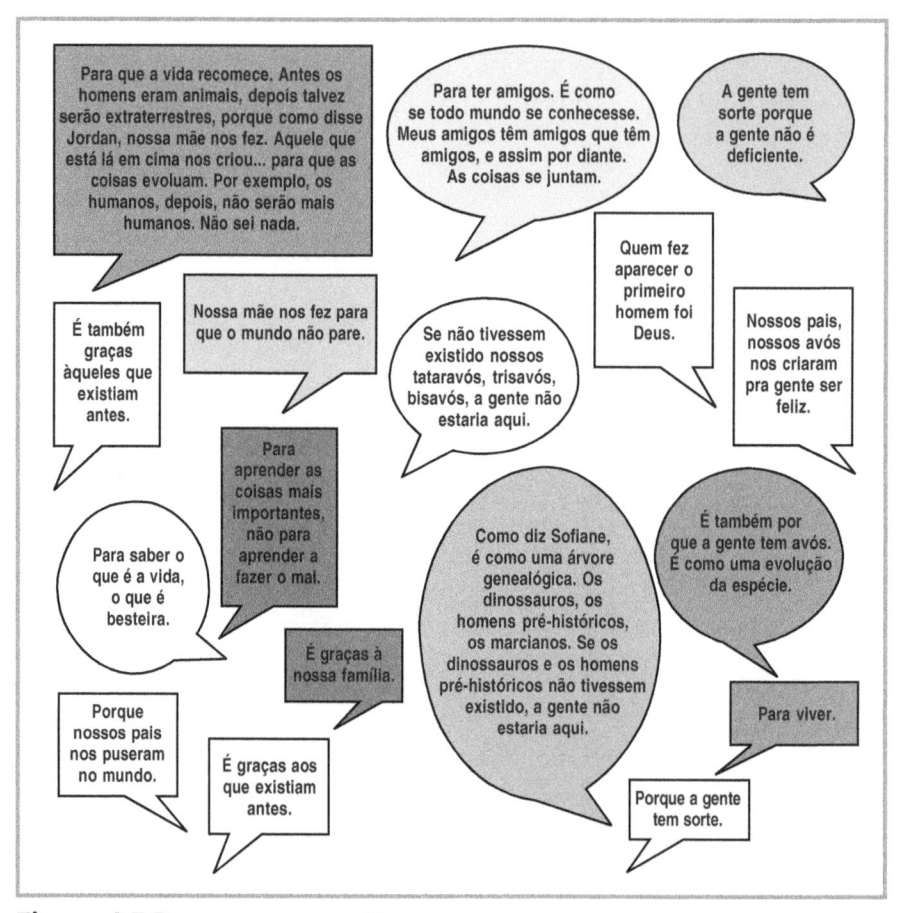

Figura 4.5 Por que estamos na Terra.

F. Adolescência

O tema "o amor", complementado pelos temas "a vida" e "a morte", corresponde ao quadro da vida íntima dos adolescentes, tal como foi descrito desde sempre, felicidade e sofrimento, lucidez e confusão; porém, a capacidade de entender a complexidade de sentimentos é mais aguda nos jovens de hoje do que no passado. Enquanto alguns não superam a confusão, outros adotam um ponto de vista distanciado, de tipo já nitidamente filosófico. *A vida íntima e pessoal que resulta dos encontros, principalmente amorosos, torna-se a riqueza primeira do Eu.* A reflexão sobre a vida desloca-se para as vicissitudes da vida interior e a dificuldade de administrá-las.

> **O amor é um sentimento que se sente por alguém e que é forte. Isso vem do coração, quero dizer. Portanto, é isso, o amor é um sentimento que se sente por alguém que está no coração da gente e diante de quem se pode dizer "eu te amo", ou qualquer coisa assim. São sentimentos que são fortes.**

> **Quando a gente não é amado, é infeliz. Tem vontade de ser como os outros. Quer ser amado tão forte como os outros. É como inveja isso! E como ela disse, quando você está apaixonado e fica o dia inteiro sem ver aquela pessoa com quem você está, é impossível, você precisa vê-la, senão você explode, você não consegue, não consegue.**

> **Quando estou apaixonada, fica uma bola assim, você não consegue mais comer, falar, dizer qualquer coisa, tudo está bloqueado.**

> **Não é só a beleza que conta. Há também a beleza interior. Se você cruza com alguém na rua, se ele é feio e se você não o conhece, você não vai nem imaginar, você vai seguir seu caminho. Ao contrário, se você conviveu com ele, se você o conhece desde pequeno, você conhece o caráter dele, você vai estar mais próximo dele do que se você não o conhecesse.**

> **É preciso suportar o golpe quando nossos pais se separam. Não é todo mundo que vai ficar casado para sempre, para os nossos avós era normal, agora a época mudou, nossos pais são jovens, então é isso.**

> **O amor é o que mais faz sofrer, porque é como uma ferida quando acaba, é como o fim de alguma coisa, falo do grande amor, quando se ama de verdade, muito, muito forte.**

> **O amor nos dá prazer, nos faz voar, a gente fica contente.**

> **É engraçado como você dizia que existem diferentes facetas do amor. É engraçado como o amor que sentimos por nossos pais ou por nossa família é diferente daquele que sentimos pelo namorado pela namorada. Porque eu, meus pais ou minha família, não fico com um bolo na barriga ou não fico com um bolo na garganta. Quando os vejo, fico contente, sinto amor, mas não me dá a mesma sensação para uma pessoa que não é da família.**

Adolescentes

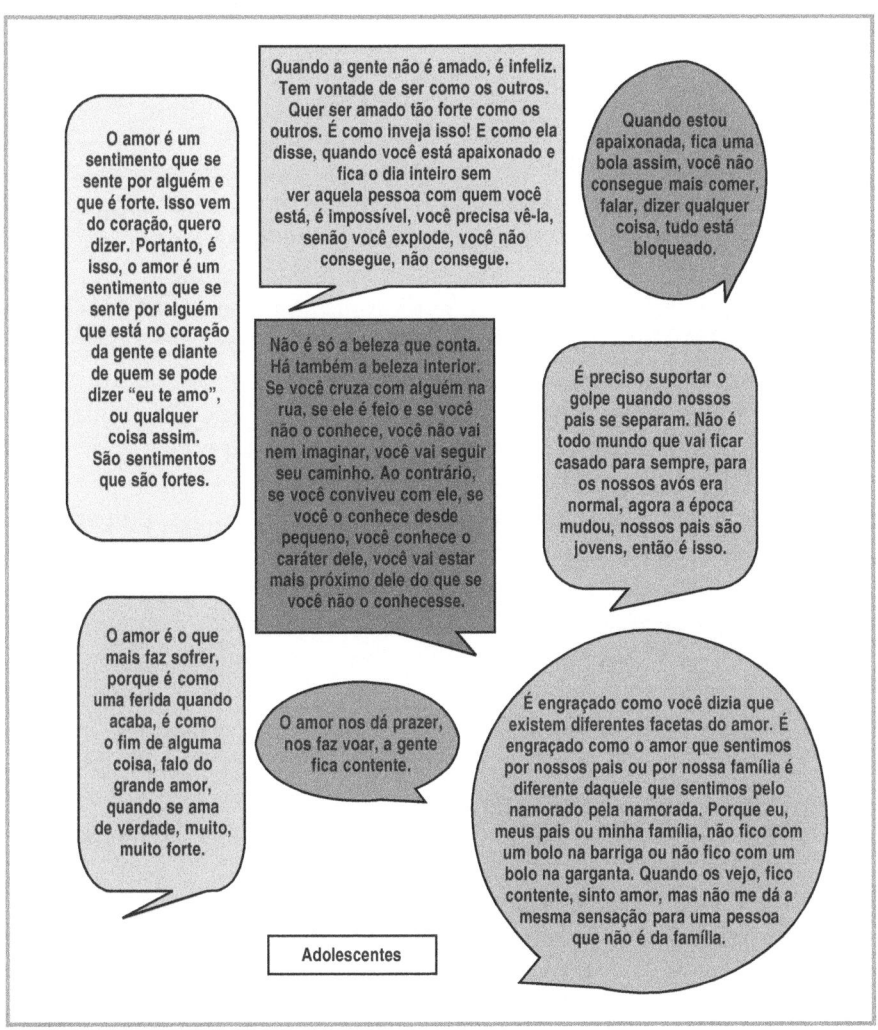

Figura 4.6 O amor.

A indagação sobre os efeitos dos ateliês de filosofia

Alguns comentários de professores que praticam os ateliês de filosofia:
- Fiquei surpresa de ver a forma positiva como os alunos em dificuldade escolar se envolvem no ateliê. Eles me surpreenderam com seu questionamento, vi seu potencial de reflexão. Não se encontra isso na situação escolar. E o fato de eu ter uma imagem positiva dessas crianças lhes deu coragem, como pude constatar, para se inserirem em uma dinâmica de progresso.
- Como eu tinha a expectativa de um pensamento já construído, duvidei da eficácia dos ateliês de filosofia. A partir do momento em que compreendi que a palavra escolar precisava se apoiar em uma palavra não-escolar que faz parte das opiniões espontâneas da criança ou de suas preocupações vitais, assisti a mudanças inclusive no plano das aprendizagens. Nem sempre é mirabolante, mas é promissor, e até minha ligação com a classe mudou.
- Desde que pratico ateliês de filosofia, percebo a abundância de perguntas sobre a existência que as crianças se fazem. Estou surpresa de ver como elas falam seriamente sobre a vida, a morte, durante as refeições. Eu achava que tudo isso era não-escolar, agora acredito que é o contrário, uma condição do escolar.
- Isso permite à criança ver que muitos têm pensamentos da mesma ordem que o seu. Isso as autoriza a se expressar sobre pontos que parecem inexprimíveis, mas sobre os quais lhes faz bem falar.
- A palavra impede, relativamente, a passagem ao ato, como se a criança pusesse o pensamento entre ela e o ato. E alguns fazem alusão ao que foi dito no ateliê sobre a violência e o desejo de ter sempre razão.
- O ateliê de filosofia dá uma identidade à classe que, por essa atividade, se distingue de outras classes, e essa é uma razão do apego dos alunos pelo que se faz ali.
- São muitas as classes que, depois de seis sessões, pedem uma segunda rodada.
- Depois de 26 sessões na 1ª série, os alunos pediram para ter ateliês de filosofia na 2ª série, e outras 25 sessões foram efetivamente realizadas... O mais surpreendente, diz a professora, é que eu mesma fiquei envolvida. Tenho a sensação de que *nos humanizamos juntos*.

- Eles não ouviam uns aos outros, o sentido dos textos lhes escapava, e o ateliê de filosofia teve uma eficácia no plano da escuta recíproca, não de imediato, mas após algumas sessões.
- À medida que as sessões avançam, as crianças se tornam cada vez mais reguladoras de sua própria palavra. Chamam a atenção daquelas que tentam tomar o poder pela palavra. Estou surpresa por guardarem na memória os temas abordados e por sugerirem temas novos... As que não falam ou falam muito pouco dizem, em geral, que refletiram tanto quanto as outras, mas em silêncio.

A indagação sobre os fatores na origem desses efeitos

Supõe-se que, ao procurar explicar os efeitos, chega-se à própria finalidade dos ateliês de filosofia, aos fundamentos do método. Em linhas gerais, através dos ateliês de filosofia, a criança faz cinco experiências ligadas às suas relações com o pensamento e, ao mesmo tempo, à imagem que tem de si mesma enquanto sujeito desse pensamento.

- A criança faz uma experiência particular, *a do cogito*, isto é, a de si mesma enquanto lugar do *cogito*. Descobre-se portadora dessa dimensão fundamental do ser, que é o pensamento do qual ela própria é a fonte.
- *Seu estatuto social,* não-igualitário em relação aos adultos, modifica-se bastante. Confrontada com os problemas mais fundamentais que preocupam os homens, ela é implicitamente convidada a fazer parte do clube dos que procuram tornar a Terra mais habitável, a vida mais tolerável. É vista, portanto, como *um interlocutor válido*, nem criança, nem adulto, mas ser humano no que se refere ao seu direito de pensar.
- A prática que consiste em se ouvir, em um código coletivo, lançar hipóteses lançadas sobre problemas importantes corresponde *a um novo modo de vida grupal escolar.* É a experiência do grupo cogitante e da solidariedade.
- A criança descobre que sua palavra duplica-se com um trabalho invisível do pensamento, *"a linguagem oral interna",* cuja conscientização é um importante fator de enriquecimento da auto-imagem.

> - Cada uma, implicitamente, é *desafiada a pôr ordem* em seus pensamentos sobre o mundo. Essa solicitação de buscar conceitos explicativos envolve a criança em um trabalho permanente de superação das respostas adquiridas e torna-se lugar de descoberta – estimulante e não-depressivo – da complexidade do pensamento, de suas aberturas e de seus limites.
>
> *Em suma*, a proposição dos ateliês de filosofia:
> - É uma mensagem de encorajamento dirigida às crianças para que penetrem, com suas próprias idéias sobre a vida, naquilo que constitui o mundo das grandes idéias sobre a vida dos adultos.
> - É um encorajamento dirigido às crianças para fazer viver nelas um Eu social diferente daquele a que a escola dá prioridade.
> - É uma maneira de experimentar aspectos ocultos do funcionamento do pensamento.

Cada um desses pontos exigiria um desenvolvimento considerável, na medida em que seu conjunto justifica a prática dos Ateliês de Filosofia. No *site* da AGSAS, encontra-se um texto que retoma esses cinco pontos:

- uma outra experiência do Eu pensante (a relação do *cogito* da criança com o *cogito* de Descartes);
- uma outra experiência do pertencimento social (um direito de olhar "igual" ao dos adultos sobre a situação da sociedade e seus valores);
- uma outra experiência do pertencimento à classe (a classe enquanto família suficientemente boa, nem família batalha nem família simbiótica, mas família definida por sua "aportância", não por sua importância);
- uma outra experiência da vida mental (principalmente o lugar do pensamento invisível no interior do pensamento visível, a infralinguagem feita de pensamentos não-pensados pelo pensamento);
- uma outra experiência do acesso à conceitualização (no que o ateliê de filosofia corresponde a uma pedagogia específica do encontro com o mundo dos conceitos).

A TERCEIRA ETAPA CORRESPONDE À NOÇÃO DE DIÁLOGO EU MUNDO – INSTÂNCIA MUNDO

À medida que novos documentos chegavam a nós e que se multiplicavam as discussões entre as pessoas que praticavam os ateliês de filosofia, percebi que o sistema explicativo que havia elaborado precisava de complementos em muitos pontos e que ainda faltava dizer o essencial.

Para enunciar a natureza desse suplemento de exploração, partirei de uma anedota, desculpando-me antecipadamente pelos vocábulos não-usuais, não necessariamente muito inteligíveis à primeira vista, mas que vou utilizar agora, em particular duas noções: o *Eu Mundo* e a *Instância Mundo*.

Provavelmente, ainda não demarcamos de modo suficiente o que há de melhor na criança. E esse melhor, acredito que está em algum lugar ao lado de seu Eu Mundo e, sobretudo, na relação do Eu Mundo com a Instância Mundo.

No início, a criança é sucessivamente a criança da mamãe, do papai, dos lugares onde cresceu, depois se instala a meio caminho entre um Eu familiar que poderia ser qualificado de endogâmico (o casamento com a família primária) e um Eu social (o casamento com os modos de vida adultos). É então que se introduz nela o conceito "Mundo".

Isso pode ocorrer muito cedo. Eu me lembro – e essa é a anedota – da reflexão desse menino de 4 anos e meio que, em várias ocasiões, desobedecera à proibição que lhe fora imposta de sair na sacada do apartamento. "O que você faz aí?", perguntaram a ele.

"Eu olho o Mundo."
"E o que você vê de tão interessante?"
"Só o Mundo", respondeu ele.
"Mas o que é esse Mundo que você olha?"
"O Mundo, mais nada."

Talvez se imaginasse que, nessa idade edipiana, ele quisesse lançar um olhar indiscreto sobre a vida íntima das pessoas da casa da frente... Não se tratava disso, absolutamente, e durante longos minutos ele continuava olhando ao longe, em silêncio, em uma espécie de recolhimento surpreendente para essa idade.

Esse olhar, denominamos depois de "o olhar da sacada", e esse menino, bem mais tarde, explicou o que era o mundo da *"primeira vez"* que desejou encontrá-lo. E seu pai, que era psicanalista, contava com orgulho aos colegas: "Meu filho é um filósofo pré-socrático... Ele descobriu 'o olhar original', aquele que, com olhos totalmente novos, descobre-se o 'grande Todo'".

Se eu tivesse de fazer um desenho para ilustrar a vivência dessa criança, apresentaria, à esquerda, a criança na sacada. Um balão explicaria que o que ela pensa é o mundo e, portanto, ela é um Eu Mundo, isto é, um Eu voltado para o mundo. À direita, estaria uma imensa forma redonda, a Bola Mundo, o Objeto Mundo, a Instância Mundo.

A experiência que a criança faz em um primeiro momento é aquela que os fenomenologistas chamam de "ser-aí". Ele é um "ser-aí" que olha "ser-aí" que é o Mundo, e este, reciprocamente, entra em relação com a criança. Essa experiência existencial é indispensável a todo filósofo digno desse nome que precisa dedicar-se a um trabalho prévio de revirginização. O objetivo não-dito, mas real, das questões do ateliê de filosofia é levar a criança a passar da etapa em que vive sem perceber muito bem que vive para a emoção que proporciona o contato com o vivente. É da mesma ordem que o sentimento de vida do bebê diante de seu chocalho cujas cores o fascinam, ou que olha o pé quando tenta levá-lo à boca e, de maneira mais geral, o que sente a criança maior, centenas de vezes por dia, quando observa, situa, compara. Por exemplo, quando percebe que os bilhetes de ônibus não são como os do *tramway* e começa com os porquês. Ou, ainda, quando a criança indaga-se sobre o modo como os pensamentos ocorrem-lhe.[4]

Contudo, o problema que queremos colocar é mais amplo que a experiência do ser-aí. Entre o Eu da criança e o objeto do mundo externo, as coisas deixam de ser surpresas de ordem existencial. Um diálogo se estabelece. A análise das sessões mostra que ocorre uma troca dupla. A parte do Eu da criança preocupada com o funcionamento do mundo indaga, de sua sacada, a Instância Mundo sobre a experiência de vida da qual ela é depositária, ao mesmo tempo em que o mundo indaga o Eu da criança sobre sua própria experiência das coisas. Assim, trava-se um diálogo que não tem equivalente nas formas usuais de diálogo.

Qual é, de fato, o sentido do Objeto Mundo para o inconsciente? Enquanto bola diferenciada da bola Terra, pois é olhada a partir da Terra, pode ser tanto um ventre primordial fundador, o da mãe antes de todas as mães, como uma espécie de irmão da Terra que navega ao seu lado, ou ainda um espaço de transposição em que se transportam os grandes problemas da terra para examiná-los com calma, *em um clima "fora de perigo"*... Quem habita essa bola mundo? *A priori*, sábios que querem o entendimento dos homens, aqueles que refletem sobre o que é bom para a Humanidade e sobre o que se pode esperar e temer da vida... Talvez aqueles que Rousseau, na sua época, considerava com os inspiradores do Contrato Social.

Portanto, não se trata simplesmente dialogar com tal planeta. O companheirismo com a Instância Mundo é um fator essencial de modificação da imagem que a criança tem de seu lugar no mundo. Ela tem a experiência de um novo pertencimento, de uma nova filiação, de uma nova forma de parentalização. Esse novo estatuto não a torna nem mais orgulhosa nem mais modesta, porém é vivido como uma experiência "interessante" no ponto mais alto. Ela tem a impressão de penetrar em um espaço que, até o presente, não lhe era proibido, mas que ainda era quase totalmente desconhecido. Esse espaço é, ao mesmo tempo, o da explicação do real e o das "ultracoisas".

A filosofia tradicional distingue desde sempre três aspectos do trabalho filosófico:
- a ontologia (a indagação sobre a essência do Ser);
- a arte de conduzir seu pensamento e sua vida;
- a retórica (a arte de pensar bem).

Os Ateliês de Filosofia, tal como os concebemos, parecem enfatizar apenas o segundo ponto. Porém, observamos de passagem, e com força, que o terceiro, o qual corresponde à parte do debate, nunca está ausente. Está em filigrana nas respostas evocadas nas sinopses. Para compreender esse ponto, é preciso estabelecer a diferença entre debate explícito e debate implícito, entre debate externo e debate interno. De fato, *o debate nos ateliês de filosofia opõe, no interior da própria criança, a experiência de vida da criança e a experiência de vida tal como ela é presumidamente depositada na bola da Instância Mundo.*

Isso significa que as crianças, em sua maioria, ao mesmo tempo em que opinam, têm a noção de uma *defasagem* entre sua opinião e aquela que vem desse outro lugar que é o pensamento do mundo. O sentimento dessa defasagem é muito importante. Ele tem valor filosófico, permite à criança entender que o que ela diz é apenas uma das possibilidades e que existe um universo de possibilidades que é o lugar da alimentação natural do pensamento questionador.

O aspecto ontológico também está presente. Ele é representado pela Instância Mundo, cuja natureza temos de continuar a aprofundar agora. É o mundo de nossas ignorâncias, mas com a vontade de superá-las; elas não são ignorâncias definitivas, mesmo quando falamos de "aporias", essas coisas que, por definição, são destinadas a escapar ao pensamento. A Instância Mundo é o lugar da ininteligibilidade a tornar inteligíveis problemas essenciais da existência, e é por isso que Henri Wallon chama essas coisas de "ultracoisas":[5] a noção de começo absoluto, os mistérios da procriação, do crescimento, da morte, os desconhecidos do imaginário que remetem a mundos anteriores ou paralelos, assim como a um além da felicidade. O acesso a essas "ultracoisas", além das coisas da vida e nas coisas da vida, é o verdadeiro objeto da pesquisa filosófica. Os ateliês de filosofia navegam constantemente em suas paragens. Embora a criança, nesses ateliês, faça dele algo que é da ordem da imagem do aventureiro.

Um outro ponto sobre o qual me parece absolutamente necessário insistir é que os ateliês de filosofia revelam-nos uma forma particular do discurso sobre a vida que até agora não mereceu a devida consideração.

De fato, a cultura é constituída por três tipos de discursos sobre a vida, e não apenas um.

- Há o discurso predominante, oficial. É o *"isso fala", de tipo escolar ou profissional*, tal como é depositado nos livros e nos diferentes modos de transmissão de patrimônios culturais.
- Há o discurso psicológico. É o *"isso fala" que traduz o trabalho do Eu em busca de sua identidade* e onde se procura operar uma resolução de conflitos conscientes e inconscientes.
- Há o *"isso fala" que se envolve em uma relação muito mais direta com o mundo*, onde o pensamento pessoal se livra dos modelos prontos e tenta compreender por si mesmo o que se passa, simultaneamente, no Eu Mundo e na Instância Mundo. É o caso dos Ateliês de Filosofia, e essa reabilitação de um tipo de discurso de uma importância extrema, mas ainda bastante desconhecida, constitui um de seus valores.

Nossa ambição é, efetivamente, dar todo o espaço que cabe a esse terceiro "isso fala", em complementaridade com as duas primeiras formas de discurso citadas. Nós o aplicamos atualmente com a criação de ateliês de psicologia, fundados no princípio da identificação com o outro, e de *ateliês de indagação coletiva*, fundados no princípio de identificação com a Instância Mundo. Tentamos ver igualmente em que medida esse terceiro "isso fala" é capaz *de renovar a linguagem pedagógica* (um dos objetos do livro *Pour une anthropologie des savoirs scolaires*).[6]

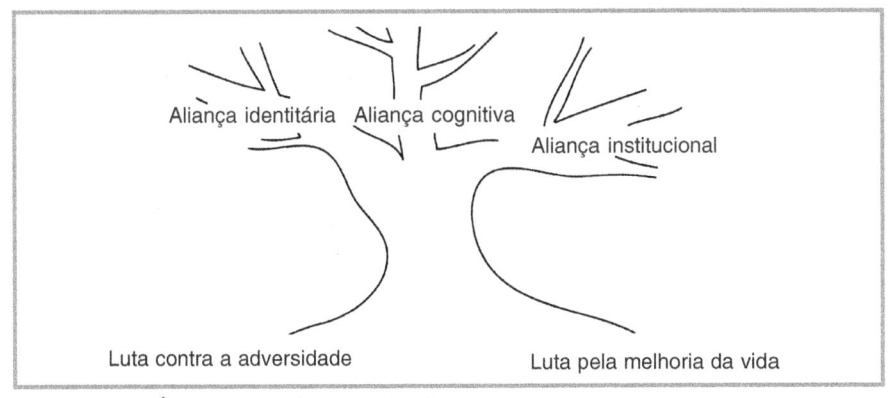

Figura 4.7 Árvore dos três "Isso fala".

Na base de todas essas tentativas, o essencial atém-se à idéia de *mudança de lugar suscitada pelos ateliês de filosofia*. De fato, a mudança de lugar que o sujeito opera ao passar do Eu-Eu ao Eu Mundo e organizar uma *aliança* entre essas duas realidades psíquicas leva-o a abandonar um estatuto de sujeito que se submete ao pensamento "vertical", que é majoritário no mundo escolar, e a se apoderar de um pensamento que jorra, muito mais exploratório e inovador, mas que em geral só descobre no momento em que o enuncia. O acréscimo dessa dimensão é indispensável para que uma verdadeira concepção da cultura irrigue nosso sistema educacional, tanto familiares quanto escolares, e contribua para um suplemento de civilização.

NOTAS

1 Este texto foi apresentado em Bruxelas, em 14 de fevereiro de 2004, no colóquio organizado pelo Parlamento da Comunidade Francesa da Bélgica, *Aprender a pensar desde os cinco anos à prova do modelo de Matthew Lipman*. O texto foi escrito com a colaboração de Geneviève Chambard e Michèle Sillam, assim como Véronique Schutz, Claudine Baudoin e Dominique Lacombe.
2 MONTAIGNE, *Essais*, 1, 24, "De l'instruction des enfants".
3 Site da AGSAS: <http://agsas.free.fr>.
4 Cf. o número de janeiro de 2004 da revista para crianças *Pomme d'Api*, que consagra cinco páginas aos pequenos filósofos, com base no texto sobre os Ateliês de Filosofia divulgado no site da AGSAS na internet.
5 H. WALLON, *Les Origines de la pensée*, 1946, Paris, PUF.
6 J. LÉVINE, M. DEVELAY, *Pour une anthropologie des savoirs scolaires*, 2003, ESF.

5

Lipman, Lévine, Tozzi: diferenças e complementaridades[1]

Michel Tozzi

MEU INTERESSE PELA "CORRENTE LÉVINE" DOS ATELIÊS DE FILOSOFIA

Estou muito interessado naquilo que chamo, na primeira obra que coordenei sobre a questão,[2] de corrente "psicanalítica" das novas práticas filosóficas com as crianças na França, apoiada e difundida pela AGSAS.[3] Agnès Pautard, professora mestre formadora, pioneira na introdução dessas práticas na escola maternal na região de Lyon em 1996, prefere chamá-la de "corrente dos antecedentes do pensamento".

J. Lévine, em um debate, disse estar de acordo como minha denominação. Não que se deva ver no tipo de atividade desenvolvida uma atividade de tipo psicanalítico, que recorra ao inconsciente e envolva profissionais também psicanalisados, mas porque se trata de uma prática orientada diretamente à construção identitária do sujeito, na existencialidade de seu ser no mundo, entrando em um processo de hominização por uma palavra assumida em sua relação com o outro ("o Outro, o grande Outro", como disse Lacan?). Entretanto, por ser uma entrada na humanidade pelo *cogito*, (referência explícita de J. Lévine a Descartes), o pensamento consciente, talvez fosse melhor denominá-la, para evitar qualquer confusão (Freud sendo o anti-Descartes), "corrente psicológica", em oposição, por exemplo, à "corrente filosófica" de M. Lipman.

"Corrente dos antecedentes do pensamento", diz Agnès Pautard, no sentido em que trabalha nas condições psíquicas de possibilidade de constituição de um pensamento autônomo, que toma consciência de que é um pensamento em ligação com outros, mas separado de outros, o de um sujeito pensante que experimenta, o do *cogito* leviniano, de seu ser pensante, de um *"parlêtre"*, como diz Lacan, que se descobre (aqui é o eu que fala) como *"pensêtre"*, isto é, como pequeno homem, portador de uma condição cuja dignidade e cuja responsabilidade consistem em refletir sobre os problemas com os quais a natureza e a cultura o confrontam.

Observamos que esse *cogito* não é solipsista, como em Descartes, para quem ele constitui a primeira descoberta em verdade e em realidade, existência isolada, monádica, e da qual deduzirá a existência de um mundo e de outros: no protocolo leviniano,[4] ao contrário, é em relação e pela relação com os outros que se dá essa tomada de consciência.

Primeiramente, *em presença do professor*, adulto e referente, que põe em cena de início o caráter antropológico dessa questão, atribuindo-lhe de imediato uma dimensão filosófica, universal, superando por sua dimensão toda contingência individual e particular. Presença permanente durante todas as tomadas de palavra, como testemunho anterior, exterior e superior, do que se vai dizer de singular para alimentar um problema comum de condição humana. Presença tanto mais simbólica quanto mais silenciosa.

Aqui, a relação com a palavra fundadora do pensamento é o *silêncio do professor*, que o institui como grande orelha (daí a analogia que fiz com a psicanálise), pela qual toda palavra dita tem a segurança de ser ouvida, sem ser imediatamente abafada por um "professor". Silêncio que autoriza o aluno a falar, do qual este se autoriza a pensar, torna-se autor de seu pensamento, "se autor-iza". Aliança com a humanidade *in presencia*, e não com o desejo de tal conteúdo do professor, de tal resposta ("certa"). O que não significa dizer fora de qualquer desejo (de palavra) do professor: o silêncio é um convite a falar, mas sem expectativa escolar, sem julgamento nem avaliação, pois o que é fundador é ousar a palavra antropológica, que diz alguma coisa de minha condição a partir de minha vida, alguma coisa de experimental e de existencial, tanto na vertente psicológica, vivida, afetiva, global de minha pessoa singular, quanto na vertente filosófica, conceitual, universal de minha humanitude. Assim, não se trata simplesmente de uma "opinião", no sentido crítico dos filósofos, mas de um testemunho de humanidade, nem apenas oral e de "francês", pois se experimenta ali um pensamento nascente.

Depois, *em presença de colegas*. É um pensamento, ou seja, uma palavra que assume o caráter público de seu enunciado,[5] que é dirigida aos outros, mesmo que, na intenção os promotores dessa prática, ele não se engaje em um debate, na lógica argumentativa do "argumento melhor" (Habermas), mesmo que assuma a forma de uma meditação em voz alta, mesmo que seja pontuado pelo silêncio de uma linguagem interior que se busca.[6] As crianças vivem ali uma comunidade de experiência, que as funde em uma *cultura comum da palavra antropológica compartilhada*, que dá à expressão de cada um, segundo testemunhos de práticos, apesar de sua pouca idade e de sua espontaneidade, um ar ao mesmo tempo sério e tranqüilo.

Essa palavra individual, já firmada como pensamento em uma linguagem em si "socializada" (como o cimento "se firma" com a água), é assim duplamente articulada ao silêncio do professor e à expressão dos aprendizes em humanidade, o que a ordena ao outro da linguagem e à linguagem do Outro. É nessa articulação entre linguagem e pensamento, palavra e silêncio, eu e os outros, criança e professor, aluno-indivíduo, comunidade da classe e universalidade da condição humana que se trama o *cogito* leviniano, ao mesmo tempo psicoexistencial e filoexperimental. Aqui se tornam tênues as fronteiras entre psicologia e filosofia, opinião e pensamento, que censores sem experiência dessa inovação e sem reflexão sobre essa experiência logo tratarão de retalhar e de criticar...

O objetivo perseguido, e isso pode ser fonte de mal-entendidos com filósofos, didatas ou educadores para a cidadania, não é a aprendizagem do filosofar como pensamento crítico (o *Critical Thinking* de M. Lipman), de um método de raciocínio, da argumentação ou, mais amplamente, do debate, e se muitas vezes há de fato pacificação, este é um ganho adicional, pois a intenção inicial não é "prevenir a violência". O objetivo tal como o compreendo, essencialmente educativo, e daí sua importância na escola, é *favorecer na criança a elaboração de sua personalidade por uma ancoragem em sua condição de sujeito pensante*, permitindo-lhe ter a experiência de que é capaz de falar sobre uma questão fundamental que se coloca aos homens e, portanto, a ela. Essa é a condição para que, dotada de um capital de confiança em sua capacidade de ser pensante, de uma auto-estima como homem entre os homens, ela possa engajar-se mais adiante na reflexão pessoal, de um lado, e na discussão de orientação filosófica, de outro.

Lévine seria, portanto, o antecessor de Lipman. Não um antecessor cronológico no sentido psicogenético: possibilitar que a criança da pré-escola faça essa experiência e depois, no ensino fundamental, desenvolva de modo progressivo a discussão propriamente dita. Mas alguma coisa da ordem do fundamento, da condição de possibilidade, mais que da simples origem: o que tornaria possível (psicologicamente com certeza, ontologicamente?), o exercício de um pensamento autônomo, porque ancorado na *experiência originária de poder ser a fonte de um pensamento,* de seu pensamento. Nesse sentido, esse trabalho deveria ser retomado, ou mesmo iniciado, sempre que um indivíduo duvidasse de sua capacidade de ser humano de tomar a palavra sobre o homem seriamente, isto é, quando se priva e/ou se vê privado da audácia do enunciado ("*Aude sapere*", diz Kant) e da confiança de ser ouvido: pensemos nos alunos em fracasso escolar reduzidos à nulidade e aos quais não resta senão a passagem ao ato para valer a pena viver...

UMA OUTRA ABORDAGEM

Minha perspectiva não é contraditória com a de J. Lévine, em quem reconheço não apenas o interesse psicológico pelo desenvolvimento cognitivo, lingüístico e identitário da criança, mas também, ao contrário de vários colegas franceses, uma legitimidade na perspectiva de um despertar para o pensamento reflexivo, na medida em que trabalha sobre a ancoragem antropológica de quem quer começar a pensar por si mesmo.

Contudo, nossas abordagens e perspectivas são diferentes, embora essa diferença possa atuar no sentido da complementaridade, e não da incompatibilidade, como pensa, por exemplo, A. Lalanne.[7] J. Lévine é um psicólogo geneticista que foi assistente de Henri Wallon e um psicanalista da educação que trabalhou muito sobre a passagem da família para a escola e sobre a estruturação (desestruturação? reestruturação?) no sistema escolar da personalidade da criança pequena.[8] Ele conhece bem, por ter coordenado grupos de professoras de "apoio ao apoio" (tipo Balint), a problemática de crianças em sofrimento ("crianças-bólides", como diz Francis Imbert). Daí sua atenção às condições psíquicas e institucionais do desenvolvimento da criança, preocupado em não apressar as etapas para construir bases sólidas.[9] Abordagem de um psicólogo desenvolvimentista e de um terapeuta da infância, interessado, a meu ver, no nascimento do pensamento da criança nas melhores condições para entrar em um mundo humano e torná-lo mais humanamente habitável.

Quanto a mim, fui professor de filosofia de 1967 a 1995 no último ano do ensino médio de um colégio técnico na França, e de 1988 a 1998, confrontado na prática com a chegada de "novos colegiais" (François Dubet) e com o desafio de um ensino filosófico de massa, minhas pesquisas voltaram-se para uma renovação da aprendizagem escolar do filosofar.[10] Depois, dediquei-me às novas práticas da filosofia na cidade,[11] e antes do ensino médio, ao ensino fundamental – séries iniciais e com os alunos com dificuldades nos últimos anos.

Parto do que chamo de uma "matriz didática do filosofar", espécie de definição de um pensar por si mesmo iniciante: "Tentativa de articular, no movimento e na unidade de um pensamento envolvido em uma relação com a verdade, sobre questões e noções fundamentais para a elucidação de nossa condição (exemplos: Quem sou eu? O que posso conhecer? O que devo fazer?...), processos de problematização de afirmações e de questões, de conceitualização de noções e de distinções conceituais, de argumentações racionais de teses e de objeções".[12] Definição didática, escolarizada, passível de ser ensinada e assimilada por alunos, de um procedimento de pensamento, "o filosofar", e não improvável definição filosófica, tamanhas são as divergências entre os filósofos sobre quais são as finalidades e os caminhos da filosofia.

Essa definição, empiricamente construída a partir do que os professores de filosofia esperavam de seus alunos no exame final do *baccalauréat**, tinha a vantagem de esclarecer três *capacidades* disciplinares específicas a serem trabalhadas em classe durante o ano, articulando-as em três *competências* a serem adquiridas: ler, escrever e discutir filosoficamente. Ela oferecia referências didáticas aos professores e aos alunos para treinarem a pensar por si mesmos.

Foi a partir desse patamar de capacidades e competências que trabalhei durante alguns anos com os professores de moral não-confessional belgas, sob a coordenação da inspetora Cathy Legros, primeiro para sugerir, nas formações e na publicação da pedagogia da moral *Entre-Vues*, uma reflexão que "musculasse reflexivamente" as abordagens do ensino da moral, depois para acompanhar os novos programas, cujo conteúdo é agora explicitamente filosófico.[13]

Após testar essas aprendizagens com professores de filosofia em formação em vários países, e posteriormente com seus alunos na França,[14] minha pesquisa seguinte consistiu então em tentar operacionalizá-las em um contexto extra-escolar (cafés filosóficos, ateliês de escrita filosófica e, a partir de outubro de 2004, na Université Populaire de Narbonne), e

---

* N. de R.: O *baccalauréat* corresponde ao grau universitário conferido pelos exames de conclusão no ensino médio na França.

depois com alunos mais novos, em estreita colaboração com uma rede de práticos.[15]

Eu não sabia francamente a que poderia levar, junto a esse novo público, a aprendizagem dessas capacidades e competências, considerados os limites cognitivos próprios à idade definidos por Piaget, com suas famosas etapas de desenvolvimento. Daí a aventura de uma pesquisa em que eu ignorava o que iria encontrar. Vários elementos impulsionam-me a prosseguir: o espanto dos práticos que se lançavam na aventura, surpresos com o que as crianças diziam quando se abria um espaço de reflexividade na sala de aula, e a minha ao assistir a sessões, ao coordená-las ou estudar *scripts*; o precedente incontestável de Lipman nos Estados Unidos, que aliás se apoiava em Piaget para escrever seus romances; a convicção buscada nos "grandes peda-gogos" (Houssaye) de uma "educabilidade" (aqui filosófica) da criança, com a idéia de um "direito à filosofia" (Derrida), fundamentado, como defende J.-C. Pettier em sua tese,[16] nos direitos do homem e do cidadão e, mais precisamente, nos direitos da criança: finalmente, os conceitos teóricos de escoramento de Bruner, de "zona de desenvolvimento proximal" de Vygotsky, ou de "conflito sociocognitivo" dos neopiagetianos de Genebra, que repensavam um pouco as conclusões de Piaget.

Crescia também meu interesse pelos dispositivos postos em prática, pelas situações estabelecidas: não por seus efeitos jamais mecanicamente determinantes (não se "aciona" um pensamento, sobretudo para que pense por si mesmo, sob pena de se cair no reducionismo tecnicista e manipulador), mas porque eles instituíam, mediante regras democráticas, um quadro tranqüilizador, tanto para o professor, para quem é sempre difícil abrir mão de seu poder e de sua palavra, quanto para os alunos, de quem é preciso "proteger a face" do julgamento, da zombaria, para que se autorizem a falar em seu próprio nome. Os papéis e o *status* de presidente, reformulador, sintetizador, jornalista, polemizador, observador da palavra no grupo ou dos processos de pensamento – refiro-me aqui à pedagogia institucional – são estruturantes para a aprendizagem diferenciada de comportamentos democráticos (exemplo: presidente de sessão) e de capacidades reflexivas (exigências intelectuais do reformulador ou do sintetizador, verbalização de momentos problematizantes, conceitualizantes ou argumentativos dos observadores): eles autonomizam pela incumbência de tarefas específicas e responsabilizam, pois todos são úteis ao funcionamento cognitivo, afetivo, social do grupo, devendo dar conta do lugar que ocupam e da pertinência racional de seu pensamento.

Coloca-se, assim, uma questão sobre o papel do professor em tais dispositivos. Como no protocolo de J. Lévine, ele é, a meu ver, a garantia do funcionamento do conjunto. Ele intervém muito pouco ou nada sobre o tema para que a discussão desenvolva-se amplamente entre colegas, sem que pese sobre o conteúdo do debate. Aliás, é uma constante em todas as práticas observadas que o professor não decida sobre o tema, como fazia *in fine* na *disputatio* da Idade Média, mesmo no caso em que, como em Anne Lalanne ou Oscar Brénifier, a maiêutica nominativa pode ser exigente: um aluno só se autoriza verdadeiramente a pensar por si mesmo se não depender do desejo de resposta do professor e, portanto, se não puder antecipar o conteúdo que "deveria" encaminhar ou fazer uma aliança cognitiva com o professor.

Contudo, diferentemente de J. Lévine, que faz do não-intervencionismo do professor, depois de lançada a questão, um princípio de seu dispositivo, minha prática consiste em destacar, durante a discussão, uma diferença conceitual, intervir para resgatar, fazer uma pergunta à parte para retomar ou aprofundar, cobrar uma precisão nominativa para ir mais longe, dosando o número de intervenções para que a comunidade de investigação continue sendo uma discussão entre pares e não se transforme em um encontro filosófico de grupo (o que pode ser interessante, mas não responde exatamente aos meus objetivos).

Essa diferença com J. Lévine sobre o grau de acompanhamento (mais do que de condução) do professor não é uma divergência, mas uma prática adaptada às finalidades perseguidas aqui: uma *discussão democrática com exigências intelectuais para aprender a debater* (finalidade cidadã em uma república) *aprendendo a filosofar* (finalidade reflexiva). A democracia das regras permite um intercâmbio pacificado, propício à reflexão individual e coletiva; as exigências intelectuais permitem questionar a opinião (pensar por si mesmo), mas com isso asseguram uma qualidade ao debate democrático (formação de um "cidadão reflexivo").

No fundo, tanto eu quanto Lévine trabalhamos, ao que me parece, com a formação de personalidades democráticas e reflexivas. Mas ele (e a AGSAS) pela vertente de um pensamento individual que emerge da pessoa global em uma classe onde o professor escuta e onde cada um respeita a palavra do outro; e eu (e minha rede) por uma institucionalização maior dos estatutos no grupo[17] e por uma vigilância mais ativa do professor sobre a explicação e a aplicação das capacidades cognitivas esperadas.

CONTEXTUALIZAÇÃO DA ABORDAGEM DE MATTHEW LIPMAN

Essa dupla finalidade, democrática e filosófica, aproxima-me sensivelmente de M. Lipman, linha de frente da "corrente filosófica". Alguns práticos, formadores e pesquisadores na França pleiteiam essa corrente,[18] apesar da dificuldade real de conseguir traduções dos romances e mais ainda livros do mestre. Porém, outros práticos, em geral de formação filosófica, tentam outras vias...[19]

Seu interesse

Considero muito interessante a tentativa de Lipman de uma "filosofia para crianças".
- Ele é um *precursor*, um "pai fundador"; contra a tradição cartesiana da infância como lugar e momento do preconceito e do erro (filosofar é sair da infância), ele, como inovador, levanta a hipótese, que verificará como pragmático americano, de que as crianças são capazes de pensar por elas mesmas, desde que se aplique um método *ad hoc*. "Ele ousou", e essa é a "coragem de começar" (Jankélévitch). Com isso, abria um novo caminho, na verdade pressentido por Epicuro, Montaigne ou Jaspers, mas pouco aplicado até então, que depois será explorado no mundo inteiro (ver relatório de 1999 de Michel Sasseville para a Unesco sobre "A filosofia para crianças no mundo").
- Elaborou progressivamente um verdadeiro *método*, assentado pedagogicamente nos métodos ativos (Dewey), psicologicamente no desenvolvimento da criança (Piaget), filosoficamente nas problemáticas clássicas do patrimônio reflexivo ocidental (exemplos: a lógica aristotélica, o *cogito* cartesiano, etc.). Temos ali uma obra que a posteridade classificará talvez como a de um "grande pedagogo", no sentido em que J. Houssaye define a pedagogia como "o envolvimento recíproco da prática e da teoria".
- Um *material didático* conseqüente, testado na prática e permanentemente remanejado, bastante útil para todos os professores que não tiveram formação filosófica em seus cursos (é o caso dos Estados Unidos): sete romances, levando em conta grandes questões filosóficas e a idade das crianças, cobrindo o currículo escolar global da pré-escola até o final do ensino médio; dispondo para cada um deles os livros conseqüentes do mestre, que

consolidam as aquisições das discussões e demarcam o procedimento dos alunos e do professor, e cujos exercícios, bastante diversificados, são sempre sugestões, e não obrigações, dando total liberdade de iniciativa ao professor, além de grades de observação.
• Método no sentido de uma *prática consolidada*, identificável, asseguradora em suas fases: leitura de um capítulo, coleta e agrupamento das perguntas, escolha democrática de uma delas, discussão em comunidade de investigação, exercícios complementares... Procedimento para o qual é possível ser metodicamente preparado, mediante *modalidades de formação* também identificáveis, coerentes pelo isomorfismo entre a situação de formação e a situação de ensino-aprendizagem (fazer entre os adultos o que se pede que as crianças façam, depois analisar a prática de atores e a situação formativa). A meu ver, existem inúmeros indicadores de que se trata de um método: a preocupação pedagógica e didática, tanto para os alunos quanto para os professores; seu caráter organizado, coerente, progressivo; sua retomada em contextos institucionais muito diferentes; sua difusão em vários países, o que atesta sua transferibilidade; seu enraizamento nos referentes teóricos; sua experimentação na prática, o que permitiu um refinamento; e o enriquecimento contínuo, e não fechado, do material didático (romances e livros do mestre) por outras pessoas, inspiradas nos princípios de sua produção: por exemplo, em Quebec, as obras da equipe pluridisciplinar de M. -F. Daniel sobre *Filosofar sobre a matemática e as ciências* ou, mais recentemente, *Les Contes d'Audrey-Anne,* ou as obras de G. Talbot para uso do aluno.[20]
• Há pelo menos três pontos de apoio sólidos, mesmo para aqueles que se afastarem do método rearranjando sua prática: desenvolver na escola uma *"cultura da pergunta"*,[21] apoiando-se nas perguntas das próprias crianças, garantia de sua motivação e de suas reais preocupações (em vez de "responder a perguntas que elas não se colocaram", diz K. Popper); propor *suportes escritos* e narrativos, para facilitar a identificação das crianças com os personagens e as situações, e com fortes conteúdos antropológicos, como desencadeadores da reflexividade; instaurar em uma classe um lugar organizado de palavra e de discussão sobre os problemas humanos, uma *"comunidade de investigação"* (Pierce e Dewey), com a palavra democraticamente compartilhada, mas com uma exigên-

cia crítica em que o dever de argumentação é a contrapartida do direito de expressão.

Críticas e limites

- Lipman recebeu muitas críticas, o que é natural em se tratando de um inovador. Os guardiões da ortodoxia francesa do ensino de filosofia, por exemplo, zelam pela "metáfora do coroamento" dos estudos secundários: nada de filosofia antes do último ano do ensino médio, pelo duplo motivo da imaturidade psíquica dos alunos e da necessidade de terem adquirido anteriormente saberes positivos antes de (e para os) reflexionar. Uma aprendizagem precoce seria prematura e prejudicial. Um ensino sem a lição do professor, o exemplo das grandes obras e a dissertação não poderia ser filosófico. Os romances de Lipman aparecem, portanto, como obras de segunda mão, assim como a discussão entre crianças consagraria o reino da *doxa* e das discussões simplistas, em vez de "elevar o aluno", arrancando-o da opinião. Crítica dirigida *a fortiori* a J. Lévine, que daria a entender, segundo eles, que basta dar a palavra para dar o poder de filosofar, de falar para pensar ("a insustentável leveza do oral"!), e cujo distanciamento do professor consagra "a derrota do pensamento" (Finkelkraut) e do ensino do magíster, nutrido pela ardente obrigação de transmitir aos recém-chegados o patrimônio reflexivo da humanidade (H. Arendt)! Eu mesmo, por ter proposto uma didática, como Lipman, enquanto "a filosofia é por si mesma sua própria pedagogia!" (J. Muglioni, antigo decano da Inspeção Geral de Filosofia na França), sofri por mais de uma década as críticas de colegas filósofos, que identificam seu combate pelo ensino tradicional da filosofia com o da Escola e da República francesa ("Filosofia-Escola-República, mesmo combate!"). E isso aconteceu porque meus trabalhos inscreviam-se na aproximação entre a aprendizagem do filosofar e as contribuições da ciência da educação, que me pareciam heurísticas no nível didático, mas que se revelavam contraditórias (filo-traidor) aos seus olhos...[22] Aliás, eu me dizia sempre que a razão pela qual M. Lipman não fora impedido de aplicar seu método, e que inclusive o ajudara, é que ele vivia em um país que não tinha filosofia no ensino médio (o que R. P. Droit chama de "modelo anglo-saxão")[23]: não havia,

portanto, uma oposição frontal a uma tradição de ensino, e talvez até um pré-julgamento favorável a introduzir alguma coisa que ainda não existia?
- Outras críticas emanam de pessoas favoráveis à filosofia para crianças, mas referem-se ao próprio método: W. Kohan, filósofo argentino que encontrei no Brasil, questiona, por exemplo, por que os romances são tão escolares, tão pouco "escritos", se o aspecto literário pode ser antropologicamente tão promissor. Vivendo em países em vias de desenvolvimento, ele também considera esses romances "americanos demais", com uma concepção da democracia muito típica e hábitos que não condizem com outras culturas. E é verdade que, no primeiro romance publicado por Lipman, quando o colega de Harry é expulso da escola por não se levantar quando do hasteamento da bandeira americana (antipatriotismo!), por convicção religiosa familiar (Somente Deus deve ser adorado!), compreenderíamos melhor na França algo que interpretaríamos como um conflito entre os valores religiosos/privados e os valores laicos da República, no caso de uma adolescente muçulmana que fosse expulsa por ter se recusado a tirar o véu ao entrar na classe – gesto que um americano provavelmente julgaria "politicamente incorreto"! Portanto, seria preciso reescrever os romances tanto do ponto de vista intercultural (para outras culturas) quanto do ponto de vista literário (ou simplesmente adotar romances literários!).
- Haveria ainda outras críticas, mais ou menos justificadas, na medida em que quase ninguém na França foi formado pelo próprio Lipman ou por seu instituto e em que muitos conheciam apenas vagamente o método, somente certos romances,[24] e pouquíssimos livros do mestre: pedagogicamente, uma abordagem muito (demais) lógica e exercícios muito repetitivos (A. Lalanne); mais filosoficamente, sua concepção pragmatista, utilitarista da verdade (o que é mal-aceito na França, onde se é muito "Platão-Descartes-Kant-Hegel"); e também sua subordinação do pensamento crítico a uma finalidade democrática, uma confusão entre democracia e filosofia que, na história da filosofia, não necessariamente se combinam bem (ver Platão, Hobbes, Hegel, Nietszche ou Heidegger, por exemplo; eu também me sinto atingido por essa crítica)...
- Há dez anos eu desenvolvia minhas pesquisas didáticas em classes do último ano do ensino médio quando, em 1998, conheci Anne Lalanne, que me falou de sua prática na 1ª série (6-7 anos) a partir

de romances de M. Lipman. Na época, eu me interessava de forma concreta pela filosofia com crianças, para a qual eu dirigiria os trabalhos de meus alunos de mestrado, depois em DEA* e tese.[25] Eu descobria, assim, grandes convergências com M. Lipman (as quais digo com minhas palavras):

- o postulado da "educabilidade filosófica da infância", segundo o qual as crianças não são, retomando o que Garfinkel diz sobre as pessoas do povo, "idiotas culturais";
- a convicção da possibilidade de uma aprendizagem do filosofar oralmente pelo confronto sociocognitivo de representações (chamadas de "opiniões" em filosofia), fundamento da noção de "discussão filosófica";
- a idéia de que o filosofar não é uma ruptura com a opinião, mas um trabalho de problematização de suas opiniões; que todo procedimento filosófico começa com o questionamento (Jaspers), o espanto (Aristóteles), e que devemos muito ao Sócrates dos diálogos platônicos aporéticos (aqueles que não concluem) e ao Descartes da dúvida da primeira *Meditação* porque há ali uma relação apaixonada, mas não dogmática ou relativista, com a verdade;
- a idéia de uma "comunidade de investigação", apoiada na atividade dos aprendizes-filósofos,[26] em que toda afirmação de minha parte adquire estatuto de hipótese a ser submetida racionalmente ao grupo e em que toda objeção é um presente para o meu pensamento, e não uma agressão contra minha pessoa;
- a oportunidade histórica, na tradição da filosofia grega e da filosofia das Luzes, de articular filosofia e democracia em uma didática que promova um "espaço público escolar" de confronto racional de espíritos.

Novas pistas

Qual seria então a divergência, eu preferiria dizer diálogo, com M. Lipman?

• Sinto-me filosoficamente mais próximo da "ética comunicativa" de Habermas do que do pragmatismo anglo-saxão. Mas será que o

---

* N. de R.: Em francês, Diplôme d'Études Approfundies. O DEA tem o valor de um diploma de mestrado no Brasil e equivale à formação teórica e à prática de pesquisa para o doutorado na França.

prático modificará por isso sua prática? Não se pode deduzir uma prática de uma teoria. Porém, toda prática comporta uma teoria implícita. Não é casual que em Quebec, por volta de 1986, e depois na Bélgica, o método de Lipman tenha passado pelo viés do curso de moral: ele desenvolve atitudes ao mesmo tempo éticas e democráticas de escuta e de respeito da pessoa, da palavra e do pensamento do outro... É importante, na Bélgica, no objetivo do curso de moral, em que, para decidir e engajar-se na ação, o debate em comunidade de investigação pode ajudar a aprender a elucidar e a hierarquizar valores...

- Situo-me também na filiação do racionalismo ocidental. Seria preciso aqui aprofundar as nuanças entre a matriz didática do filosofar que proponho e aquilo que Lipman chama de pensamento crítico, pensamento criativo ou pensamento "atencioso"...

Trabalhando com os colegas belgas de moral, tomei consciência de dois elementos que me interpelaram sobre minha herança racionalista:

– em primeiro lugar, a que ponto o ensino filosófico francês reteve da sabedoria antiga mais a *capacidade de pensar* do que a *aptidão para viver*, o que orientou meus trabalhos sobre a aprendizagem do filosofar para uma aprendizagem cognitiva, o pensar por si mesmo, e não para um "aprender a viver" (Spinoza), "a morrer" (Sócrates) ou a "se engajar" (curso de moral não-confessional belga);

– em segundo lugar, a que ponto a tradição racionalista reduziu o pensamento ao seu aspecto puramente racional em detrimento talvez da intuição, da imaginação, da sensibilidade, do *"pensamento narrativo ou metafórico"* (Ricoeur), o que orientou meus trabalhos para o *trabalho do conceito*, para processos de pensamento puramente cognitivos (conforme meus três objetivos centrais: problematização, conceituação, argumentação). Já a pedagogia da moral belga soube integrar diversas abordagens (a criatividade, o conto ou o teatro, por exemplo, assim como a racionalidade), mais adequadas talvez aos procedimentos com as crianças.

- Nesse sentido, meu ponto de vista é enriquecido por abordagens metafóricas ou dilemas morais, por exemplo. Porém, assim como Lipman, acredito muito na discussão. Penso sempre que se pode começar um intercâmbio em comunidade de investigação sem a vertigem dos pré-requisitos lingüísticos (esperar que os alunos tenham uma linguagem suficientemente precisa para aprender a filosofar) e culturais (se a filosofia é tentativa de refletir a experiência humana, sempre se pode partir da experiência já rica das crianças).[27] E, portanto, sem suporte, a partir de uma simples pergunta, sendo preferível que seja uma pergunta colocada por uma criança no momento em que se verifica que ela interessa à maioria dos alunos. A condição de emergência dessa pergunta talvez esteja ligada a uma vivência atual de criança ou à vida coletiva presente da classe, da escola ou da sociedade, o que a contextualiza, enraíza existencialmente. Mas a experiência mostra também, e isso se torna um saber pedagógico, que certas perguntas, mesmo lançadas pelo professor, podem interessar uma classe: "Quando a gente cresce, será que ganha ou perde com isso?" diz respeito ao estar no mundo e ao devir da infância e da adolescência e levanta o problema da relação do homem com sua identidade (Quem eu sou, era, serei?), com o tempo (O que muda e o que continua igual? Crescer e amadurecer, crescer e envelhecer...), com sua família e com os outros, com a autonomia e com a liberdade, mas também com a responsabilidade, etc.

- Contudo, um suporte inicial, particularmente um texto, parece-me, como para Lipman, muito útil, pelo contato das crianças com a escrita, a leitura, um conteúdo prévio e um meio cultural (quatro boas razões!). Trabalho atualmente nessa perspectiva em duas obras, que indicam as direções atuais de meu trabalho, bem diferentes do método de Lipman pela natureza dos textos utilizados:
  – O primeiro, publicado na coleção Argos do CDPR de Créteil, versará sobre "Literatura de juventude e debate reflexivo". A literatura aparece hoje, mesmo aos olhos das ciências humanas, como uma verdadeira fonte de conhecimento.[28] Ela contém todas as grandes problemáticas existenciais da condição do homem e implicitamente, às vezes explicitamente, as indagações filosóficas fundamentais. É uma outra entrada na filosofia que não os textos especificamente filosóficos, em geral mais acessível, em particular para as crianças, devido à mobilização de sua sensibilidade e de seu imaginário. Aliás, a narrativa, seja em forma biográfica (relato de vida) ou ficcional (conto, romance), já não aparece hoje como apenas contingente ou mesmo anedótica, mas é prototípica (Bruner, Ricoeur), estruturante para uma identidade em construção. A literatura de juventude, que comporta grandes

obras-primas, como *O pequeno príncipe* ou *Sexta-feira ou a vida selvagem*,[29] tende, ao menos na França, a abordar cada vez mais temáticas sociais ou filosóficas.[30] As Instruções Oficiais de 2002 preconizam agora, desde o ensino fundamental, o "debate de interpretação" sobre momentos de textos que "resistem", favorecendo o questionamento dos alunos sobre o texto e, com isso, sobre os problemas humanos que ele(s) levanta(m).

Daí esta primeira pista: articular o "debate de interpretação" em francês com uma "discussão de orientação filosófica". Concretamente, a partir do livro ilustrado *Yacouba*,[31] o debate de interpretação pode incidir sobre "Yacouba é corajoso?", isto é, sobre uma situação vivida por um personagem com o qual as crianças se identificam, e prolongar-se em: "O que é a coragem?", aprofundamento conceitual de uma noção que vai bem além da simples definição de uma palavra e que é abordada, por exemplo, no *Laques* de Platão. Assim, a discussão de orientação filosófica (que passarei a chamar de DOF) está estreitamente ligada ao programa de francês (para saber se Yacouba é corajoso, é preciso definir bem a coragem!) e também ao programa de educação cívica que, em uma perspectiva de educação para a democracia, requer que se organizem em classe "debates argumentados". Ponto importante na França, onde a filosofia não consta do programa da escola de ensino fundamental e onde é preciso justificar institucionalmente a inovação da DOF. E, ainda, pista heurística para a articulação entre didáticas da educação cívica e da filosofia (como da moral e da filosofia na Bélgica, em Quebec ou na Alemanha); entre didáticas do francês e da filosofia, em um momento em que "o oral reflexivo", meio de aprendizagem do filosofar para didáticos da filosofia, torna-se, nos países francófonos, um campo de investigação em didática do francês.[32]

– A segunda pista, pois se trata de aprender a filosofar, visa compreender a articulação da DOF com a tradição, o patrimônio, a história da filosofia. M. Lipman fez isso à sua maneira, escrevendo romances filosóficos *ad hoc*, nutrido por sua formação de filósofo. É a mesma inspiração que se encontra na coleção "Goûters philo" da Milan, em que B. Labbé se aconselha com M. Puech, professor de filosofia na Sorbonne, a fim de se impregnar das problemáticas e distinções conceituais filosóficas clássicas para redigir suas obras para crianças. Porém, M. Lipman excluiu deliberadamente de seus romances não apenas qualquer palavra ou expressão técnica, como também qualquer referência explícita aos filósofos ou à sua doutrina, e isso – se minhas informações estiverem corretas – mesmo na formação de professores, a não ser que haja uma demanda específica nesse sentido.

O argumento pedagógico pode ser entendido para os romances quando se trata de manter a acessibilidade da proposição por uma linguagem simples, ou de não introduzir artificialmente elementos sobrepostos. Mas é fácil contar casos filosoficamente significativos (Plutarco está repleto deles com sua vida de homens ilustres) sobre a vida de Sócrates, de Diógenes ou de Epíteto, por exemplo, compreensíveis pelos alunos e muito instrutivos (era por esse meio que outrora se fazia a edificação moral das crianças!). J. Gaarder, em *O mundo de Sofia*, para adolescentes, conseguiu mesclar habilmente cem páginas de narrativa com trezentas páginas de história da filosofia! Por que essa postura rígida de não fazer referência aos filósofos e às suas doutrinas, esse "recalque cultural", que não *nomeia* suas fontes, não presta contas de sua filiação e de sua dívida, não se inscreve em uma história, não compartilha um patrimônio? Pode-se considerar que é uma oportunidade perdida.

A maneira como a filosofia com as crianças é recebida pelo meio e pela instituição filosóficos começa a mudar na França.[33] As Bases do Ensino Católico, de 1º de dezembro de 2001, fizeram do "desenvolvimento do questionamento filosófico no ensino fundamental e médio" uma de suas oito prioridades para os anos seguintes. No colóquio de Ballaruc,[34] onde a Inspeção Geral de Filosofia expressou-se amplamente, chegou-se a um acordo sobre a necessidade de uma formação para acompanhar o desenvolvimento dessas práticas na formação inicial e continuada. Uma dezena de Institutos Universitários de Formação de Professores e várias circunscrições entregaram-se ao trabalho, assim como Centros de Formação Pedagógica e Direções Departamentais de Ensino Católico. A polêmica está no tipo de formação desejada.

Creio que a formação filosófica universitária clássica (cursos magistrais sobre autores e doutrinas) seria insuficiente se, na formação, não se tratasse essencialmente de experimentar DOF entre estagiários, assistir à DOF em classe, animar em estágio ou em classe, visualizar, e depois não se analisassem coletivamente essas diversas experiências. A análise de práticas observadas ou implementadas é, a meu ver, a formação mais pertinente para compreender o que é uma atitude filosófica ou uma comunidade de investigação. Mas pode ser bastante útil ser instruído, na formação, sobre algumas grandes problemáticas filosóficas clássicas, sobre noções e distinções conceituais que permitiram elaborar seu questionamento e tentar responder a isso, compreender os argumentos apresentados, porque é importante na animação das sessões compreender os aspectos filosóficos de perguntas feitas pelas crianças, perceber a oportunidade (o *kairos*, como diziam os gregos) de uma distinção conceitual, de uma tese ou de um argumento emergente para sugerir seu aprofundamento. Ilustremos nossa proposição: quando uma criança de 5 anos tenta definir o amigo, diferenciado do colega, como "aquele a quem se pode confiar segredos", é bom saber, para retomar a lógica aristotélica, que ela apresenta um *atributo* do conceito (adequado à sua idade), referente à sua *compreensão*: se, ao final de uma discussão sobre o amor, ela enuncia que "amar sua mãe é amar com o coração, amar morangos é amar com o gosto", compreender que ela define por meio dessa *predicação do conceito* os *campos de aplicação* da noção em *extensão*, superando a dificuldade de ter apenas uma palavra na língua para as pessoas e para as coisas, pois há ali *ferramentas conceituais metadiscursivas* que permitem apreender de maneira transversal o processo de conceitualização de que se necessita para pensar. Se, durante uma discussão sobre "Somos todos parecidos?", depois do enunciado de semelhanças ou de diferenças físicas e depois mentais, uma criança diz que "É porque não somos todos parecidos que nós não somos todos 'iguals'!", é fundamental apontar (mais que o erro de gramática) a distinção que se esboça entre semelhança *de fato* e igualdade *de direito*, porque é o tipo de *distinção conceitual* de que necessitamos filosoficamente para pensar diversas questões (tais como *gênero/espécie, geral/particular, absoluto/relativo, abstrato/concreto, objetivo/subjetivo, necessário/obrigatório, princípio/conseqüência, ideal/real*, etc.). Do mesmo modo, discernir que a pergunta "Pode-se atravessar o sinal vermelho?"

pode ser entendida *materialmente* (sem nenhuma dificuldade, basta passar, é *tecnicamente* possível); *juridicamente* (é proibido pelo código de trânsito, *legalmente proibido*); ou *eticamente* (*moralmente desejável* para levar ao hospital alguém em risco de morte): é uma referência essencial para a escuta *filosófica* (e não afetiva ou científica) de uma pergunta.

- Daí a idéia de adotar suportes diretamente filosóficos: é o sentido da obra de J.-C. Pettier e J. Chatain, *Débattre sur des textes philosophiques: au cycle 3, au collège (en Segpa et... ailleurs)*.[35]

E é esse o nosso trabalho atual, que parte de mitos platônicos: da pré-escola até o final do ensino fundamental, trabalhamos sobre a alegoria da caverna[36] (relação do homem com a verdade), os mitos de Giges (bastante atual para as crianças com *O senhor dos anéis*, para refletir sobre o poder, o bem, a justiça), do andrógino ("origem" e essência do amor), de Er (que caminho escolher?), da carruagem alada, das cigarras... Naturalmente, esses mitos devem ser "traduzidos" (mais curtos e acessíveis às crianças). Porém, essa necessária transposição didática não deve fazer com que percam sua dimensão filosófica, para evitar que não sejam apenas pretextos para reflexão, e sim verdadeiros textos culturais de referência: daí a supervisão das adaptações por especialistas de Platão. Trata-se, assim, de uma maneira de imergir os alunos, desde o início de sua escolaridade, na fonte de nossa tradição filosófica.

CONCLUSÃO

Eis, portanto, as reflexões que proponho para situar meus próprios trabalhos em relação às abordagens de M. Lipman e J. Lévine. O segundo parece-me trabalhar sobre as condições de possibilidade de uma postura filosófica: uma certa maneira de enfrentar uma questão humana e de viver autenticamente esse questionamento e a conduta para responder a ele (pela primeira vez tratando-se crianças, mas posteriormente sempre com a mesma surpresa da primeira vez); a autorização que se concede de conduzir pessoalmente esse problema universal de condição.

Penso que M. Lipman e eu mesmo situamos nossas ações na etapa seguinte, na tomada de consciência de que o caminho a ser traçado é um trabalho do pensamento sobre sua opinião primeira. Para isso, M. Lipman criou um método progressivo e coerente para acompanhar ao longo de toda a escolaridade um treino para esse pensamento crítico, a partir de suportes e de exercícios, em confronto com seus colegas e sob a condução vigilante do professor.

De minha parte, propus uma matriz didática do filosofar a partir de capacidades e competências, para dar referências aos alunos a fim de explicitar as aquisições necessárias e para o professor a fim de garantir que as discussões tenham uma "orientação" filosófica. Digo "orientação", retomando uma expressão de J.-C. Pettier, para significar que uma discussão não pode tornar-se "filosófica" se não tentar pôr em prática esses processos de pensamento. De resto, talvez jamais tenha havido discussões verdadeiramente filosóficas, se entendemos a discussão como "uma situação de interações cognitivas sociais verbais estreitas sobre um tema comum em um grupo numeroso".[37] Contudo, nomear os processos de pensamento a articular para tornar possível essa prática social escolar a inventar designa um "ideal regulador" (Kant) para a práxis, "uma situação ideal de discussão" (Habermas) a ter em mente quando se sente um animador filosoficamente responsável.

Se penso como formador em um intercâmbio de crianças entre pares a partir de suas perguntas, regulado no sentido acima pelo professor, minha orientação atual é no sentido de enraizar o questionamento em suportes ou de literatura de juventude com forte teor filosófico, ou em obras retiradas diretamente da história da filosofia. Portanto, minha diferença com M. Lipman refere-se mais às formas de didatização escolar do que à necessidade dessa didatização: na primeira pista que exploro no momento, mais confiança na espessura antropológica da "literalidade", enquanto na segunda mais explicitação de referentes filosóficos patrimoniais. Em todos os casos, uma formação ao mesmo tempo pedagógica e didática, teórica e prática, filosófica, dos práticos parece-me desejável para acompanhar sua trajetória de educadores e de homens confrontados, *mutadis mutandis*, com as mesmas questões.

NOTAS

1 Este texto apresentado em Bruxelas, em 14 de fevereiro de 2004, no colóquio organizado pelo Parlamento da Comunidade Francesa da Bélgica, *Aprender a pensar desde os cinco anos à prova do modelo de Matthew Lipman*.

2 *L'Éveil de la pensée réflexive à l'école primaire*, 2001, Hachette/CNDP/CRDP Languedoc-Roussilon. Ver também: M. TOZZI et al., *L'oral argumentatif en philosophie*, 1999, CRDP Montpellier: "Philosopher à l'école élémentaire", *Pratiques de la philosophie* n. 6, GFEN, juillet 1999; M. TOZZI et al., *Discuter philosophiquement à l'école primaire. Pratiques, formations, recherches*, 2002, CRDP Montpellier; M. TOZZI et al., *Nouvelles Pratiques philosophiques en classe, enjeux et démarches*, 2002, CNDP-CRDP de Bretagne; M. TOZZI et al., *Les Activités à visée philosophique en classe: l'émergence d'un genre?*, 2003, CNDP-CRDP de Bretagne.

3 AGSAS: Association des Groupes de Soutien au Soutien, coordenada por J. Lévine.

4 A partir de uma questão forte proposta pelo professor como importante para os homens, as crianças tomarão a palavra durante dez minutos para se manifestarem sobre essa questão, sem intervenção do professor, que geralmente está atrás de uma câmera para gravar e depois rever com as crianças esse momento.

5 Para a filosofia das Luzes, em particular para Kant, a "publicidade", o caráter público, é essencial para o pensamento, de um duplo ponto de vista, democrático e filosófico.

6 A. PERRIN, "La réflexion philosophique ave des enfants de 5 à 11 ans: par où commencer?", 2004, *Diotime l'Agora*, CRDP Languedoc-Rousillon, n. 19 (www.ac-montpellier.fr/ressources/agora).

7 A. LALANNE pratica ateliês de filosofia em uma perspectiva estritamente filosófica, excluindo qualquer finalidade psicológica ou cidadã, que ela não nega, porém, em outros tipos de atividade. Ela acompanhou uma coorte de alunos durante todo o ensino fundamental e expõe essa rica experiência na obra *Faire de la philosophie à l'école primaire*, 2002, ESF (Prefácio de F. Dagognet).

8 Ver a maneira como ele desenvolve os conceitos de "despertencimento" e de "repertencimento" em sua última obra com M. DEVELAY, *Pour une anthropologie des savoirs scolaires*, 2003, ESF.

9 Uma aprendizagem precoce demais do pensamento abstrato, da racionalidade, não seria prejudicial, desse ponto de vista, à sensibilidade, ao imaginário, à perlaboração psíquica da criança? É um ponto a ser discutido...

10 O título de minha tese, orientada por P. Meirieu, é *Contribution à une didactisation de l'apprentissage du philosopher*, 1992, Lyon 2.

11 Coordeno um café filosófico em Narbonne desde 1996 e tentei analisar essa prática em vários artigos. Por exemplo: "Le café philo: essai de formalisation d'un concept", *Diotime l'Agora*, CRDP Languedoc-Roussillon, n. 17 e 18, março e junho de 2003. Ver na nota 6 o endereço do *site*.

12 Ver *Penser par soi-même, initiation à la philosophie* (préface P. Meirieu), 2002, Lyon, Chronique social & EVO, Bruxelles, 5e.

13 As três capacidades mencionadas são retomadas textualmente, com referência aos meus trabalhos, nos programas belgas atuais.
14 *Lecture et écriture du texte argumentatif en français et en philosophie*, 1995, CRDP Languecod-Roussillon; *L'oral argumentatif en philosophie*, 1999, idem; *Diversifier les formes d'écriture philosophique*, 2000, idem.
15 Vários desses documentos encontram-se no *site ad hoc*: (www.pratiques-philosophiques.net).
16 *La philosophie en éducation adaptée: utopie ou necessité?*, 2000, Strasbourg 2, tese publicada em 2002 por Presses Universitaires de Lille.
17 É particularmente o objeto da tese de S. CONNAC, *Discussions à visée philosophique et classes coopératives en zone d'education prioritaire*, juin 2004, Montpellier III.
18 Alguns práticos tiveram conhecimento dos trabalhos de Lipman e inspiraram-se neles: P. Sustrac, formada no IAPC de Lipman, a primeira, pelo que sei, a tentar difundir o método pela MAFPEN de Orléans em 1985; P. Sonzogni, A. Lalanne, G. Geneviève por volta de 1998; S. Brel com o programa europeu Daphné, a associação D'Phi em 2003... Pesquisadores organizaram formações no método: E. Auriac-Peyronnet (IUFM de Clermont-Ferrand), que trabalha com M.-F. Daniel (Quebec); M. Bailleul (IUFM Caen), que se apoiou em R. Palascio em suas formações (Quebec)... Observemos, no entanto, que os livros do mestre e os exercícios aferentes são pouco utilizados na França, o que limita bastante o método, reduzido ao levantamento de questões, à escolha de uma e à sua discussão.
19 Por exemplo, J.-C. Pettier, utilizando os dilemas morais de Kohlberg, que ele conheceu pela pedagogia da moral belga; O. Brénifier, que emprega o método socrático em todo o seu rigor lógico; J.F. Chazerans, que "autoprograma o desaparecimento do animador" na discussão; N. Go que, na linha de C. Freinet, trabalha para sua tese em um "método de filosofia natural", a partir da exploração de "eventos" da classe; P. Usclat, professor de escola que funda sua prática no "agir comunicativo" e na "ética discursiva" de Habermas; A. Delsol ou S. Connac, que trabalham comigo a partir de dispositivos, entre outros.
20 *Phil et Sophie ou de l'être humain*, 1996, Quebec, Le loup de Gouttière.
21 S. Vangeenhoven tenta explicitar em sua tese em curso os pressupostos e as conseqüências pedagógicas e cognitivas da verbalização pelos alunos de suas próprias questões em um contexto escolar.
22 Ver minhas respostas em "Peut-on didactiser l'enseignement philosophique?", *L'enseignement philosophique*, décembre 1995.
23 *Philosophie et démocratie dans le monde*, 1995, Le livre de poche. É sempre surpreendente para um francês, cuja classe literária no último ano do ensino médio comporta oito horas de filosofia por semana, descobrir que países ditos

democráticos não têm nenhum ensino filosófico durante a escolaridade obrigatória!
24 Apenas um foi traduzido e publicado na França, *La découverte de Harry*, pela Vrin.
25 Primeiro mestrado em ciências da educação defendido em 2000, primeiro DEA em 2001, primeira tese em dezembro de 2003: G. AUGUET, *La discussion à visée philosophique aux cycles 2 et 3: um genre nouveau en voie d'institution?*, Montpellier 3. Sete teses sobre o tema estão em andamento nessa universidade.
26 Em mim, o pesquisador em ciências da educação, professor universitário desde 1995, encontrou sua energia no militante pedagógico da Educação Nova (sou membro do *Cercle de Recherche et d'Action Pédagogique* desde 1971 e do comitê de redação dos *Cahiers Pédagogiques* desde 1985).
27 O filósofo W. Benjamin conta, em *Infância em Berlim*, como experimentou o sentimento de injustiça que marcaria sua vida ao ver, pelos respiradouros das ruas da cidade, toda uma população vivendo em subterrâneos obscuros, porque ele era pequeno (o que era "ignorado" pelos "grandes" que passavam direto e de cabeça erguida diante da miséria).
28 Ver dossiê "La litterature est-elle une science humaine?", *Sciences humaines*, janeiro 2003, n. 134, ou o n. 148 de abril de 2004 sobre "Pourquoi aimons-nous les histoires?".
29 É instrutivo saber que se trata da versão para crianças de um outro romance do mesmo M. Tournier.
30 Alguns editores chegaram a criar coleções especiais para esse efeito: "Les contes philosophiques" (Actes Sud Junior); "Carnets de sagesse" (Albin Michel); "Les goûters philo" (Milan), etc. Ver, por exemplo, N. MIRI, A. RABANY, *Littérature: album et débats d'idées*, 2003, Bordas.
31 T. DEDIEU, *Yacouba*, 1994, Seuil. Para se tornar guerreiro, esse adolescente deve matar um leão, mas ele não matará o leão ferido que encontrou, e será relegado à categoria de pastor (é uma versão de Antígona: preferir um valor superior à norma social).
32 D. BUCHETON, J.C. CHABANNE, *Parler et écrire pour penser, apprendre et se construire. L'écrit et l'oral réflexifs*, 2002, PUF.
33 M. Gauchet, M. Onfray são favoráveis a isso. A. Comte-Sponville escreveu para as crianças "Pourquoi quelque chose plutôt que rien?"; Y. Michaux, professor na Sorbonne, uma obra: "Avec Y. Michaux, la philo 100% ado", 2003, Bayard Presse; o ex-ministro da Educação Nacional, o filósofo L. Ferry, considerava que "as práticas que se apóiam na filosofia no ensino fundamental são uma inovação essencial do sistema educativo" (junho 2002)...
34 Realizou-se em março de 2003 um colóquio sobre "Experiências de debates no ensino fundamental e médio : discussão de visão filosófica ou pensamento reflexivo?", com representantes de vinte academias e do Setor de Inovações do Ministério...

35 2003, CRDP Créteil.
36 R. Brunet havia feito uma primeira experiência na 6ª série (11/12 anos), considerada revolucionária na época, no âmbito do GREPH (Groupe de Recherche sur l'Enseignement de la Philosophie), lançado por J. Derrida nos anos 1975. Cf. *Qui a peur de la philosophie?*, 1977, Flammarion.
37 Conhecemos como prática social de intercâmbio filosófico "oral" apenas o diálogo de Sócrates com dois ou três interlocutores em presença de um grupo mudo (mas os diálogos são escritos, não são transcrições lingüísticas!), ou como prática social escolar apenas os longos monólogos sucessivos da *disputatio* medieval, em que o professor concluía *in fine* como verdade. Quanto às "mesas-redondas" dos colóquios filosóficos, são mais justaposições de intervenções do que uma verdadeira discussão...

6

Aprender a pensar desde os cinco anos por meio do modelo de Matthew Lipman?

Claudine Leleux

O que explica que a filosofia para crianças (FPC) de Matthew Lipman tenha feito escola? Sem dúvida, há várias respostas para essa indagação, mas uma delas é que a FPC dá à criança seu verdadeiro estatuto: um ser humano que *pensa*. A expressão é ambiciosa e exigiria desenvolvimentos de ordem ontológica (o que é o homem?) que ultrapassaria a presente proposição. Vamos partir simplesmente de uma definição corrente do verbo pensar: do baixo latim *pensare* (pesar), pensar, é "formar idéias em seu espírito; conceber noções, opiniões, pela atividade da inteligência, pela reflexão" e "ter uma certa opinião".[1]

O *questionamento* dá início a esse processo complexo.

PERGUNTAR

Quem observa uma criança pode notar que muito rapidamente ela pergunta: por que isso? por que aquilo? Essas perguntas podem cansar o adulto. Podem também deixá-lo embaraçado quando remetem àquilo que ele não sabe. Duas grandes atitudes são possíveis então: fechar a questão, desvalorizá-la, negá-la ou, ao contrário, acolhê-la e estimular essa *curiosidade* saudável. O procedimento de Matthew Lipman adotou a segunda atitude: dar lugar, na educação da criança, ao questionamento sobre o mundo circundante (o mundo físico), sobre a relação com os outros homens (o mundo social) e sobre o mundo interior (o mundo subjetivo).

Gaston Bachelard, que refletiu sobre as condições de um espírito "científico", o qual podemos compreender em sentido amplo, ressalta a necessidade do questionamento:

> O espírito científico impede-nos de ter uma opinião sobre questões que não compreendemos, sobre questões que não sabemos formular claramente. Antes de tudo, é preciso saber colocar os problemas. E, o que quer que se diga, na vida científica os problemas não se colocam por si mesmos. É precisamente esse *sentido do problema* que dá a marca do verdadeiro espírito científico. Para um espírito científico, todo conhecimento é uma resposta a uma pergunta. Se não há pergunta, não pode haver conhecimento científico. Nada ocorre espontaneamente. Nada é dado. Tudo é construído.[2]

A escolha de Matthew Lipman está longe de ser banal quando se constata que o ato de questionar, em nossa concepção tradicional do ensino, costuma ser próprio do professor, que faz à classe uma pergunta cuja resposta geralmente conhece e que quase sempre traduz a maneira como ele, pessoalmente, como adulto, coloca-se a questão, ignorando o que é problema para o aluno. Com isso, diz Matthew Lipman, o professor leva certos alunos a pensar, "mas não a pensar por eles mesmos".[3] Ao contrário, se prevê momentos em que o aluno questiona, ele suscita o interesse do aprendiz pela resposta à sua pergunta e, ao mesmo tempo, favorece sua reflexão e seu apetite de saber.

É por essa razão que o procedimento pedagógico proposto por Matthew Lipman[4] começa sempre com o que ele chama de "coleta" ou "levantamento de perguntas". A partir de um "romance",[5] recolher as perguntas da criança.

As perguntas podem ser de dois tipos. Há perguntas às quais se pode responder: por exemplo, as perguntas de ordem léxica (as palavras que a criança não compreendeu) ou as perguntas de compreensão da narrativa (os encadeamentos narrativos que a criança não captou). E há perguntas às quais não se pode responder ou, pelo menos, às quais não se pode dar uma resposta objetiva – válida para todos – ou definitiva. Em suma, as perguntas que dizem respeito à verdade e ao sentido (é correto? ou, ainda, está certo?, é exato? e é bonito?, tem valor?). Chamamos essas perguntas, por convenção e tradição, de *perguntas filosóficas*, pois o domínio de investigação da filosofia é justamente o da "Verdade", do "Bem" ou do "Justo" e do "Bom" ou do "Belo". São essas perguntas que Matthew Lipman propõe acolher na escola e que são descartadas por um ensino clássico como fúteis e indignas de interesse porque incertas, ou ainda como oriundas do domínio da infância, mas próprias da idade madura.

AGRUPAR AS PERGUNTAS

Uma vez que as crianças fazem valer suas próprias perguntas, que o professor as escreve no quadro (com o nome do autor para valorizá-lo e responsabilizá-lo), é preciso ainda partir em busca de uma resposta a essas perguntas, mesmo que seja provisória ou impossível. A realidade da sala e aula e da profusão de perguntas requer um momento de organização que é preciso explorar no plano cognitivo: o agrupamento das perguntas. Matthew Lipman chama isso de "ordem do dia" que atende a esses dois objetivos, cognitivo e de organização. De um lado, permite organizar a pesquisa seriando os problemas; de outro lado, oferece às crianças a oportunidade de um desenvolvimento cognitivo elementar: *classificar* ou, como entendiam os romanos, *pesar* ou, como dizia Kant, *julgar*.

A título de exemplo, eis um agrupamento de perguntas realizado por alunos de 3ª série do ensino fundamental (8-9 anos)[6] após a leitura do conto *Toute seule*, de Grégoire Solotareff:[7]
- Por que a menina coelho perguntou ao urso se estamos sozinhos na vida?
- Por que a menina coelho se pergunta se estamos sozinhos na vida?
- Por que ela pergunta aos animais se estamos sozinhos na vida?

Tal agrupamento permite então buscar uma resposta à pergunta: "estou sozinho na vida?" e às suas variantes: "tenho necessidade de ficar sozinho?", "tenho medo de ficar sozinho?", "posso decidir ficar sozinho?", etc., que serão oportunidades de refletir sobre o que somos (indivíduos isolados ou em interação?, quem tem direito à intimidade?, quem tem necessidade de se comunicar?) e a tomar consciência ou conhecimento de nossas emoções para, em seguida, verbalizá-las ou comunicá-las.[8]

Essa busca permitirá também evocar o conceito "sozinho" com seus diferentes atributos: estar sozinho, estar totalmente sozinho, vontade de ficar sozinho, preferir ficar sozinho, necessidade de ficar sozinho, sentir-se sozinho, ter medo de ficar sozinho, procurar não ficar sozinho, decidir sozinho...

CONCEITUALIZAR

Pensar, segundo a definição corrente retomada no início desta colaboração, é também "conceber noções". Aprender a pensar é, portanto, aprender a conceber.

Matthew Lipman, no Quadro 1,[9] traduz em "aptidões" – poderíamos dizer, em competências – os objetivos cognitivos que a FPC permite desenvolver, segundo a idade das crianças na escola de ensino fundamental, a partir de romances que ele escreveu (*Elfie, Pixie, Kio e Gus, Harry*) e que propõe como suportes pedagógicos.

A elaboração de conceitos está no programa lipmaniano de 3ª série do ensino fundamental, enquanto a conceituação é visada no programa de 4ª série.

A questão que se coloca é saber como levar a criança a conceber, ela que, nessa idade, não tem acesso a um pensamento abstrato e ao conceito. Essa é, aliás, uma razão alegada com freqüência para desqualificar a FPC e mesmo para afastar as crianças de uma iniciação à reflexão filosófica.

Gostaria de mostrar aqui que essa objeção não é admissível a partir do momento em que se leva em consideração o desenvolvimento cognitivo da criança e em que se adaptam seus métodos de formação, de modo progressivo, para conduzir a criança ao conceito abstrato.

Recordemos antes de tudo que Jean Piaget, em seus estudos de epistemologia genética, mostra que *aprender é abstrair*. Primeiro pela *abstração empírica*: a criança "abstrai" as propriedades (os atributos essenciais) de um objeto empírico ou de uma situação empírica:

> A experiência física consiste em agir sobre os objetos e em descobrir propriedades por abstração a partir desses objetos: por exemplo, pesar objetos e constatar que os mais pesados nem sempre são os maiores.[10]

Em seguida, por *abstração reflexiva*: a criança "abstrai" as propriedades (atributos essenciais) de uma ação; ela abstrai e interioriza em forma de *operações*, "a partir de ações e não de objetos", o resultado das ações, por exemplo, ordenar, reunir ou dissociar, pôr em correspondência.[11]

> A experiência lógico-matemática (indispensável nos níveis em que a dedução operatória não é possível ainda) consiste igualmente em agir sobre os objetos e em descobrir propriedades por abstração, não a partir de objetos como tais, mas das próprias ações que se exercem sobre esses objetos:

por exemplo, enfileirar pedrinhas e descobrir que seu número é o mesmo procedendo da esquerda para a direita e da direita para a esquerda (ou em círculo, etc.); nesse caso, nem a ordem, nem a soma numérica pertencem às pedrinhas antes de ordená-las ou de contá-las, e a descoberta de que a soma é independente da ordem (= comutatividade) consistiu em abstrair essa constatação das próprias ações de enumerar e ordenar, ainda que a "leitura" da experiência se referisse aos objetos, pois essas propriedades de soma e de ordem foram introduzidas de fato pelas ações nesses objetos.[12]

Finalmente, no último nível, a *abstração refletida* consiste em *construir uma operação sobre as operações anteriores*,[13] isto é, em tematizar a reflexão da reflexão.[14]

Pode-se ajudar a criança a conceber, abstrair, refletir, desde a escola fundamental, ou deve-se renunciar a isso?

A resposta a essa questão não é a mesma, conforme se remeta a Jean Piaget ou a Lev Vygotsky.

As fases do desenvolvimento e sua seqüência invariável em Piaget nos recomendariam não fazer a criança saltar etapas ou, ao menos, não querer fazer com que ela adquira um pensamento formal *antes* de um pensamento concreto. Mas será que essa constatação exclui todo ensino progressivo? Jean Piaget hesita quanto a esse ponto. Por um lado, ele não imagina, por exemplo, que se possa fazer com que uma criança aprenda que "o todo é maior que a parte", ou que todas as crianças pequenas aprendam a lei da transitividade. Ele diz que é como psicólogo e não como educador que estuda "o aspecto *espontâneo* da inteligência"[grifo meu].[15] Por outro lado, reconhece que "os aportes educativos aceleram o desenvolvimento operatório da criança" que deve "utilizar as operações assimilando aquelas que lhe transmitem".[16] O conceito piagetiano de inteligência "espontânea" coloca problemas. Para que serviriam o ensino e a educação se o desenvolvimento fosse espontâneo?

Ao contrário, as conclusões empíricas de Lev Vygotsky evidenciam claramente o papel acelerador das aprendizagens escolares que explica, segundo ele, "a maturação precoce de conceitos científicos"[17] a ponto de antecipar, em certos casos, o desenvolvimento de "conceitos espontâneos":[18]

> Para determinar o nível presente do desenvolvimento, utilizam-se problemas que a criança deve resolver sozinha e que só são indicativos em relação às funções já formadas e já amadurecidas. Porém, testemos o uso de um novo método. Vamos admitir que determinamos em duas crianças uma idade mental equivalente a oito anos. Se formos mais longe e tentarmos ver

como as duas crianças resolvem os problemas destinados às idades seguintes quando alguém as ajuda mostrando, fazendo-lhes uma pergunta que as oriente, dando-lhes o início da solução, etc., veremos que, com a ajuda, em colaboração com um adulto, seguindo suas indicações, uma delas resolve até problemas correspondentes à idade de doze anos e a outra problemas correspondentes à idade de nove anos. Essa disparidade entre a idade mental, ou nível presente de desenvolvimento, que é determinada com a ajuda de problemas resolvidos de maneira autônoma e o nível que a criança atinge quando resolve problemas não mais sozinha, mas em colaboração, determina precisamente a zona de desenvolvimento proximal.[19]

É por essa razão que, a meu ver, fazer adquirir *progressivamente* não significa passividade ou uma abordagem estática das etapas do desenvolvimento: compreendendo bem o processo necessário à aquisição de novos conhecimentos procedimentais, o professor pode antecipar-se e colocar balizas visando uma etapa posterior. *A filosofia para crianças poderia desempenhar esse papel acelerador na aquisição de competências cognitivas superiores, como a conceitualização, a reflexão e o pensamento abstrato.*

Matthew Lipman indica, aliás (Quadro 1), ainda que implicitamente, que se aprende a conceitualização por analogia (por exemplo, a metáfora), classificação e relação. Britt-Mari Barth, em seu livro *A aprendizagem da abstração*, desenvolveu uma metodologia "operacionalizante" para a aquisição do conceito. Voltarei a isso em seguida. Gostaria antes de falar sobre o desenvolvimento do pensamento na criança tal como foi admiravelmente descrito por Vygotsky:

- No início, o pensamento da criança é um *pensamento por imagem* sincrético: a criança tende a ligar "com base em uma impressão única os elementos mais diversos e desprovidos de ligação interna, fundindo-os em uma imagem indiferenciada".[20] Poderíamos dizer, desta vez referindo-nos a Jean-Marc Ferry, que a criança forma, por experiência perceptiva, uma "gramática icônica",[21] que associa imagens a outras – as quais, sem dúvida, sobreviverão na idade adulta e retornarão a nós sob uma forma que os psicanalistas chamam de "inconsciente".
- Em um segundo momento, a criança *pensa por complexos*. Ela não reúne, como na primeira etapa, elementos desprovidos de ligação interna com base apenas em ligações subjetivas, mas reúne-os com base em ligações objetivas que existem entre esses elementos.[22] Essa construção de complexos é operada por associação (cor, di-

mensão ou forma idêntica, por exemplo), por traço distintivo ou contraste e por transferência de significação de um elo da cadeia a outro. Poderíamos dizer que a criança forma, na linguagem de Jean-Marc Ferry, uma "gramática indiciária".[23]
- Finalmente, a criança *pensa por pseudoconceito*. Isso significa que ela continua a pensar por complexos, mas que estes têm a dimensão de conceitos. Por exemplo, uma criança pequena falará da solidariedade (*como* "Urso que ajuda Julie"), de injustiça (*como* "Calimero que é maltratado")... Vygotsky define o pseudoconceito como a:

> reunião sob forma de complexo de uma série de objetos concretos que, fenotipicamente, isto é, por sua aparência exterior, pelo conjunto de suas particularidades externas, coincide perfeitamente com o conceito, mas que, por sua natureza genética, pelas condições de sua aparição e de seu desenvolvimento, pelas ligações causais-dinâmicas que estão em sua base, não é absolutamente um conceito. Exteriormente é um conceito, interiormente é um complexo. É por isso que o chamamos de pseudoconceito. Nas condições experimentais, a criança forma um pseudoconceito toda vez que associa a um modelo dado uma série de objetos que poderiam ser associados e reunidos uns aos outros com base em um conceito abstrato. Portanto, essa generalização poderia ser feita também com base no conceito, mas na verdade ela aparece na criança com base no pensamento por complexos. Somente no resultado final é que a generalização por complexo coincide com a generalização elaborada com base no conceito. Por exemplo, a criança associa a um modelo dado – um triângulo amarelo – todos os triângulos existentes no material experimental. Tal grupo poderia aparecer ainda com base no pensamento abstrato (do conceito ou da idéia de triângulo). Mas, na verdade, como mostra a análise, a criança reuniu os objetos com base em suas ligações concretas, empíricas, com base em uma simples associação. Ela apenas construiu um complexo associativo limitado: chegou ao mesmo ponto, mas por um caminho totalmente diferente.[24]

Se nos apoiamos não somente no pensamento por complexos e por pseudoconceito, mas também na "zona de desenvolvimento proximal", podemos facilitar o acesso da criança ao conceito e a um pensamento abstrato. O objetivo não é desprezível quando se conhecem as dificuldades dos alunos de ensino médio com o pensamento abstrato no final do ensino médio e no ensino superior, quando a memorização e a referência ao conceito não são mais suficientes para incorporar novas competências a adquirir. De fato, como explicar de outro modo que alunos considerados até então como "bons" alunos não consigam tomar uma decisão importante e se saiam bem em matemática e ciências? Isso para não falar dos resultados desastrosos em filosofia no ensino superior. A metade dos alunos seria menos inteligente que a outra? Ou nosso ensino não é suficientemente eficaz quanto à aquisição progressiva do conceito e da abstração? *Para não resvalar em uma concepção naturalista da inteligência, penso que deveríamos nos prover dos meios de melhorar a aprendizagem da abstração, e a filosofia para crianças parece-me ser um desses meios.*

Observemos, a propósito disso, que mesmo nos *Socles de compétences,*[25] as competências cognitivas gerais, como o questionamento, a conceitualização e a reflexão, são praticamente ignorados:

- A **competência de questionar** não é *explicitamente* mencionada como objetivo didático a não ser na formação matemática (p. 24), no despertar científico (p. 35) e no despertar para a formação histórica (p. 90).

- A **competência de conceitualizar** não é *explicitamente* mencionada como objetivo didático a não ser na formação para o despertar científico (p. 40 e 49).

- A **competência de refletir** não é *explicitamente* mencionada como objetivo didático a não ser no despertar científico (p. 40). Na formação matemática, ela deve ser "suscitada" (p. 23).

Entretanto, Vygotsky já observava que:

> lá onde o meio não propõe as tarefas desejadas, não apresenta exigências novas, não encoraja nem estimula o desenvolvimento intelectual com a ajuda de novas metas, o pensamento do adolescente não cultiva todas as possibilidades que ele realmente contém, não tem acesso às suas formas superiores, ou chega a elas com um atraso muito grande. Por isso, seria um erro ignorar completamente ou minimizar um pouco a importância do elemento funcional que representa um problema colocado pela vida, elemento que constitui um dos fatores efetivos e poderosos que nutrem e dirigem todo o processo do desenvolvimento intelectual na adolescência.[26]

Cabe aos responsáveis políticos decidir se o meio escolar deve suscitar essa aprendizagem do pensamento (sem saltar etapas). A filosofia para crianças é um dos recursos à disposição do meio escolar para estimular as operações cognitivas superiores. Outro recurso é o momento de "esquematização" em círculos de leitura.[27]

UMA ESTRATÉGIA PEDAGÓGICA DE CONCEITUALIZAÇÃO

A questão seguinte é saber como "operacionalizar" (traduzir em estratégia de aprendizagem transferível) a conceitualização na escola de ensino fundamental. Resumidamente, como evitar infundir nas crianças definições de conceitos para que as memorizem, ou como fazer com que as crianças construam os atributos essenciais dos conceitos?

Matthew Lipman e os partidários da filosofia para crianças prepararam planos de discussão com vistas a favorecer pedagogicamente a formação dos alunos.

Uma outra pista a ser seguida é a de Britt-Mari Barth, que propõe uma estratégia de aprendizagem que tive a oportunidade de testar na formação inicial de professores com meus alunos, tanto em matemática[28] quanto em filosofia moral.[29]

Para construir um pseudoconceito e avançar para o conceito, Britt-Mari Barth propõe uma estratégia em duas grandes etapas:[30]
1. Os alunos devem descobrir as propriedades de um conceito (a co-construir) através de exemplos SIM (analogias) e de exemplos NÃO (contrastes). Vários objetos ou situações são apresentados à classe. O professor sempre indica aos alunos se é um exemplo SIM (que, em um primeiro momento, possui todas as propriedades do conceito a construir) ou de um exemplo NÃO (que, em um primeiro momento, não possui nenhuma das propriedades do conceito a construir).[31] Os alunos então descrevem, com a ajuda de toda a classe por meio da discussão, as propriedades dos dois tipos de exemplos em duas colunas (as que pertencem ao conceito e as que são excluídas dele). O professor anota essas propriedades no quadro "para dar um suporte visual".[32] A cada exemplo, os alunos e a classe têm a possibilidade de remodelar suas colunas (apagar, precisar, acrescentar), o que, diga-se de passagem, permite também desdramatizar o erro ou formar para o "direito ao erro".[33]
Portanto, a operação cognitiva que lhes é proposta consiste essencialmente em uma *comparação*. Quando termina a apresentação de exemplos SIM e NÃO, os alunos dispõem dos atributos essenciais do conceito. Uma primeira *generalização* pôde ser operada. E dessa vez o conceito é *compreendido*, o que a simples memorização de uma definição raramente permite.
2. Em um segundo momento, o professor exercerá a "dedução", ou melhor, a "subsunção"[34] (por comparação: analogia ou contras-

te), mostrando à classe um objeto ou uma situação e perguntando aos alunos se esses são exemplos SIM ou exemplos NÃO (isto é, se as propriedades deles coincidem ou não com as do conceito co-construído).

Durante as duas fases, toda a classe participa da investigação pela discussão. Britt-Mari Barth insiste sobre a interação verbal necessária à aquisição de conceitos. De fato, assim como Jerome S. Bruner, ela diferencia a "formação de conceitos" e a "aquisição de conceitos". No primeiro caso, os critérios de agrupamento são subjetivos (as "categorias são desenvolvidas como respostas a experiências").[35] No segundo caso, visto que se trata de "identificar a combinação de atributos segundo a qual um conceito já é definido", a interação verbal mostra-se necessária para "verificar a regra de classificação já determinada por outros".[36]

O dispositivo de Britt-Mari Barth permite, assim, combinar eficazmente os quatro grandes métodos de co-construção do pseudoconceito: em sua primeira etapa, o aluno procede por *"indução"*[37] e abstrai, por *analogia* ou *contraste*, as propriedades do pseudoconceito a co-construir, recorrendo adicionalmente à discussão com os pares; na segunda etapa, o aluno procede agora por *"dedução"*, analogia e contraste e discussão.

COMUNIDADE DE INVESTIGAÇÃO

Matthew Lipman revela igualmente um claro interesse pela discussão e pela interação verbal, por meio daquilo que denomina, a partir de Charles Sanders Peirce, de "comunidade de investigação". O objetivo didático dessa "comunidade de investigação" consiste em procurar juntos as respostas às perguntas que as crianças fizeram na leitura da narrativa. Metodologicamente, essa investigação coletiva visa também desenvolver nos alunos competências comunicacionais: ouvir-se mutuamente com respeito, convencer, emprestar idéias uns dos outros quando elas são pertinentes, encorajar-se um ao outro a justificar sua posição, ajudar-se para tirar conclusões daquilo que foi dito e compreender seus colegas.[38] O essencial, como nos sugere M.-F. Daniel (p. 39), é que o professor cuide de não se satisfazer com um simples diálogo e que estimule nos alunos intercâmbios "dialógicos (semi) críticos".

PLANOS DE DISCUSSÃO

Matthew Lipman insiste no aprofundamento da investigação e no papel incomparável do profissional que é o professor para confrontar os alunos com novas alternativas filosóficas, para levá-los a fazer julgamentos práticos e orientar sua investigação "para o exame de idéias mestras mais gerais, tais como a verdade, a comunidade, a pessoa, a beleza, a justiça, a bondade".[39] Assim, seu procedimento pedagógico não pode, de maneira nenhuma, limitar-se à leitura compartilhada, ao questionamento, à formação da ordem do dia e nem mesmo à comunidade de investigação de respostas às perguntas. *O objetivo final é, sem dúvida, aprender a pensar por si mesmos, mas apoiando-se no patrimônio cultural humano e contribuindo com ele de forma crítica e criativa.*

O programa é, portanto, ambicioso e requer uma grande aptidão do professor. De todo modo, inscreve-se na perspectiva, aberta em nível mundial (OCDE) e "nacional", de um redirecionamento do ensino à aquisição de competências mais do que aos conhecimentos. Não se trata aqui, como teme Xavier Darcos,[40] de minimizar os conhecimentos declarativos e as matérias, e menos ainda de suprimi-los, mas sim de *colocá-los a serviço* de atividades universais do pensamento: analisar, classificar, sintetizar, refletir, raciocinar, julgar, situar-se, etc., que, por transcenderem os contextos socioeconômicos e culturais particulares, permitirão também que os sistemas educativos caminhem para uma igualdade formal (oportunidades), mas sobretudo para uma igualdade substancial (aquisições).

Introduzir a filosofia para crianças na escola de ensino fundamental não significa, então, implementar ali um artifício pedagógico, mas formar um ser que pensa o pensamento, que re-flexiona. Isso depende de uma escolha de sociedade, pois, como ressalta Jean-Marc Ferry, "a opção pedagógica não é, portanto, simplesmente uma significação social, política, econômica ou cultural: ela tem, mais fundamentalmente, um significado antropológico. Implica uma orientação da espécie para disposições, aptidões, valores cujas determinações possíveis são de tal modo variáveis que aquelas que foram sacrificadas remetem de imediato à possibilidade perdida de outras *humanidades*. É por isso que uma análise crítica de conteúdos privilegiados pelo sistema pedagógico não é questão apenas de uma ciência da educação ou mesmo de uma sociologia da cultura: ela é inseparável de uma reflexão fundamental sobre a identidade projetada pelo sistema social em seu conjunto".[41]

NOTAS

1. *Le Petit Larousse*, 1999, Havas Interactive.
2. Gaston Bachelard, *La formation de l'esprit scientifique*, 1980, Vrin, p. 14.
3. M. LIPMAN, *À l'École de la pensée* [1991], trad. N. Decostre, 1995, Bruxelles, De Boeck Université, p. 224.
4. M. LIPMAN, ibid., apresenta o esquema do desenvolvimento pedagógico, p. 287-289.
5. M. LIPMAN, ibid., insiste sobre a importância do texto, p. 287.
6. Ver trabalho de conclusão de curso, sob a orientação de C. Dehon e C. Leleux, de J. SNEYERS, *La "Philosophie pour enfants" comme moyen d'apprentissage de l'autonomie*, 2002, Département pédagogique Defré de la Haute École de Bruxelles, p. 39-40.
7. G. SOLOTAREFF, *Toute seule*, 1998, École des Loisirs.
8. J. SNEYERS conclui sua lição com um exercício de autocompreensão:
"Eu me expresso sobre:
Eu gosto/quero/prefiro/tenho vontade de ficar sozinho (por exemplo: Tenho vontade de ficar sozinho para...)
Eu não gosto/não quero/não prefiro ficar sozinho (por exemplo: Eu me senti sozinho quando...)".
"Descrevo os momentos em que quero ficar sozinho/em que eu não quero ficar sozinho. Explico por quê."
9. Ver *supra*, M. LIPMAN, "Renforcer le raisonnement et le jugement par la philosophie", p. 19.
10. J. PIAGET, "Les méthodes nouvelles. Leurs bases psychologiques" [1935] ei "Éducation et instruction depuis 1935" [1965] in *Psychologie et pédagogie*, 1968, Paris, Folio essais, n. 91, p. 57-58.
11. Observemos que, para Jean Piaget, a operação é "uma ação interiorizável, reversível e sempre solidária a outras operações, com as quais ela constitui uma estrutura caracterizada por leis de totalidade (por exemplo, leis de 'grupo', de redes, de 'agrupamentos', etc.)": J. PIAGET, E.W. BETH, *Épistémologie mathématique et psychologie. Essai sur les relations entre la logique formelle et la pensée réelle*, 1961, Paris, PUF, coll. "Études d'épistémologie génétique", XIV, p. 249-251 e J. PIAGET, B. INHELDER, *De la Logique de l'enfant à la logique de l'adolescent*, 1995, Paris, PUF, coll. "Bibliothèque de philosophie contemporaine".
12. J. PIAGET, *Psychologie et pédagogie, op. cit.*, p. 57-58.
13. J. PIAGET, E.W. BETH, op. cit., p. 257 e J. PIAGET, B. INHELDER, ibid.
14. J. PIAGET et al., *Recherches sur l'abstraction réflechissante*, vol. 1, "L'abstraction des relations logico-arithmétiques", 1977, Paris, PUF, coll. "Études d'épistémologie génétique", "Introduction" e J. PIAGET, B. INHELDER, ibid.
15. J. PIAGET, *Problèmes de psychologie génétique*, 1972, Paris, Denoël-Gonthier, Bibliothèque "Médiations", n. 95, p. 144-145.

16 J. PIAGET, E. W. BETH, *Épistémologie mathématique et psychologie*, op. cit., p. 262.
17 L.S. VYGOTSKY, *Pensée et Langage* [1934]. Seguido de Jean PIAGET, *Commentaire sur les remarques critiques de Vygotsky*, trad. F. Sève, 1997, Paris, La Dispute, n. 274.
18 Ibid., p. 273, em particular o quadro comparativo entre alunos de 2ª a 4ª série do ensino fundamental. Sobre essa problemática do papel da aprendizagem, o leitor poderá remeter-se à colaboração de J.-P. BRONCKART, "Constructivism piagétien et interactionnisme vygotskien. Leurs apports à une conception des apprentissages et la formation" *in* J.-M. FERRY, B. LIBOIS (dir.), *Pour une éducation postnationale*, 2003, Bruxelles, Éditions de l'Université de Bruxelles, p. 129-148.
19 L.S. VYGOTSKY, *Pensée et Langage*, op. cit., p. 351.
20 Ibid., p. 212.
21 J.-M. FERRY, *Les Grammaires de l'intelligence*, 2004, Paris, Éd. du Cerf, coll. "Passages".
22 L.S. VYGOTSKY, op. cit., p. 215.
23 J.-M. FERRY, op. cit.
24 L. S. VYGOTSKY, op. cit., p. 225-226.
25 MINISTÈRE DE LA COMMUNAUTÉ FRANÇAISE (de Belgique). Administration Générale de l'Enseignement et de la Recherche Scientifique, *Socles de compétences. Enseignement fondamental et premier degré de l'enseignement secondaire*, Mai 1999.
26 L. S. VYGOTSKY, op. cit., p. 208-209.
27 Ver a esse respeito S. TERWAGNE, S. VANHULLE, A. LAFONTAINE, *Les cercles de lecture. Interagir pour développer ensemble des compétences de lecteurs*, 2001, Bruxelles, De Boeck & Duculot, por exemplo, p. 100.
28 Ver trabalho de conclusão de curso, sob a orientação de R. Vanderstraeten, matemática, e C. Leleux, de J. CAUËT, *Conceptualiser en mathématique à l'école primaire*, juin 2002, Haute École de Bruxelles, Département pédagogique Defré, em particular, na parte prática, a "definição" do ângulo.
29 Trabalho de conclusão de curso de J. SNEYERS, *op. cit.*, em particular a "definição" de *solidão*.
30 Ver seu artigo de síntese no Capítulo 9 deste livro.
31 B.-M. BARTH, *L'Apprentissage de l'abstraction* [1987], Paris, Retz, 2e édition augmentée 2001, p. 70-76.
32 Ibid., p. 170.
33 Ibid., p. 68.
34 Os termos "dedução" e "subsunção" foram colocados entre aspas porque, nessa idade, trata-se mais de uma "experiência lógico-matemática", como diz J. Piaget (ver nota 12), do que de uma "dedução operatória", que requer um pensamento abstrato.
35 J.S. BRUNER, J.J. GOODNOW, G.A. AUSTIN, *A Study of Thinking*, 1956, New York, Wiley and Sons, pp. 232-233, 246, citado por B.M. BARTH, op. cit., p. 48.

36 *Ibid.*, p. 47.
37 Ver a nota 34.
38 M. LIPMAN, *À l'École de la pensée*, op. cit., p. 32.
39 *Ibid.*, p. 288.
40 X. DARCOS, *L'art d'apprendre à ignorer*, 2000, Paris, Plon, coll. "Tribune libre", p. 154: "É lá que o 'pedagogismo' se imporá como panacéia, pretendendo substituir as disciplinas por uma formação polivalente, voltada para as diversas condições de aprendizagem na classe, independentemente dos conteúdos".
41 J.-M. FERRY, *Les Puissances de l'expérience*, 1991, Paris, Éd. du Cerf, vol. 1, "Les ordres de la reconnaissance", chapitre 3.

7

Questões de método

Painel de discussão[1]

Nicole Cossin, Marie-France Daniel, Jacques Lévine, Xavier Magils,
Monique Mahieu, Freddy Mortier, Martine Nolis e Michel Tozzi

PERTINÊNCIA DA COLETA DE PERGUNTAS

Claudine Leleux: *No filme de Isabelle Willems,* As grandes questões, *pudemos observar que Martine Nolis, após a leitura de um conto, dava início à atividade de filosofia para crianças por meio de uma "coleta de perguntas" das crianças, sempre acompanhadas do nome delas, seguindo aqui a metodologia de Matthew Lipman. Ao contrário, Xavier Magils, após a leitura de um conto de Gabrielle Vincent, começa seu ateliê colocando de imediato uma questão bastante geral ("O que os impressionou nessa história?") e conduz as discussões entre as crianças até fazê-las descobrir a dialética do mestre e do escravo de Hegel. Gostaria de perguntar a Xavier Magils se o fato de não partir de uma coleta prévia de perguntas feitas pelas próprias crianças é deliberada, e a Martine Nolis e Marie-France Daniel se elas consideram essa coleta prévia indispensável.*

Xavier Magils admite que há uma diferença de abordagem que pode suscitar a reflexão. Ele assinala, porém, que as condições de intervenção de Martine Nolis e as suas são bem diferentes. De fato, Martine Nolis trabalha a longo prazo, com crianças de classes que ela acompanha regularmente, ao menos uma vez por semana e durante vários meses. Já o seu trabalho situa-se em um contexto diferente, que é na verdade muito esporádico. Nesse contexto, o animador do ateliê de filosofia descobre crianças que ele nunca viu e com as quais vai tentar fazer filosofia durante 45 minutos. Esse tempo, muito regulado, começa com as crianças tomando conhecimento do material que lhes é proposto em forma de uma história. Em tais circunstâncias, o animador não tem tempo de proceder a uma coleta prévia de perguntas de todas as crianças, indicando o nome ao lado, para que nenhuma se sinta frustrada. O ateliê começa de maneira bastante informal, a partir de uma pergunta muito vaga do tipo: "O que impressionou vocês?" ou "De que vocês gostaram ou não gostaram?" ou, ainda, "O que vocês acharam estranho, o que os intriga?". Há, portanto, uma abertura à questão mediante essas fórmulas. Essa maneira de praticar apóia-se igualmente, sem dúvida, em um pressuposto que consiste em dizer que o pensamento talvez não se abra necessariamente sob a forma de perguntas como: "Vocês acham que...?" ou "Por que...?", etc.

Martine Nolis, por sua vez, pensa que fazer perguntas já é uma competência que se deve induzir e estimular nas crianças. Essa competência pode ser adquirida trabalhando a longo prazo. Para Xavier Magils, ao contrário, nos "ateliês- relâmpagos", que não se beneficiam de uma continuidade, o essencial consiste em fazer com que se viva o ateliê de filosofia como uma experiência no sentido anglo-saxão do termo: uma experiência compartilhada. As crianças respondem umas às outras. Elas percebem que há coisas problemáticas, que nem tudo é tão simples, que nossos preconceitos sobre a morte, por exemplo, não são necessariamente a verdade verdadeira, simplesmente porque "eu" acho isso, mas que há um problema ali. As crianças vivem também a experiência de pensar coletivamente e de avançar juntas. Após essa coletivização, têm ainda a experiência da pluralidade: elas se dão conta de que outras crianças não pensam necessariamente como elas. Finalmente, esse tipo de ateliê inscreve-se em um movimento de vai-e-vem: entre o indivíduo, sua vivência e o grupo, entre a vida concreta e a história que serve de material, de suporte, entre a vivência pessoal, a narrativa e o conceito, o universal, o pensamento coletivo.

Martine Nolis mostra que, de sua parte, mesmo em ações pontuais, ela sempre começa, necessariamente, pela coleta de perguntas. Ressalta que o primeiro encantamento do professor, o animador, é descobrir as questões que as crianças levantam. Assinala que essa prática não é comum no ensino geral: neste, justamente, é o professor que faz as perguntas e que espera da criança a resposta correta. No ateliê de filosofia, portanto, inverte-se a prática habitual da classe. Martine Nolis estima que não se insiste o suficiente nesses questionamentos expressos pelo aluno, embora eles estejam na origem da aprendizagem. Por exemplo, quando se pede aos alunos que façam uma pequena conferência sobre Marco Polo, pede-se que apresentem um plano. Porém, para falar de Marco Polo, o primeiro passo deveria consistir em se colocar questões e se perguntar: "O que me interessa saber sobre ele?". A oradora percebe de imediato que o questionamento, na sua prática, é absolutamente fundamental. Ela lembra que toda criança pequena faz perguntas espontaneamente, e é assim que aprende. Mas depois, na escola, perde o hábito de fazer perguntas, pois está o tempo todo afirmando. Assim, é importante reacostumá-la a fazer perguntas. É por isso que, na sua prática e na de seus colegas, os ateliês começam sempre pela "coleta de perguntas". Essa experiência ensina às crianças que elas não são as únicas a se fazer essas perguntas, enquanto o professor (que apesar de tudo se mantém em sua realidade de adulto) aprende a conhecer as preocupações das crianças, o que está em jogo e o que é importante para elas.

Martine Nolis aponta uma diferença no tipo de perguntas coletadas: quando o animador trabalha com os romances de Matthew Lipman, a maioria das perguntas é filosófica. Ao contrário, quando se trabalha com outros suportes, pode ocorrer que se coletem também perguntas factuais do tipo: "Quem é Pasteur?". Mas, para essas perguntas pontuais, as crianças podem encontrar respostas. Assim, trata-se de reportá-las ao seu desejo de saber e de propor que encontrem a resposta. Ela não será dada pelo animador. No ateliê de filosofia, se as crianças querem saber algo sobre Pasteur, elas mesmas procuram. Se na semana seguinte voltarem sem a resposta é porque não estavam realmente interessadas em saber. O animador não dá a resposta, mesmo para perguntas factuais. Martine Nolis ressalta que o desejo de aprender é como o sentido: transmite-se um saber, mas não se transmite sentido e tampouco desejo. É bom refletir sobre essa observação para a aprendizagem em geral.

Marie-France Daniel concorda com Martine Nolis sobre a importância do questionamento. Ela comenta, que, na dinâmica de Xavier Magils, o questionamento dos alunos é implícito, no sentido de que as crianças engajam-se ativamente na escuta do conto, de que tiram dele elementos, conceitos e noções sobre os quais desejam falar. Marie-France Daniel considera, de sua parte, que o questionamento filosófico deve ser estimulado – pois ele não é espontâneo. Não fazer isso leva geralmente a acomodar preconceitos, a pensar que é natural porque está escrito em um livro, é mencionado por um adulto, ou porque os adultos ou a mídia repetem sempre. É preciso, portanto, aprender a fazer perguntas – e perguntas filosóficas. Quanto mais cedo se realizar essa aprendizagem, mais as crianças tendem a se tornar cidadãos responsáveis e críticos.

Freddy Mortier quer fazer valer a riqueza dessa diversidade de métodos, tais como são apresentados no filme de Isabelle Willems. Ele pensa que não existe uma abordagem ortodoxa para dirigir uma discussão filosófica com as crianças: alguns dinamizadores preferem concentrar-se na argumentação, enquanto outros enfatizam pontos relativos ao conteúdo. É importante que cada um encontre seu próprio estilo.

Claudine Leleux, em resposta a Freddy Mortier, considera que, mais do que uma questão de estilo pessoal, o que conta são os objetivos que se pretende atingir. Quando o professor procede a uma "coleta de perguntas", além do fato de visar desenvolver a competência para o questionamento, ele constitui um material que servirá de fio condutor: ele pode voltar à questão de tempos em tempos, redirecionar a discussão, ajudar as crianças a falar da mesma questão, a responder umas às outras. Isso nem sempre ocorre a partir do momento em que o animador deixa que a discussão desenvolva-se livremente.

PERTINÊNCIA DE UM SUPORTE PEDAGÓGICO

Claudine Leleux: *Michel Tozzi constata que os romances de Matthew Lipman,*[2] *seja por razões culturais, seja por razões ligadas aos projetos do próprio Lipman, são romances de circunstância que, como tais, criam dificuldades nas dinâmicas. Certos dinamizadores de ateliês de filosofia partem de romances de Lipman, enquanto outros preferem outros suportes. Quais seriam, para vocês, as vantagens e os inconvenientes de uma ou outra abordagem?*

Nicole Cossin assinala que ela própria formou-se no método de Matthew Lipman, que praticou durante um certo tempo. Progressivamente, foi deixando de lado os romances de Matthew Lipman. No momento, utiliza bastante o cinema. Ressalta que trabalha com crianças que assistem à televisão desde os 2 anos (ou ainda mais cedo); algumas ficam sozinhas diante da TV durante três horas por dia. Nessas circunstâncias, parece de extrema importância trabalhar a educação para a imagem. De sua parte, ela utiliza um filme, que não necessariamente é explorado de imediato durante a mesma sessão, mas, às vezes, só duas ou três semanas depois de ter sido assistido. E o filme é explorado a partir de indagações de tipo filosófico. Nicole Cossin considera que esse suporte é muito interessante porque é próximo das crianças. Ela trabalha principalmente com crianças de origem estrangeira. A língua veiculada pelo cinema é mais próxima da língua praticada por essas crianças e constitui, assim, uma etapa de transição para o francês. Esse método leva a resultados interessantes: depois de dois anos, as crianças começam a se tornar espectadores críticos e esclarecidos. A evolução aparece graças à discussão em torno de filmes de qualidade. Nicole Cossin acredita que há, de fato, diversos suportes que podem ser utilizados. O cinema é um deles, e o interesse é garantido, conforme as circunstâncias.

Monique Mahieu acha que um suporte é necessário porque o pensamento é contextualizado: "o que não tem contexto não tem sentido",[3] diz Lipman. Pensa-se ou aprende-se a refletir em um certo contexto, com um certo conteúdo. Mas que suporte utilizar? Ela gostaria de atrair a atenção para a escrita, visto que é um suporte democrático, um referencial comum. Ela lembra que o pensamento livre veio ao mundo com a escrita e a difusão da escrita. Começar com os romances de Lipman ou de Marie-France Daniel pode ser interessante, porque eles são escritos para pôr em evidência as problemáticas filosóficas. Além disso, esses romances são acompanhados de um guia filosófico, de planos de discussão e de exercícios. Por isso, ela aconselha os dinamizadores iniciantes a começar com os romances de Lipman, que são completos e ricos de materiais filosóficos. Contudo, a crítica que os professores costumam fazer a esses romances é que eles não empolgam as crianças, que os consideram pesados e longos demais. Evidentemente, deve-se levar em conta a questão da gestão do tempo. A oradora cita particularmente uma animação realizada a partir de um romance de Marie-France Daniel sobre *Les aventures mathématiques de Mathilde et David,* que dava resultados muito bons a partir de uma "coleta de perguntas".

Monique Mahieu acredita que a literatura infantil, os livros ilustrados para crianças, também se adaptam muito bem, desde que se reflita sobre os critérios de escolha. Sejam esse livros escritos em forma narrativa ou em forma de diálogo, as problemáticas surgirão. A criança tem a oportunidade de se colocar no nível do "eu", que não é a voz do adulto, e com isso se envolve mais facilmente em uma discussão filosófica. É importante que várias problemáticas diferentes estejam contidas no mesmo livro e que o sentido não seja dado de imediato, sob pena de esgotar muito rapidamente a discussão filosófica.

Monique Mahieu observa ainda que não haverá discussão filosófica a não ser que haja interação verbal entre as crianças e que as perguntas feitas abordem os grandes problemas de sentido, as questões fundamentais. As crianças falam da morte, da loucura, da aparência externa, da integridade da pessoa, da dialética mestre-escravo, do poder sobre alguém. Trata-se, evidentemente, de grandes questões filosóficas. Contudo, para que essas questões emerjam, é preciso escolher livros que tenham esse tipo de conteúdo. Matthew Lipman e Margaret Sharp analisaram vários filmes e videocassetes e propuseram exercícios de acompanhamento. O suporte pode ser um vídeo, mas pode tratar-se também de algumas músicas. Pode-se tomar ainda uma frase, um símbolo, como no programa "Noms de dieux", por exemplo. As crianças têm muita imaginação e podem refletir a partir de diversos suportes.

Jacques Lévine, por sua vez, quer discutir o significado do suporte. Ele não tem certeza de que seja útil dispor de um suporte. Por exemplo, no que diz respeito à problemática do escravo e do poder, ela pode ser debatida colocando-se a questão: "O que é alguém que quer ter poder sobre o outro? O que é ser um escravo?". E ele pensa que, a partir de tal indagação, haveria o mesmo tipo de debate que no caso de se oferecer um suporte prévio. Deve-se perguntar, então, para que serve o suporte. Ele é realmente necessário à reflexão? Pessoalmente, ele não acredita. Acha que o suporte indica na realidade que existe uma ligação com a criança, que é uma forma de mostrar que se está junto e que se vai procurar junto, que se está engajado em uma atividade coletiva que consiste em refletir sobre a vida.

Jacques Lévine pergunta-se tanto sobre a angústia dos adultos que necessitam de um suporte quanto sobre uma eventual falta de suporte de que as crianças padeceriam. É preciso refletir sobre essa angústia do professor ou do pai ou da mãe que imagina que, sem esses suportes e sem um questionamento sobre eles, a criança não vai crescer. Mas o que leva a criança a fazer perguntas? É a participação na vida da família e na vida escolar. E é mediante essa participação que ela recolhe um conjunto de questões que lhe ocorrerão. Em seguida, há o que chamamos de imposição de transferência. Significa que, quando há "questões depositadas no interior", é preciso que isso fale. Pode haver uma proibição de que isso fale, ou uma hesitação a esse respeito, mas há sempre imposição. E não é o adulto, com suas perguntas, que suprime essa imposição. É preciso prevenir-se de uma espécie de megalomania do adulto. Também se poderia discutir longamente sobre a oportunidade do suporte. Jacques Lévine diz não ter visto diferença entre o que sua equipe pratica e o que foi mostrado no vídeo. Fazemos exatamente a mesma coisa, afirma ele, mas talvez intervindo menos, principalmente em um primeiro momento, para depois retomar as coisas que foram ditas. Organiza-se um debate após dez minutos. O que é interessante nessas práticas é a aproximação que começa a ocorrer, que "aumenta nossa humanidade". Jacques Lévine assinala a propósito disso que as crianças falam para mostrar que estão próximas dos adultos. Ele explica que esse comportamento faz parte da imposição de transferência. As crianças desejam com isso mostrar que não estão distantes dos adultos, que podem participar de sua vida e que participam efetivamente. Trata-se de uma aproximação entre gerações que se dá, principalmente, no nível do inconsciente. Não é a aproximação de tal criança com um outro modo de pensamento diferente do seu, mas a aproximação de uma geração com outra geração. Contudo, essa aproximação é acompanhada de uma não-aproximação que se expressa por contradições. Estas não são apontadas de imediato pelo animador; porém, ele as retoma depois e percebe-se que, pouco a pouco, as crianças aprendem a identificar por si sós essas contradições. Trata-se da aquisição de uma competência muito produtiva. Assim, Jacques Lévine observa nas crianças essa necessidade de aproximação com um certo tipo de pensamento e, simultaneamente, a descoberta, durante essa aproximação, de que existem diferenças na maneira de pensar, de que se esbarra em obstáculos, em divergências de ponto de vista. Diante dessa constatação, o adulto deve intervir imediatamente, ou deve manter essas divergências em suspenso para intervir em outro momento? Jacques Lévine coloca essa questão, mas ao mesmo tempo diz que não tem uma resposta para ela. E que gostaria de fazer essa observação para assinalar que, apesar de tudo, o vídeo que acabaram de ver apresenta diferenças fundamentais de métodos com relação à maneira como ele e sua equipe procedem.

Claudine Leleux congratula-se com a intervenção de Jacques Lévine, que permite que as diferenças de abordagem apareçam e que não se naufrague em um consenso frouxo. De fato, alguns consideram que o principal objetivo reside no fato de deixar que as crianças se expressem. Nesse caso, não é necessário dispor de um suporte. Outros, ao contrário, têm como objetivo fazê-las conceitualizar, refletir ou discutir e encontram no suporte, nos materiais utilizados, a matéria sobre a qual pensar ou fazer pensar.

LITERATURA PARA A JUVENTUDE OU ROMANCES DE CIRCUNSTÂNCIA?

Claudine Leleux: *Uma colega romanista alertava-me de que, quando o dinamizador de um ateliê filosófico toma como ponto de partida um romance de circunstância, que foi construído com um objetivo particular, o questionamento e a discussão correm o risco de parecer artificiais. Gostaria de perguntar a Michel Tozzi se essa é uma das razões pelas quais ele e sua equipe de pesquisa voltaram-se para a literatura de juventude e de pedir a Marie-France Daniel que eventualmente faça a defesa dos romances de circunstância, já que é autora de alguns desses romances.*

Michel Tozzi destaca, em primeiro lugar, que a discussão em pauta aborda um conjunto de problemas pedagógicos com que se deparam todos os professores que queiram lançar-se na prática de ateliês filosóficos. Indaga sobre quem deve fazer as perguntas: o professor ou os próprios alunos? É necessário ou não um um suporte e, se for, de que tipo? No entanto, como assinala Michel Tozzi, existe ainda um grande número de questões, além dessas, que devem ser lembradas. Questões como as que consistem em se perguntar se o tema da morte deve ser abordado no ateliê filosófico, como foi mostrado em uma das seqüências do filme *Les grandes questions*, por exemplo. Qual deve ser o grau de dirigismo do dinamizador? Ele deve ser mais ou menos intervencionista, ou não? Segundo Michel Tozzi, todas essas questões que se colocam nos inserem verdadeiramente no âmago da prática.

Para responder mais diretamente à questão colocada por Claudine Leleux, ele considera, de sua parte, que o problema que se apresenta ao dinamizador consiste em desenvolver uma cultura da pergunta. Como diz Karl Popper, a escola passa o tempo todo respondendo a perguntas que os alunos não se fizeram. A observação é interessante, e é preciso indagar-se como evoluir de uma cultura da resposta para uma cultura da pergunta. Essa preocupação vale não apenas para a filosofia, mas também para a ciência. Um dos eixos de suas pesquisas atuais é tentar comparar uma discussão de orientação filosófica e uma discussão "científica" no sentido como a entendem atualmente os didatas de matemática e de ciências experimentais. Em qualquer caso, a discussão começa com um enigma e opiniões manifestadas, seja em filosofia, seja em ciências.

Michel Tozzi observa que o momento atual é justamente o "instituinte", no sentido de que ainda não existem normas fixas que digam que é preciso proceder à maneira de Lipman, de Lévine, de Tozzi, etc. Pessoalmente, ele considera que esse é um período extremamente interessante, pois as equipes de pesquisa estão diante de uma grande variedade de práticas, o que dá lugar à criatividade de cada prático. Há um processo de bricolagem (Michel Tozzi assinala que, para ele, a palavra "bricolagem" é tomada em um sentido positivo, no sentido destacado por Lévi-Strauss). De fato, a bricolagem implica uma espécie de gênio inventivo que tira o melhor proveito de coisas ciscadas aqui e ali. Estamos diante da criação do pedagogo de campo.

Assim, Michel Tozzi pensa que o dinamizador pode colocar uma ou duas questões, sabendo, por experiência própria, quais são os tipos de questões que interessam às crianças. Por exemplo, o dinamizador pode pedir às crianças que reflitam sobre as vantagens e os inconvenientes de crescer. Quando coloca essa questão, ele sabe muito bem que interessa às crianças, porque elas próprias já a colocaram. Nesse caso, pode-se partir de um suporte, como também se pode prescindir dele e colocar diretamente esse tipo de questão. E, se o dinamizador deseja utilizar um suporte, pode partir de romances de Lipman que, como se sabe, foram concebidos levando em conta a história do ensino de filosofia e do conjunto de grandes problemáticas que atravessam essa história. Mas pode-se igualmente utilizar a literatura de juventude. Não importa qual. Importa que esse livro tenha qualidade literária e forte teor antropológico. Os aspectos conceituais não devem escamotear os aspectos estéticos. A literatura é, de fato, uma das formas fundamentais da cultura. Os bons textos literários são textos que resistem ao tempo e nos quais não existe uma transparência absoluta desde a primeira leitura e permitem múltiplas interpretações.

A cultura da pergunta é bem interessante, então, quer ela parta da questão colocada pelas crianças ou da que é lançada pelo animador, porque ele sabe que vai interessar às crianças. Ela pode partir de um romance de Lipman ou de uma obra extraída da literatura para a juventude. Mas, em qualquer caso, parte-se na realidade de uma experiência vivida pela criança, uma experiência de leitor, a partir da qual pode identificar-se com personagens da história ou com elementos que se desenvolvem ali. O que é interessante, assinala Michel Tozzi, é justamente o fato de que a questão parte dessa experiência. Poderia partir igualmente daquilo que é vivido em classe, ou pela criança na família, ou, de um conflito no pátio. Ou, então, a experiência pode partir do romance de aventura que é proposto e que permite às crianças identificar-se com personagens que protagonizam certos acontecimentos. Se há um dilema, pode-se confrontar as crianças com ele: "E então, nesse caso, o que vocês fariam?". Dessa maneira, elas aprendem a enfrentar a necessidade de tomar uma decisão, de se engajar, de se justificar, de explicar sua escolha.

O fio condutor do ateliê filosófico é o que acaba de ser sugerido a propósito da experiência, e não saber se é preciso partir de uma questão e de qual questão, ou de um suporte e de qual suporte. O ateliê deve nutrir-se de uma experiência que é relativamente singular, contingente, subjetiva, mas que reúne as experiências que são vividas por outros e que, portanto, em última análise, reúne a experiência da humanidade na universalidade de sua condição.

Marie-France Daniel não pretende defender um tipo de método em detrimento de outro. Ela lembra simplesmente que o primeiro objetivo dos romances escritos por Lipman ou por ela própria consiste em estimular as crianças a refletir sobre temáticas filosóficas (*vs.* anedóticas) e que os guias pedagógicos visam essencialmente uma formação de professores, ou seja, ajudar o professor a se munir de uma bagagem de questões em relação aos temas retidos pelo ateliê filosófico. De fato, assinala a oradora, os professores de Quebec não dispõem de uma formação filosófica. Assim, quando são confrontados com um tema como "O que é a morte?", "O que é a vida, a bondade?", eles não possuem espontaneamente essa bagagem de questões e de subquestões filosóficas para apresentar às crianças de modo a ajudá-las a avançar em suas próprias reflexões. O guia que acompanha o romance é concebido, então, para proporcionar certas ferramentas pedagógicas ao professor e rebater o relativismo negativo que ameaça qualquer discussão.

Ao contrário, ela considera fundamental começar por um romance, seja escrito por Lipman ou por ela mesma, seja uma obra extraída da literatura de juventude. É importante para a criança que haja um suporte, assinala ela, mas um filme também pode servir de suporte. Entretanto, é fundamental que o suporte traga dilemas e ambigüidades que estimulem a dúvida e a curiosidade das crianças. A dúvida e a curiosidade são os motores da motivação intrínseca para questionar, particularmente nas crianças. A seu ver, se a questão vem do adulto, essa motivação intrínseca para entrar em um processo de investigação talvez não esteja presente. Talvez amanhã a própria criança tenha vontade de falar sobre a morte, mas é sempre possível que hoje esteja com mais vontade de falar sobre a vida ou a escravidão, etc.

Assim, para Marie-France Daniel, é fundamental oferecer um suporte, mas este pode ser multiforme: romances *ad hoc*, obra extraída da literatura da juventude, filme, etc. Trata-se, em última análise, de uma escolha por parte do professor. Porém, ela julga que pode ser interessante que a questão venha do aluno para favorecer o desenvolvimento da autoestima. Nos ateliês filosóficos aos quais assistiu, constatou muitas vezes que, quando o grupo discute a pergunta de um aluno, pergunta que tinha sido escrita no quadro com o nome do aluno entre parênteses, a criança conclui: "Eu não sabia que era capaz de fazer perguntas tão importantes, tão interessantes. A gente passou uma hora falando da minha pergunta!". Essa criança volta para casa com uma enorme bagagem de autoconfiança em relação à sua capacidade de fazer perguntas. Portanto, para ela, essa "coleta de perguntas" vinda da criança é fundamental.

Jacques Lévine pergunta à assembléia se temos um mínimo de confiança na capacidade das crianças de debater, não simplesmente uma criança sozinha, mas sobretudo crianças reunidas. Vamos imaginar, diz ele, que cada criança responda a uma pergunta sobre a amizade, sobre a esperança, sobre a angústia, etc. A criança ao lado dela diz alguma coisa, depois outra. Em pouco tempo, todos estão confrontados com o diálogo e com uma infinidade de questões. É por isso que, nesse momento, não é forçosamente necessária a presença de um adulto.

Claudine Leleux lembra que Marie-France Daniel, em sua intervenção,[4] afirmou que confrontar idéias não constituía necessariamente um diálogo.

Nicole Cossin, por sua vez, considera muito importante que, em determinado momento, a palavra das crianças seja registrada (no quadro ou, como mostrou Martine Nolis, em uma folha de papel). A mensagem enviada dessa maneira às crianças é muito forte, pois indica uma legitimação de suas palavras. Nicole Cossin revela igualmente a idéia de "encaminhamento". Isso quer dizer que, no ateliê, não é obrigatório resolver a questão; não é preciso "dar a resposta certa". Isso pode ser desestabilizador para as crianças, que chegam ao final de uma sessão perguntando: "Mas, no fim das contas, o que a gente deve pensar?". Ela retém assim essa idéia de encaminhamento ou, como dizia Jacques Lévine, de "processo de deliberação", idéia que se aproxima também da noção de viagem, no sentido de que há uma reflexão, que está em curso, que vai se modificar, ser revista, continuar seu caminho, etc. Nicole Cossin assinala que não é muito fácil passar essa noção de encaminhamento aos adultos e que essa questão deve ser tratada com a problemática da formação dos dinamizadores de ateliês filosóficos.

Monique Mahieu retorna ao caráter democrático de um suporte, que é o mesmo para todas as crianças, diferentemente de uma vivência. O uso de um texto (ou de outro suporte) permite que as crianças coloquem-se a distância. Elas podem exprimir-se, mas por intermédio de heróis de romances, por exemplo. Assim, elas não são obrigadas a se expor pessoalmente. Algumas crianças têm experiências positivas a relatar, enquanto outras têm experiências que lhes colocam problemas, dos quais elas gostariam de poder falar, mas preferem não fazê-lo, porque se trata de experiências negativas.

Martine Nolis defende a idéia do encaminhamento e também o fato de escrever a pergunta no quadro. Com isso, pode-se avaliar o caminho percorrido ao longo da discussão, de onde se partiu e aonde se chegou. Trata-se de uma tomada de consciência importante para as crianças. De sua parte, ela considera que os suportes devem ser variados, que mesmo utilizando romances de Lipman ou de Marie-France Daniel, ou livros ilustrados para jovens, também se disponha fotos e músicas, pois não existem duas dinâmicas que sejam idênticas. Existem tantos dinamizadores quantos são os dinamizadores ou grupos. Assim, ela lembra a prática de Richard Anthone que, em seus ateliês, oferece às crianças uma máquina fotográfica descartável e depois passa a "filosofar" sobre as fotos que elas fizeram, em torno de certo tema.

A oradora assinala que, quando um dinamizador trabalha com adolescentes na estação de Schaerbeek, não há como utilizar os mesmos suportes de quando se está fechado dentro da escola. Não é recomendável propor unicamente recorrer ao texto para crianças que têm problemas com relação à escrita. Pode acontecer que as crianças façam a seguinte constatação: "A gente não sabe o que é filosofar, mas acha que é falar da vida verdadeira". É uma observação importante, e Martine Nolis manifesta o desejo de que a escola aproxime-se um pouco mais da vida verdadeira, ou que a vida verdadeira entre um pouco mais na escola. Ela observa que, geralmente, quando as crianças brigam no pátio, os professores separam-nas, colocam-nas encostadas em uma parede e as proíbem de sair dali até que reflitam sobre o que fizeram. Mas não lhes pedem que expliquem o que significa "ser malvado". Nesse caso, elas olham para a dinamizadora como se fosse uma marciana. Entretanto, a filosofia consiste antes de tudo em questionar as evidências a propósito de diversas pequenas coisas dessa ordem.

Diferentes suportes podem ajudar a introduzir essas discussões. Pessoalmente, ela aprecia os romances de Lipman ou de Marie-France Daniel, mas é preciso também que se utilizem outros para assim variar os prazeres.

FILOSOFIA PARA CRIANÇAS, UM PROTOCOLO TRANSDISCIPLINAR?

Claudine Leleux: *Marie-France Daniel escreveu junto com dois professores de matemática, Louise Lafortune e Richard Pallascio, dois romances filosóficos adaptados à idade das crianças que estão no fim do ensino fundamental e início do ensino médio* (Les aventures mathématiques de Mathilde et David *e* Rencontre avec le monde des sciences) *e, mais recentemente, escreveu* Les contes d'Audrey-Anne *como suporte a uma prevenção primária da violência.*[5] *Duas questões colocam-se em relação a esse tipo de iniciativa. A primeira é: pode-se utilizar o protocolo de Matthew Lipman em outras disciplinas? A segunda questão seria se perguntar se é oportuno partir de um romance de circunstâncias – escrito sob medida – para abordar problemáticas matemáticas ou científicas. De fato, nesse último caso, não se pode simplesmente fazer referência à experiência. Por exemplo, se pedimos às crianças que observem o sol que se levanta e que se põe, é evidente que as formamos no erro. A abordagem científica supõe, às vezes, que se distancie da observação ou do vivido. Nesse caso, será que o romance de circunstância é oportuno? Será que existem argumentos para preconizar que se recorra a isso e, se existirem, quais são esses argumentos?*

Marie-France Daniel lembra que os alunos costumam ter muitos preconceitos negativos a propósito da matemática, que eles vêem um pouco como a besta-fera da escola. E, de acordo com vários estudos, esses preconceitos são um enorme obstáculo a uma aprendizagem significativa. Por isso, eles tendem a colocar menos questões a respeito de forma espontânea. Além disso, antes de criar ferramentas pedagógicas a propósito da matemática e das ciências, foi realizado um estudo prévio com crianças de 9 a 12 anos. Constatou-se que elas tinham muitas idéias preconcebidas, no sentido de que imaginavam que as respostas existam em si, que era preciso descobri-las e que os professores possuíam naturalmente, e como que por magia, todas as respostas relativas à matemática. Elas achavam também que as crianças que não têm espontaneamente "dom para a matemática" jamais conseguirão se sair bem nessa matéria. Além disso, muitos alunos que entram no curso de matemática não têm confiança em si mesmos porque são marcados por preconceitos negativos em relação às suas possibilidades de ter êxito nessa matéria. Os romances que concebemos são construídos a partir desses conteúdos matemáticos e de conceitos filosófico-matemáticos, mas também a partir de preconceitos reais dos alunos, e isso para que elas possam tomar consciência, questioná-los, criticá-los ou mesmo enraizá-los. A esse respeito, Marie-France Daniel assinala a importância de suportes filosóficos e da utilização da abordagem Lipman em três etapas (leitura, coleta de perguntas e diálogo em comunidade de investigação). Ela cita a experiência de um bairro pobre de Montreal onde a maioria das crianças tinha um desempenho médio ou fraco na maioria das matérias escolares e, portanto também em matemática. Em uma sessão de filosofia realizada no final de um ano letivo em que se desenvolveram regularmente esses ateliês, vários pedagogos, que assistiam em particular a essa última sessão, indagaram às crianças o que elas tinham aprendido filosofando dessa maneira sobre a matemática. Um menino explicou, de forma um tanto quanto ingênua, que antes, quando não se sentia capaz de passar nas provas sozinho, ele colava. Agora, acrescentou ele, "aprendi a pensar por mim mesmo e passei nas provas". Portanto, os ateliês de filosofia, praticados com regularidade, proporcionaram-lhe uma certa confiança em si mesmo e novas competências, de modo que no presente ele se sentia capaz de passar nas provas sem colar.

Como já foi dito anteriormente, a abordagem que se utiliza é aquela preconizada por Matthew Lipman. Quanto ao material pedagógico (romances e guia do professor), uma parte está centrada nos preconceitos dos alunos de 9 a 12 anos: os preconceitos, as crenças, a utilidade da matemática, a liberdade de pensar, o lugar do erro na aprendizagem, o êxito *vs.* o fracasso em matemática, etc. É preciso destacar que todos esses temas são tratados de maneira filosófica com os alunos.

Ao mesmo tempo, o material compreende temas mais diretamente ligados à própria matéria: decompor, dividir, multiplicar, relacionar a geometria e a vida, medir, provar e demonstrar, utilizar procedimento de pesquisa, analisar zero *vs.* nada, cifra *vs.* número, etc.

Finalmente, o material introduz conceitos filosófico-matemáticos tais como: abstrato *vs.* concreto, a beleza, a perfeição da forma, infinito *vs.* indefinido, construir *vs.* descobrir, problema *vs.* mistério, causa e conseqüência, ser *vs.* parecer, subjetividade *vs.* objetividade, a verdade *vs.* verdades, todos-alguns-nenhum, etc.

Pode-se mencionar ainda a prevenção da violência no ambiente escolar junto a crianças em idade pré-escolar. Em Quebec, o tema da violência no ambiente escolar ainda é um tabu, e Marie-France Daniel acredita que esse sentimento seja bastante generalizado também em outros lugares, de modo que os professores sempre hesitam em abordar os conceitos relativos à violência com as crianças.

Os professores tentam inibir o que sentem em relação às manifestações de violência. Eles esquecem que uma palavra maldosa, um gesto grosseiro, um gesto de retraimento ou mesmo a mera indiferença em relação a uma criança constituem manifestações de uma certa violência. As crianças tampouco têm consciência disso. Para elas, à primeira vista, a violência significa sofrer um golpe. Acham que, para que haja violência, é preciso que machuque fisicamente. Elas não têm consciência de que o silêncio, a rejeição ou certas palavras grosseiras e repetidas regularmente também são manifestações de violência (em particular, verbal ou psicológica). Por isso, é importante desmistificar com as crianças as manifestações de violência ou, em outras palavras, conscientizá-las para essas formas de violências difíceis de observar e mais bem-aceitas socialmente. É preciso igualmente trabalhar sobre as emoções, mas de maneira filosófica (intersubjetividade) e não de maneira psicológica (subjetividade), sobretudo por um trabalho sobre a conceitualização das emoções, a investigação das causas e das conseqüências, etc. Sabe-se de fato que a má gestão ou a má compreensão das emoções está na origem de muitas manifestações de violência. Trabalhando sobre elas, as crianças conseguem integrá-las em uma perspectiva mais socializante, como mostra um estudo recente junto a uma centena de crianças de pré-escola em Quebec e na França.

Marie-France Daniel assinala que esse projeto de investigação, que foi realizado sobre as emoções e as manifestações de violência, produziu resultados excelentes nas experiências realizadas nos ateliês filosóficos, resultados que, a seu ver, não seriam atingidos se o animador não tivesse à sua disposição um suporte *ad hoc*. Eis alguns temas que são inerentes a esse material: as manifestações da violência, as intenções e as conseqüências, o pertencimento, o corpo privado *vs.* o corpo público, a identidade, os direitos das crianças, dos animais e do meio ambiente, as emoções (alegria, medo, tristeza, raiva), a empatia, a autonomia, a aparência *vs* a realidade, a justiça, a punição, etc.

Paralelamente, a utilização regular desse material (45 minutos por semana de outubro a junho) permite às crianças desenvolver competências no plano cognitivo ligadas à expressão coerente de seus pontos de vista, à justificativa, à tomada de posição, ao questionamento crítico, às comparações, às semelhanças e às distinções, às relações lógicas, à inferência, à imaginação, etc.

Assim como as reflexões em torno da matemática são acompanhadas de preconceitos negativos, trabalhar sobre as diversas manifestações da violência física ou mental implica remexer temas ambíguos, controversos ou mesmo tabus. A utilização de um suporte estimula reflexões e discussões entre pares sobre essas ambigüidades e esses tabus com o objetivo de eliminá-los e, com isso, melhorar a qualidade da experiência pessoal e social – o que representa, para pragmáticos como Lipman e ela própria, o objetivo primeiro da filosofia.

PERTINÊNCIA DO PROTOCOLO DE LIPMAN EM TODOS OS NÍVEIS DE ENSINO?

Claudine Leleux: *Eu gostaria, depois de termos discutido a utilização da filosofia para crianças de maneira transversal, que nos debruçássemos sobre a questão de seu uso neste ou naquele nível de ensino. Em particular, gostaria de perguntar a Michel Tozzi, que primeiro se interessou pela didática da filosofia para o nível médio, se ele considera que o protocolo de Lipman se justifica nesse nível de ensino.*

Michel Tozzi considera que, no fim das contas, não existe uma idade para se fazer perguntas filosóficas. Ele trabalha simultaneamente com crianças pequenas e com adultos, como dinamizador em um café filosófico há oito anos. Quando se observa o *script* das discussões dos adultos, constata-se que ele não é fundamentalmente diferente, no que se refere às questões levantadas, dos trabalhos produzidos pelos alunos em grupo.

Ele próprio começou a ensinar a filosofar em classes da última série do ensino médio, depois se dedicou progressivamente a aplicar os ateliês filosóficos com crianças cada vez menores. Sem saber, inicialmente, se essa prática funcionaria, ele se apoiou nos trabalhos de Matthew Lipman e de Marie-France Daniel, assim como nas experiências realizadas na Bélgica.

Michel Tozzi observou que o questionamento a respeito da morte começa relativamente cedo, por volta de três a quatro anos. É a partir dessa idade que os problemas se colocam, mas se poderia falar disso até o fim da vida. De fato, a característica das questões filosóficas é que elas não se esgotam em uma hora de discussão; pode ocorrer que jamais se chegue a uma resposta. O interessante, em uma discussão de orientação filosófica, é que o último a falar jamais detém a última palavra. É preciso assinalar esse fato para distinguir a discussão filosófica e as estratégias sofísticas para debater ou, como dizia Aristóteles, para (con)vencer de modo erístico. Pois lutar *contra* é exatamente o oposto de procurar *com*. Criar uma comunidade de investigação implica desenvolver uma ética da discussão, o respeito ao outro e até mesmo se dar conta da necessidade do outro: a objeção que o outro pode fazer não é uma agressão contra a pessoa, mas uma dádiva intelectual que induz a trabalhar sobre suas próprias paixões para se elevar ao pensamento cognitivo.

No início, Michel Tozzi não tinha idéia do que poderia resultar dessas práticas de ateliê com crianças pequenas. Mas a análise de vídeos e de *scripts*, muito concretos, mostraram resultados positivos. Atualmente, ele desenvolve uma pesquisa sobre a filosofia no colégio (ou seja, no nível dos 12 aos 16 anos, que é a idade final da escolaridade obrigatória na França). Sabe-se que o período da adolescência implica para o jovem um grande questionamento de sua personalidade, enquanto seu corpo passa simultaneamente por uma transformação. É o período do "quem sou eu?", questão ao mesmo tempo de ordem psicológica e filosófica. Nesse nível da escolaridade e, em particular, com alunos com dificuldades na escola, uma linguagem sofística não deve ser considerada como uma condição para a aprendizagem do filosofar. É necessário, antes de tudo, trabalhar sobre o pensamento para ensiná-los progressivamente a trabalhar a linguagem. Em geral, os professores têm a impressão de que é obrigatório aprender a utilizar a língua francesa para só depois adquirir as ferramentas lingüísticas que permitirão filosofar. Acredita-se que a precisão do pensamento virá da precisão da linguagem. E é verdade que, quanto mais se dispõe de uma boa ferramenta lingüística, mais o pensamento será preciso – razão pela qual a escrita é tão importante a partir do momento em que se começa a falar. Contudo, no colégio, não se deve fazer da aquisição das ferramentas lingüísticas um pré-requisito, sobretudo com alunos com dificuldades escolares, sob penas de vê-los sair do sistema de ensino sem ter começado a filosofar.

Deve-se evitar o preconceito que consiste em acreditar que os alunos com dificuldades escolares são incapazes de filosofar. Michel Tozzi lembra o trabalho que realizou com Cathy Legros há muitos anos. Através do ensino da moral não-confessional, ela mostrou-lhe que existem certos métodos na aprendizagem do filosofar para a infância e para a adolescência e que essa aprendizagem não deve ser apenas racional. Porém, na França, em classes da última série do ensino médio, dirige-se desde o início ao sujeito epistêmico, cognitivo, de Piaget. Isso não significa que, nesse nível do ensino, os adolescentes não sejam também portadores de paixões. De resto, nos adultos, pode acontecer de se verem permanentemente confrontados com a necessidade de acalmar suas paixões. Em suma, no interior de um trabalho cognitivo, há todo um trabalho a ser feito a propósito das paixões, com distanciamento, tentando elevar-se ao universal. E, nas crianças e nos adolescentes, a afetividade é ainda mais impositiva.

Michel Tozzi lembra também os benefícios da pedagogia institucional e dos procedimentos da pedagogia cooperativa. Nas experiências que anima e que acompanha, há obrigatoriamente um presidente de sessão, um reformulador, um sintetizador e observadores. Alguns têm papéis diferentes a desempenhar, pois se exprimem sobre a maneira como os viveram; os observadores acrescentam em seguida sua própria análise. O processo enfatiza ainda os turnos de palavra e a regulação psicossociológica. O dispositivo, tal como descreve, é um continente (no sentido psicanalítico) que faz com que a autoridade que normalmente pertence ao professor seja delegada. A palavra é dada aos que pedem, pela ordem, com prioridade para os que ainda não se manifestaram. Um bom presidente de sessão é aquele que distribui eqüitativamente a palavra. O próprio presidente é submetido à regra e não age em função de um arbítrio pessoal. Ser o dono da palavra (como dizem os alunos) é ser a garantia do respeito à regra coletiva, à qual o próprio presidente está submetido. Trata-se, portanto, de assegurar um debate democrático com exigências intelectuais que se aprendem progressivamente. Desde as sessões na pré-escola, nossos trabalhos são organizados com um presidente de sessão e um reformulador. Depois, conforme o nível escolar da classe, há uma maior sofisticação. Assim, assinala Michel Tozzi, introduzimos a escrita desde a 1ª série (a partir do momento em que os alunos já sabem ler e escrever um pouco). Introduzimos o papel de observadores na 3ª série (o que deve corresponder à 4ª série do ensino fundamental na Bélgica). Nessa progressividade, poderíamos efetivamente integrar as contribuições de Jacques Lévine, assinala Michel Tozzi, e que conclui: sim, os ateliês filosóficos podem ser organizados em todas as idades, mediante uma certa progressividade dos procedimentos, e as pesquisas atuais mostram-nos que isso é possível.

Monique Mahieu considera que é desejável começar com crianças pequenas, pois a criança inicia-se muito cedo na busca de sentido. O procedimento filosófico começa com o espanto e o questionamento, mas é necessário que a criança possa traduzir esse espanto em perguntas portadoras de sentido. É uma aprendizagem a ser feita; como se aprende progressivamente a filosofar, aprende-se também a comparar, justificar, supor, verificar. Todos esses procedimentos são aprendidos pouco a pouco, e nunca é cedo demais para começar se pretendemos que esses procedimentos do pensamento tornem-se como que uma segunda natureza no aluno; se pretendemos ajudá-lo a adquirir o desejo de autocorreção, o desenvolvimento de preocupações para o enunciado de critérios, a sensibilidade ao contexto, etc. Um adágio, que parece datar de 1879 e que a oradora esqueceu quem é o autor, dizia o seguinte: "Nunca é cedo demais para um príncipe aprender a pensar. É preciso chegar ao momento favorável para um filho da burguesia aprender a pensar, mas é sempre cedo demais para um filho de camponês ou uma mulher aprender a pensar". É um adágio para se meditar.

A FORMAÇÃO NA FILOSOFIA PARA CRIANÇAS

Claudine Leleux: *Em sua exposição, Freddy Mortier falou sobre a dificuldade que certos professores encontravam em suas práticas a ponto de terem organizado entre eles um encontro semanal para discutir isso. Será que essas dificuldades podem ser supridas por uma formação adequada, seja inicial, seja contínua, e qual delas você prefere e por quê?*

Freddy Mortier deseja ser breve, mas considera que a questão da formação é absolutamente fundamental. Não se deve subestimar o investimento que o programa de Lipman (e provavelmente de outros) requer dos professores quando se pretende animar um ateliê filosófico. Essa é inclusive uma das desvantagens do programa, pois exige um investimento escolar que, na realidade, é bastante longo.

Nicole Cossin assinala, por sua vez, que a questão da formação é essencial. Alguns professores pensam que os ateliês filosóficos deveriam ser animados por especialistas que viessem às suas classes, pois não se sentem capazes de realizar pessoalmente essa dinâmica. Ela lamenta essa postura. A oradora cita o exemplo de um professor que teve na formação e que logo se tornou um grande entusiasta. Mas não dá para se sentir completamente instrumentado com apenas dois ou quatro dias de formação. Para essa formação, é preciso dedicar um certo tempo, inclusive para o acompanhamento do projeto do professor; é preciso ajudá-lo a implantar um dispositivo, seu próprio projeto de dinâmica. Ninguém deve se sentir obrigado a se lançar em projetos ambiciosos demais no início.

As supervisões e os acompanhamentos de projetos pessoais são úteis. Alguns professores estariam dispostos a continuar mediante um certo apoio. Pode-se pensar em encontros de supervisão ou de apoio, uma ou duas vezes por ano, em que se reunissem todas as pessoas que receberam uma formação e que desejassem ter respostas às suas indagações. Seria o caso também de se recorrer a ferramentas como a internet, estabelecendo de uma rede para que as pessoas pudessem comunicar-se, compartilhar suas reflexões e mesmo de recorrer a especialistas. De todo modo, é um conjunto de demandas que são claramente formuladas pelos professores.

Claudine Leleux: *Eu gostaria de perguntar a Xavier Magils se ele não sente dificuldade na dinâmica de ateliês com crianças muito pequenas, pois, embora seja filósofo, ele não é professor de ensino fundamental.*

Xavier Magils declara que a questão deve ser relacionada com o que foi dito anteriormente sobre o recurso aos materiais propostos por Lipman. Trata-se, como se destacou, de ferramentas pedagógicas muito preciosas para professores que não têm formação filosófica, mas que gostariam de empreender um ateliê de filosofia. Depois, na continuidade e com uma certa prática, eles acabarão por desenvolver seus próprios procedimentos filosóficos. Qualquer um que já tenha uma certa bagagem filosófica será possivelmente mais flexível do ponto de vista da escolha dos materiais. Porém, vale assinalar que, quando alguém se engaja em uma prática de ateliês filosóficos, é preciso ter vontade de fazê-lo e não ser obrigado a isso. É uma questão mais política e de organização escolar: deve-se ou não impor uma formação a todos os professores? Deve-se criar um módulo opcional? Ele não quer pronunciar-se em nível pessoal, mas fala de sua experiência. Tendo sido convidado a formar professoras, ele descobriu a que ponto a filosofia era desestabilizadora para algumas delas, como podia ser "vertiginosa" ou mesmo "subversiva". Não se pode ignorar que a filosofia põe em questão certas instituições. Ela pode ser vista como perigosa para sua estabilidade e, ao mesmo tempo, ser necessária para sua evolução. Além disso, estar em um procedimento filosófico implica um engajamento, pois a menor questão que é colocada nos põe em questão pessoalmente. Nem todo mundo está disposto ou tem vontade de surfar – para utilizar uma palavra da moda – nas questões existenciais. Será então que se pode impor esse procedimento a um adulto?

É esse o papel do professor? Há uma defasagem entre o procedimento do professor de matemática ou francês e do animador do ateliê filosófico. Deve-se exigir que o professor assuma papéis diferentes? Ele será capaz de mudar de boné? De todo modo, é importante chegar a um acordo: a discussão aproxima os professores que se interessam por um mesmo procedimento inovador e o experimentam mediante a segurança de um grupo de apoio externo. O ateliê filosófico é também um procedimento para o qual se forma praticando. E nunca se sabe o que vai acontecer quando começa um ateliê. Mesmo quando vou a um ateliê, nunca sei se é uma boa idéia fazer isso e nem mesmo "como" devo fazer. Essa "suspensão de julgamento" é evidentemente uma posição metodológica: acredito, no fundo, que só pode fazer bem.

Martine Nolis considera, por sua vez, que todos os professores ganhariam com uma formação voltada à filosofia para crianças, porque esta desenvolve competências que podem ser interessantes mesmo fora do ateliê filosófico. Mencionando sua experiência de 12 anos, a oradora avalia que sua prática certamente evoluiu e que ainda evoluirá, pois a própria prática é bastante formativa. Isso não impede que, no início, as ferramentas pedagógicas de Lipman ou de Marie-France Daniel e seus guias de acompanhamento proporcionem uma certa ajuda ao animador principiante. Posteriormente, ele poderá abandoná-las e fabricar sua própria maneira pedagógica. Mas não é oportuno fabricar sua própria maneira pedagógica sem ter recebido uma formação prévia. É preciso ainda estar convencido de que a prática dos ateliês de filosofia é realmente interessante e que é desejável possibilitar que o maior número possível de crianças se beneficie deles, desde muito pequenas. É um combate pessoal em que a oradora está muito empenhada.

Monique Mahieu também considera que as formações são indispensáveis, seguidas da prática pela qual se prolonga a formação inicial. Pessoalmente, avalia que esta deveria ser incluída no curso. Como se sabe, os professores de moral e os inspetores do curso de moral utilizam o programa de Matthew Lipman, mas este foi concebido para todos os professores. Ela gostaria que se pensasse o programa escolar de modo a que essa aprendizagem progressiva fosse proporcionada a toda criança, que fosse simplesmente um direito dela.

NOTAS

1 Esta discussão ocorreu em Bruxelas, no dia 14 de fevereiro de 2004, por ocasião do colóquio organizado pelo Parlamento da Comunidade Francesa da Bélgica, *Aprender a pensar desde os cinco anos à prova do modelo de Matthew Lipman*. O filme de Isabelle Willems, *As grandes questões*, foi o ponto de partida do debate, mediado por Claudine Leleux. O presente texto tem como base a transcrição de M.-P. Cabiaux, a quem agradecemos por seu trabalho minucioso.
2 Ver a contribuição de Michel Tozzi nesta obra.
3 M LIPMAN, A.M. SHARP, F.S. OSCANYAN, *Philosophy in the Classroom*, 1980, Philadelphia, Temple University Press, 2. ed., p. 9.
4 Ver Capítulo 2.
5 Ver Capítulo 13.

8

A importância da auto-reflexão e da gramática

Entrevista com Jean-Marc Ferry

Claudine Leleux: *A filosofia para crianças, segundo Matthew Lipman, é apresentada como o meio de desenvolver a argumentação e o julgamento na criança. Você é um especialista da reconstrução da competência comunicacional em geral. Poderia nos dizer como se forja tal competência e em que esse programa possibilitaria formar para tal competência?*

Jean-Marc Ferry: Antes de tudo, um filósofo um pouco clássico tende a reagir à idéia segundo a qual a filosofia poderia ser utilizada como um meio de formar uma competência, qualquer que seja, porque tem a fraqueza de considerar que a filosofia não é um meio, mas um fim. Por outro lado, a instrumentalização da filosofia pode esterilizá-la. Isso não impede que o fim visado aqui – formar uma identidade bem-estruturada tanto do ponto de vista de uma competência comunicacional quanto do ponto de vista de uma competência cognitiva em geral – seja muito significativo. Mas não é tão evidente que a filosofia seja o único meio nem o melhor de se chegar a isso. Feita essa ressalva oratória – com o que se evita também o eterno debate sobre "O que é a filosofia?" –, pode-se utilizar com uma certa tolerância a palavra "filosofia", em um sentido deliberadamente vago, flexível, intuitivo. Por exemplo, quando Michel Tozzi fala de "filosofia para crianças", o que ele dá a entender com a palavra filosofia, pelo que pude captar, nada mais é que um exercício do auto-reflexão.

Gostaria de indicar algumas pistas, não do ponto de vista do pedagogo, mas do ponto de vista do filósofo que reflete sobre as lógicas de formação da identidade das pessoas.

A meu ver, há vários objetivos ou requisitos para chegar a uma identidade bem formada no nível comunicacional e cognitivo em geral. Por "cognitivo em geral" quero dizer independente de uma tipologia de disciplinas, como a matemática, a geografia ou as ciências da vida, ou seja, a aptidão geral para raciocinar e para refletir, para pensar.

EXERCER A AUTO-REFLEXÃO

Antes de tudo, o que me parece sensato nas proposições que foram feitas por aqueles que defendem a idéia da filosofia ensinada às crianças é o *exercício da auto-reflexão*. Esta pode ser praticada muito cedo e não é sinônimo de um exercício monológico, solitário e solipsista. Exercer a auto-reflexão significa que, no diálogo, incita-se a criança a refletir sobre o que diz e sobre o que fez. Por exemplo, quando há um conflito ou divergência entre as crianças, é interessante fazer com que elas próprias consigam *tematizar* o que se passou. Porém, antes dessa tematização, é importante que elas possam *contar* o que se passou, o que muitos adultos nem sempre sabem fazer. De fato, alguns deles têm dificuldade de tomar uma distância suficiente para expor a situação que os faz sofrer. É preciso então ter uma longa conversa com elas para tentar tornar a situação um pouco inteligível. Portanto, definir a situação de uma maneira cooperativa é a primeira etapa de uma auto-reflexão.

Mas é necessário ir ainda mais longe, o que é possível mesmo com crianças pequenas, colocando perguntas do tipo: "Por que você age assim?". No início, a criança está desamparada, razão pela qual as perguntas não podem parecer inquisitórias, o que poderia ser visto como algo persecutório. Ao contrário, é importante que a criança sinta confiança, de modo que tenha prazer em analisar a fundo seus motivos, que não tenha medo de expor motivos que não são particularmente honrosos e que possa deliberar serenamente com seus colegas para examinar se esses motivos são justificados ou justos, se não haveria, por exemplo, boas razões para agir de outra maneira. Essa prática de auto-reflexão desenvolvida com crianças bem pequenas é *moral* em sentido amplo: "O que foi que você fez?", "Por quê?", "Você não poderia ter feito de outro modo?", "Não teria sido preferível agir diferente?".

Depois, ensinam-se os pequenos a se colocarem no lugar do outro: "Você acha que isso é justo para o outro?", enquanto o outro conta para o primeiro o que sentiu. Nesse exercício, fica evidente que a auto-reflexão não é um recolhimento em si mesmo, mas que é inseparável de um descentramento em direção ao outro, o que Kant chamava de "mentalidade ampliada": colocar-se no lugar do outro. É isso que se deve aprender desde muito cedo, uma aprendizagem fortemente ligada, para não dizer mais, ao acesso ao *justo, ao ponto de vista moral* – ou seja, à consciência do que é justo ou do que não é. A meu ver, as duas coisas caminham juntas: a mudança de papel (o ideal de papel) e o acesso à imparcialidade. Nesse caso, não há ensino de conteúdo filosófico, o que não quer dizer que seja puro método: o conteúdo é dado pelo ocorrido, pelo que se passou.

Chamar isso de "filosofia" seria um exagero. Embora seja verdade que a filosofia repousa tradicionalmente na auto-reflexão, desde Sócrates e a maiêutica, isso não significa que toda auto-reflexão seja filosófica. Portanto, não vamos falar sem fundamento de "filosofia para crianças". Nessa primeira etapa, trata-se simplesmente de conduzir uma auto-reflexão de forma mais ou menos metódica com um objetivo, como já disse, de descentramento e de acesso ao ponto de vista moral.

ESTUDO DA GRAMÁTICA, ESSA "FILOSOFIA ELEMENTAR"

Creio que se pode desenvolver essa via e enriquecê-la mais substancialmente para aprender o que nos vem da cultura herdada, e não apenas para aprender a partir do que se acaba de fazer. Duas vias de ensino que me parecem ligadas. Não sei em que ordem é preciso empreendê-las, talvez de maneira simultânea, mas eu diria espontaneamente que não se deve recuar diante da aprendizagem de certas disciplinas e, com certeza, não diante dessa grande propedêutica à filosofia que é o *estudo da gramática*. Não fui eu quem inventou isso, e sim um dos maiores filósofos da tradição européia, Hegel, que considerava a gramática como a "filosofia elementar". Hegel preocupava-se – já na Alemanha de 1809! – com o fato de não se levar mais a sério no ensino médio o estudo de gramática, ainda que, dizia ele, esse não fosse um simples meio, mesmo sendo o mais nobre da cultura, mas também um fim.

A juventude, evidentemente, domina a linguagem, mais ou menos bem, e assim a gramática é veiculada espontaneamente através de frases que pronunciamos todos os dias. Mas é necessário, também aqui, promover uma reflexão, um distanciamento reflexivo das estruturas que se veiculam – que são as estruturas do pensamento. Trata-se, de algum modo, de soletrar o espírito em ato, e esse é um exercício de reflexão, que agora se aplica, quando se reflete sobre isso, à própria essência da razão. A gramática é a essência da razão: os tempos, as vozes, os modos, as pessoas... E seu estudo é uma filosofia elementar.

É preciso, a esse respeito, superar a má consciência que pesa sobre o corpo docente desde as teorias críticas da escola – seja em Bourdieu e Passeron, Baudelot e Establet, seja nas outras teorias neomarxistas da escola –, segundo as quais os professores aparecem como os agentes mais ou menos inconscientes da reprodução social, cujo veículo seria, segundo Bourdieu e Passeron, a matriz "erudita" da gramática, marca de um pertencimento de classe. Esses autores inspiraram-se, sem dúvida, nos trabalhos de Basil Bernstein, particularmente em *Linguagem e classes sociais*. Bernstein considerava que aos 4 anos tudo já está determinado, porque a criança de uma família burguesa possui uma gramaticalidade e consegue articular orações principais e subordinadas, enquanto a criança de um meio carente só conseguirá justapor frases independentes umas às outras. A partir dessas teorias, recomenda-se aos professores selecionar os alunos com base em práticas culturais menos marcadas que a literatura. Com isso, querendo evitar a reprodução social no sentido de Bourdieu, simplesmente compromete-se a reprodução cultural ou civilizatória, o que é muito grave, pois, evitando direcionar fortemente os estudos para essa base essencial que é a apropriação da gramática – não o domínio erudito, mas apenas o domínio correto da gramática, o que é um objetivo primeiro, extremamente fundamental –, compromete-se nada menos que o prosseguimento da civilização.

Claudine Leleux: *Você poderia falar um pouco mais para aqueles que não leram* As potências da experiência *ou* A gramática da inteligência?

Jean-Marc Ferry: Dois pontos. Em primeiro lugar, é preciso mostrar que a interiorização da gramática é a condição de um pensamento bem-estruturado gramaticalmente. Ser capaz de compreender frases – o contrário do analfabetismo – é mais do que ser capaz de ler cartazes ou fazer um *Curriculum vitae*: é *o núcleo duro de nossa identidade*, o que nos possibilita pensar e nos concentrar. Em segundo lugar, mais especulativo, mas mesmo assim evidente: a gramática é aquilo que é comum a todas essas línguas, ainda que a morfologia não seja a mesma em todas as línguas. Se não houvesse essa gramática elementar de tempos, de vozes, de pessoas e de modos, não haveria nenhuma possibilidade de traduzir as línguas umas para as outras. As culturas, as épocas não se comunicariam entre elas. Haveria "incomunicação" radical; e isso quer dizer também que não teríamos consciência histórica. Sempre se pode objetar que certas línguas não conhecem este ou aquele modo, esta ou aquela pessoa, mas há sempre equivalentes morfológicos. Dominar tempos verbais é ter consciência de um *passado*, de um *presente* e de um *futuro*. Utilizar as pessoas pronominais (*eu, tu, ele*) é saber diferenciar as direções e as referências. Mobilizar os modos diferentes é, no mínimo, estabelecer a diferença entre *o que é* (indicativo), *o que deve ser* (imperativo) e *o que se experimenta* a propósito do que é e do que deve ser (optativo ou subjuntivo), formas que recobrem as diferenciações de nossas relações com o mundo. Os tempos, pessoas, modos, vozes, casos são nossas relações gramaticalizadas com o mundo. É *a base indispensável de uma intercompreensão*. Quanto mais a gramática é clara em nosso espírito, mais temos clareza quanto à nossa capacidade de pensar, que depende antes de tudo de nosso domínio gramatical. Não se deve fazer disso uma questão de classes sociais. O que está em jogo é muito mais profundo, civilizacional.

FORMAR PARA O DESCENTRAMENTO CULTURAL

Claudine Leleux: *Você gostaria de indicar um terceiro objetivo após o exercício da auto-reflexão para favorecer o descentramento e o acesso ao ponto de vista moral e após o estudo da gramática?*

Jean-Marc Ferry: O terceiro objetivo seria formar para o *descentramento cultural*. Isso requer uma aprendizagem de conteúdos mais substancial. Trata-se de encorajar as crianças a se projetarem nos mundos passados, que não existem mais, por exemplo, o dos gregos antigos. Em certo sentido, isso vem reabilitar os estudos clássicos, sem que seja forçosamente necessário estudar grego e latim. Embora isso não fosse uma catástrofe. O estudo do grego antigo não serve apenas para compreender o nome dos medicamentos nas farmácias, não é verdade? Ajuda-nos sobretudo a fortalecer a compreensão gramatical de nosso espírito. Porém, se o latim e o grego só servissem para isso, poderíamos limitar-nos a dar gramática. Entretanto, projetar-se nos mundos passados é mais do que isso: é poder fazer a experiência, ao menos em pensamento, de outros mundos bem diferentes do mundo moderno. É como uma ilha para a juventude (referimo-nos agora aos pré-adolescentes e adolescentes) aprender o que era a vida para os gregos antigos ou os egípcios antigos; ter acesso a esses mundos desaparecidos que talvez idealizemos, mas dos quais se fala como de uma "perfeita totalidade" que não apresentava os traços próprios ao mundo moderno de desencanto e de diferenciação crescente entre os domínios de atividade e as ordens de valores. Para dizer de forma mais simples, nos gregos havia uma unidade do verdadeiro, do bem e do belo, enquanto nos modernos, basta pensar em *Flores do mal* de Charles Baudelaire, o belo pode ser mau ou, no limite, em último caso alguma coisa pode ser bela porque é o mal. O mundo grego é muito diferente do nosso. Ao mesmo tempo, é muito próximo de nós, pois somos um pouco herdeiros dele, graças à metafísica grega: a idéia da razão aparece nos gregos antigos com a dialética e, conseqüentemente, a argumentação. Em um sentido, o mundo greco-latino não nos é estranho, mas em outro sentido está muito distante de nós. Talvez seja um erro considerar que se deve mergulhar de imediato os adolescentes no banho da sociedade moderna, explicando-lhes o cotidiano dos adultos... A meu ver, seria útil para eles conseguir encontrar como que um refúgio temporário, uma moratória nessa "ilha" de civilizações do passado, um cosmos tranqüilizador, equilibrado e harmônico, ou seja, no fundo, o oposto do mundo moderno. Os jovens precisam desses símbolos de alteridade, de uma alternativa utópica à sua condição existencial cotidiana. Necessitam igualmente saber que nem sempre se pensou a mesma coisa, nem sempre se teve as mesmas visões do mundo. É útil para facilitar seu descentramento e para dispô-los a relativizar os preconceitos do mundo moderno.

Recapitulemos: auto-reflexão moral, estudo gramatical e descentramento cultural, sem ter medo dos estudos clássicos ou das carreiras literárias que estão em crise, embora merecessem ser revalorizadas na perspectiva da formação de competências comunicacionais e cognitivas em geral. Aposto que os empresários não serão os últimos a perceber, se é que já não estão convencidos disso, de que a sociedade necessita de formações gerais e humanistas, e não de formações fortemente especializadas. Mesmo de um ponto de vista utilitário, defende-se a opção humanista.

FORMAR PARA A DISCUSSÃO RACIONAL

Finalmente, último ponto, o que viria a coroar um processo de formação (sempre visando uma competência geral) seriam as *discussões*.

Não me refiro a debates desenfreados nem a colóquios regrados, como vemos orquestrados, por exemplo, em certos programas de TV (*"Ça se discute"*). Esses gêneros televisivos não são desprezíveis, a meu ver. Eles têm interesse, entre outras coisas, por assegurar de forma intersubjetiva as escolhas existenciais das pessoas, contribuindo, assim, para a emergência de um senso comum. Entretanto, penso mais em discussões racionais, dirigidas às questões já apontadas de justiça, que vocês mesmos experimentam profissionalmente: ensinar os adolescentes a argumentar sobre pontos que não surgem espontaneamente, recorrer a dilemas morais, tal como foram desenvolvidos particularmente por Lawrence Kohlberg, em que a alternativa é verdadeiramente difícil de resolver. Não se perguntar o que se faria neste ou naquele caso, mas o que se *deveria* fazer de um ponto de vista moral. Em outras palavras, não se trata de expressar sua vivência ou de relatar suas pequenas opções existenciais, mas de uma verdadeira reflexão sobre o que é justo e o que não é. Portanto, entendo por "discussão racional" uma discussão que visa estabelecer quase cientificamente um consenso sobre pontos difíceis. Há dilemas morais, também aqui, muito difíceis de elucidar do ponto de vista moral: "o que é justo?". Pensemos no mito de Antígona, que possui inúmeros equivalentes contemporâneos: deve-se obedecer à norma jurídica de Creonte ou à norma ética de Hades? Colocar-se a questão do justo significa ensinar a tomar distância em relação ao imediatismo, aos afetos. Não se pode confundir moralidade e afetividade, ou moralidade e sentimentalismo. Se a moralidade se reduzisse à afetividade ou ao sentimentalismo, os princípios jurídicos, como os Direitos Humanos, virariam do avesso. Uma civilização estruturada por princípios universalistas do Direito e da Moral se fragmentaria em inúmeras ilhotas particularistas.

Claudine Leleux: *Você poderia ilustrar seu pensamento com um exemplo?*

Jean-Marc Ferry: Existem atualmente muitos sintomas desses desvios. Pensemos na *affirmative action*, isto é, na discriminação positiva. Para mim, essas práticas deveriam ser limitadas ao extremo, ou simplesmente banidas, se não se deseja levar insidiosamente os cidadãos a perder *o sentido do direito*. Hoje, temos a tendência a nos fixar mais nos objetivos substanciais do que nos princípios formais; ou, se preferirem, mais no teleológico do que no deontológico. O que conta, imagina-se, é o objetivo a atingir, e não o princípio a respeitar. Assim, abandona-se o princípio de igualdade. Dizem que tentarão alcançá-lo fazendo um "direito não-igualitário". Não apenas o êxito é duvidoso, como tal desenvoltura diante de formas nas quais se expressa uma concepção exigente do Justo causa sofrimento a uma pessoa verdadeiramente estruturada no plano moral e que, como conseqüência, possui autenticamente o *sentido do direito*, dos Direitos fundamentais. Eis um exemplo entre vários outros que são muito problemáticos: a tendência crescente de nossas sociedades da opinião a uma repressão insidiosa que ressuscita o delito de opinião, inclusive na lei. Essa tendência repousa, a meu ver, em um fenômeno de desgramaticalização da razão pública, tal como é adotada no discurso midiático. As pessoas podem ser processadas por pequenas frases isoladas de seu contexto ilocutório, de tal forma que parecem escandalosas. Assim, pode-se confundir uma constatação com uma avaliação ou uma incitação à revolta. Escamoteia-se a "força ilocutória", como é chamada pelos filósofos da linguagem, isto é, aquilo que se faz quando se diz alguma coisa, a maneira como se diz e aquilo que se põe ali intencionalmente. Só restam, portanto, "independentes": as pequenas frases em questão, que são reprimidas sob o pretexto de que têm uma má conotação, politicamente incorreta; e, com isso, não se diferencia mais, por exemplo, entre constatar, avaliar e prescrever. Não há diferença modal. "Esquecem" a gramática dos modos verbais, e essa escamoteação é um *atentado à inteligência crítica, que repousa sobre a modalidade*.

Veja-se o primeiro artigo da Declaração Universal dos Direitos Humanos: "Os homens nascem livres em dignidade e em direitos". Aqueles que querem ver nessa frase uma constatação empírica fazem dela um enunciado mistificador. Argumentando contra o fato patente das desigualdades, eles se consideram naturalmente "críticos", menos ingênuos que o comum dos mortais. Contudo, para quem reconhece o modo como esse artigo deve ser entendido, são os denunciantes "críticos" que passam – e com toda razão – por cretinos! A despeito dos denunciantes, o primeiro artigo é absolutamente válido. E o é na medida em que não tem o estatuto modal de uma constatação empírica, e sim de um princípio regulador. Mas nos perguntamos então qual é o "modo" do primeiro artigo da Declaração Universal. É um modo regulador "contrafactual": procede-se *como se* todos os homens fossem iguais. Não é certamente o fato, e nem mesmo o caso no direito real, mas é o princípio que se postula, e é seguindo esse princípio que se deve tratar o outro como ser humano. Do mesmo modo, deve-se proceder *como se* todo acusado fosse inocente até que seja reconhecido como culpado, mesmo que se esteja convencido de sua culpa. É contrafactual, mas essencial ao Direito.

Compreender isso, como se vê, é possuir a inteligência dos modos, inteligência *crítica* por excelência. Sem essa inteligência "gramatical" evoluída, o direito não tem sentido. Ora, em nossas sociedades modernas, isso significa que não haveria tampouco consistência moral. Hoje, a subversão midiática da razão pública tende a dissolver as diferenças modais e a fundamentar nessa diluição o delito de opinião. Esse é o perigo que eu queria assinalar, o risco a que se expõem nossas crianças não lhes assegurando as bases gramaticais e, portanto, racionais, da moralidade entendida em um sentido amplo, incluindo os direitos fundamentais, para substituí-la simplesmente por uma base afetiva. Os adolescentes costumam ser gentis, não são racistas, têm a intuição do que é injusto, possuem uma certa bondade natural, não são repressivos, mas se tudo repousa sobre o sentimentalismo e os afetos, basta uma conjuntura desfavorável para que essa afetividade seja posta a serviço dos impulsos mais negativos. Daí a importância de uma discussão racional sobre as questões de justiça, o que é também uma maneira de prolongar a gramática – pelas razões que acabei de mencionar: a inteligência crítica repousa sobre as diferenças modais.

A IMPORTÂNCIA DO TEXTO

Claudine Leleux: *No painel de discussão precedente, nós nos perguntávamos se era necessário um suporte à discussão. Monique Mahieu insistia muito no recurso ao texto. Você acha que o texto tem mais chances de atingir os objetivos de formação do que a discussão, ou é preciso praticar os dois?*

Jean-Marc Ferry: O texto é eminentemente útil. É o suporte sobre o qual não deve haver impasse. Por várias razões. Em primeiro lugar, porque a compreensão de um texto, que é estável, é um teste gramatical: é fácil verificar se o texto foi compreendido. Desde os 6 ou 7 anos, já se consegue fazer relatórios de leitura. Os pedagogos sabem disso melhor do que eu. Começa-se por estimular as crianças, em um exercício puramente oral, a trocar idéias sobre um tema: o professor seleciona frases e as registra no quadro; isso já forma um pequeno texto, e depois se pede que leiam (no livro de leitura) uma passagem que trata justamente do tema abordado, de modo que os alunos estejam preparados para fazer o relatório para o dia seguinte. É um exemplo. Sem dúvida, existem métodos melhores. Seja como for, desde muito cedo o texto é útil, para não dizer indispensável. Além de oferecer um suporte do domínio gramatical e possibilitar medir os progressos que nos afastam do analfabetismo, o texto é o que melhor coloca as pessoas em igualdade, porque é uma referência comum: aquele que é brilhante, que sabe convencer, não pode dizer qualquer coisa quando se refere ao texto, não consegue ludibriar muito os outros. Isso é verdade também para os professores em um certo nível. Assim, o sistema francês de ensino superior repousou por muito tempo sobre o que Bourdieu chamava com muita pertinência de "mal-entendido pedagógico". Quando se pedia que explicasse o que entendia com isso, era bastante eloqüente: tal professor da Sorbonne nos falara durante uma hora do senhor Aristóteles, do senhor Descartes ou do senhor Heidegger, como se a história da filosofia se passasse no salão de Madame de Staël. Portanto, tudo é *alusivo* e os alunos, com medo de passarem por imbecis, não ousam fazer perguntas, o que às vezes convinha ao professor, dispensado assim de aprofundar suas alusões. É diferente quando há um texto a ser compreendido em conjunto. No caso, isso não é admitido, é uma prova de verdade e de autenticidade. Por isso, o texto apresenta muitas vantagens.

9
Da prática à teoria: aprender a construir seu saber[1]

Britt-Mari Barth

Como professora-pesquisadora em ciências da educação e responsável pela formação de professores e de formadores, minha principal preocupação é oferecer aos professores ferramentas de análise que reflitam conhecimentos recentes sobre os processos de aquisição do saber. Hoje, a escola deve necessariamente fazer mais do que transmitir saberes: desde muito pequenas, as crianças têm necessidade de aprender a aprender e de refletir de maneira autônoma. Como podemos ajudá-las a construir seu saber, a conduzir melhor seu pensamento e a tomar consciência de suas ferramentas intelectuais? Como, enfim, podemos formar os professores para essa tarefa complexa?

Todos concordam, atualmente, que o aprendiz deve construir por si seu próprio saber, pondo em prática as ferramentas intelectuais de que dispõe de início. Ninguém pode fazê-lo em seu lugar. Mas isso não deixa de colocar problemas pedagógicos importantes, pois o professor deve então assistir o aprendiz na construção de seu saber, e não oferecê-lo já construído. Isso exige uma profunda compreensão da estrutura do saber, assim como dos processos mediante os quais o indivíduo o constrói. Colocam-se, assim, algumas questões importantes:

a) O que quer dizer "construir seu saber"? Como os símbolos adquirem sentido?
b) Como podemos descrever os processos de aprendizagem para que seja possível:
– reconhecer seu efeito em nossos alunos;

– desencadeá-los mediante ações pedagógicas apropriadas que lhes propomos;
– fazer com que os alunos tomem consciência de processos eficazes de aquisição do saber para que eles possam mobilizá-los voluntariamente?

Meu projeto de pesquisa – motivado pela observação dos efeitos nocivos do fracasso escolar – começou no início dos anos de 1970 com esse tipo de questões. Examinando as incompreensões dos alunos em situação de aprendizagem, deparei-me com três dificuldades, independentemente da idade do aluno e do conteúdo:
a) confusão entre a palavra e o sentido;
b) confusão entre elementos pertinentes e não-pertinentes;
c) insuficiência no raciocínio para distinguir esses elementos, não sendo apropriada uma decodificação por associação verbal.

Essa análise me fez tomar consciência da estreita ligação entre o percurso do pensamento e seu objeto: o processo não pode ser separado do produto. Portanto, o saber não pode ser uma acumulação de fatos recebidos passivamente do exterior, mas sim uma estruturação complexa de relações, elaborada de forma ativa do interior. Se os professores concebem os conhecimentos como uma acumulação de fatos lineares, não é de se surpreender que surjam problemas de aprendizagem. Piaget seguramente tinha razão ao dizer que não é o sujeito que coloca problemas aos alunos, mas as lições que se dá a eles.

Foi nessa etapa de minha reflexão que descobri *A study of thinking*.[2] Essa obra foi para mim uma verdadeira revelação e guiou meu projeto de pesquisa. Jerome S. Bruner explica a percepção como um processo de busca de significado e explica o que se passa quando um indivíduo procura ordenar seu ambiente, através de que processos ele chega a considerar coisas diferentes como equivalentes. Bruner insiste em um sentido amplo da conceitualização: segundo ele, praticamente toda atividade cognitiva depende disso.

Assim, comecei a me reportar a um quadro conceitual oriundo da psicologia cognitiva, alternando entre experiência *in loco* e teorização. Essas atividades levaram-me a construir "modelos" pedagógicos para concretizar esses processos de aprendizagem abstratos e invisíveis a fim de observá-los e compreender melhor o que se passa quando pensamos e aprendemos.

Esses modelos assumem a forma de "instruções" elaboradas de modo a induzir os processos em questão por meio das atividades propostas.

Alguns desses modelos induzem um processo particular, como a comparação, enquanto outros, um processo global, como a conceitualização. Um modelo examina a estrutura do próprio saber. Essas ferramentas são todas concebidas para serem utilizadas no contexto de aprendizagens escolares ou na formação de professores.

Elaborar procedimentos modelizados que operam processos abstratos exige que se identifiquem previamente esses processos. Minha observação de crianças em situação de conceitualização e a experiência que adquiri experimentando esses procedimentos modelizados levaram-me a considerar como essenciais para a conceitualização os seguintes processos[3]:
- percepção-discriminação;
- comparação: analógica e analítica;
- inferência: indutiva e dedutiva (+ verificação);
- hipótese (+ verificação), generalização.

Embora esses processos possam assumir formas diferentes conforme os indivíduos e os conteúdos estudados, é importante, em um primeiro momento, tomar consciência deles como processos universais.

Os modelos propostos (em sua forma presente) podem ser utilizados como "métodos" pedagógicos que suscitam uma aprendizagem no nível da conceitualização. Eles foram experimentados e avaliados com esse objetivo e são utilizados atualmente em várias escolas como alternativa a métodos mais "magistrais", sempre mais usuais no sistema escolar francês. Contudo, sua principal utilidade na formação de professores é, sem dúvida, permitir estabelecer uma relação entre ação e pensamento e compreender como um procedimento pedagógico pode suscitar processos cognitivos. Em outras palavras, possibilitar aos aprendizes, qualquer que seja sua idade, viver uma experiência de processos cognitivos permite ter um exemplo concreto disso, separar os processos de seu conteúdo, identificá-los, compreender os fatores que favorecem sua implementação e os obstáculos que os bloqueiam.

De resto, o problema colocado pela formação de professores é fundamentalmente da mesma natureza que aquele que se coloca para os alunos: como fazer para que os formados se apropriem de um saber complexo, abstrato, para poder transferi-los depois a outras situações? É a noção de transferência que é central. Para chegar a uma compreensão conceitual de um saber abstrato, é necessário apreendê-lo a partir de experiências concretas e múltiplas e, em seguida, aproximá-las por aquilo que elas têm em comum a fim de transformar ou ajustar a percepção inicial. Se a capacidade de construir o saber pela reflexão autônoma é o elemento mais importante do programa escolar, é nesse âmbito então que é preciso dar uma formação aos alunos (e aos professores). Porém, a reflexão não pode ser realizada sem um conteúdo. Estou convencida de que o estudo aprofundado de uma disciplina – qualquer que seja ela – permite desenvolver melhor a reflexão (o que não significa que exercícios interdisciplinares não sejam úteis como introdução à tomada de consciência do pensamento). A formação inicial deverá proporcionar a todos os professores as ferramentas necessárias para assistirem o desenvolvimento cognitivo de seus alunos. Em seguida, pela tomada de consciência do que se faz quando se pensa em um domínio, pode-se vislumbrar uma transferência; a transferência das capacidades de reflexão de um domínio a outro não é espontânea.

Minha experiência na formação de professores reforçou essa convicção. Uma compreensão aprofundada pelos professores dos processos de aquisição do saber desenvolve suas capacidades de análise crítica e de inovação no âmbito do processo ensinar-aprender (e em outros). Vi professores de todos os níveis, que conheciam bem suas matérias, abandonarem seus métodos magistrais para orientar seus alunos para uma maior *compreensão* de sua disciplina: as questões que a fundamentam, os modos de análise utilizados para refletir sobre ela, as ferramentas específicas para responder às perguntas, etc. Quando um professor é capaz de situar, de "deslanchar" e de ajudar a tomar consciência do trabalho intelectual necessário para construir o saber, não há mais necessidade de lhe fornecer "modelos"; ele próprio pode elaborá-los com conhecimento de causa e avaliando seu efeito. O valor de um modelo não reside tanto em seu grau de verdade quanto em sua capacidade de fazer evoluir nossa compreensão – e, portanto, a ação decorrente. Essa nova compreensão nos permitirá em seguida aprimorar nossos modelos...

Até o momento, falei de modelos propostos de maneira mais geral. Proponho-me agora a explicitar como dois deles podem "funcionar": um modelo que analisa o saber a ensinar e um outro que examina os processos de formação de conceitos. Que dificuldades eles procuram ilustrar no processo de aprendizagem? Que soluções pedagógicas eles sugerem? Nessa perspectiva, quais são os fatores que condicionam a construção do saber?

Antes de tudo, vamos esclarecer o que entendemos por "saber" a partir de alguns exemplos. O saber, termo vasto e geral, é utilizado aqui para designar conhecimentos específicos tal como se encontram no programa escolar. Em biologia, poderia ser o estudo do funcionamento do coração ou de um micróbio. Em física, poderia tratar-se de estabelecer a diferença entre um sólido, um líquido e um gás ou de compreender o que é a energia. Em história, poderia ser a comparação entre diferentes sistemas políticos ou a definição de uma Constituição. O saber poderia ser uma regra de gramática, um teorema matemático ou uma teoria econômica. Para compreender melhor a progressão da construção de um saber específico, como será descrita a seguir, proponho selecionar uma noção "observável" no âmbito da arte: um estilo, por exemplo, o Impressionismo.

Um primeiro fator que condiciona a construção do saber é inerente ao próprio saber, à sua estrutura: tradicionalmente, tratamos o saber como uma definição pré-construída que se transmite tal e qual. Expõe-se o saber já estruturado supondo que o aluno compreenderá o significado das palavras. Esse procedimento não pode funcionar a não ser que os dois saberes (o do professor e o do aluno) sejam muito próximos, o que é raro. Assim, é essencial tomar consciência da importância de analisar o saber a ser ensinado, não em função daquele que já o construiu, mas em função do aprendiz que deve reconstruir esse mesmo saber a partir de seu quadro de referência. É esse ato de análise do conteúdo, em função da transferência desejada para os alunos, que chamo de *tornar o saber acessível*; proponho um primeiro modelo cuja utilidade é permitir uma reflexão prévia sobre o saber a ensinar para adaptá-lo às necessidades do aprendiz e para preparar a transferência.

Esse modelo adota a estrutura de um conceito (ver Figura 9.1) assimilável ao saber. Assim, o saber é formalizado como uma estrutura complexa de relações. Mas essa estrutura não é a mesma em todos os indivíduos; o saber do *expert* é organizado de forma mais complexa que o do "novato". O *expert* situa os elementos em relação a toda uma rede conceitual que ele elaborou ao longo de suas experiências. O novato, por sua vez, não possui uma organização muito sólida; esta consiste geralmente em elementos isolados, referentes a algumas experiências díspares, ainda não-generalizáveis. Ou, então, ele cria para si uma falsa organização, bastante sólida. Nesse caso, se esta não é modificada a tempo, o aluno terá dificuldades mais tarde. A maneira como se organiza "aquilo que sabemos" deveria, portanto, ser objeto de reflexão para o professor, pois dessa organização depende o modo como vamos perceber e conceber o novo saber. Em outras palavras, a organização de nosso saber antigo condiciona a integração de nosso saber futuro. É justamente a defasagem entre o saber do *expert* e o saber do novato que torna a comunicação difícil.

Assim, o problema é fazer com que os dois possam ajustar-se, para que emerja um senso comum.

É visando esse objetivo que a estrutura de um conceito é proposta como uma ferramenta pedagógica para examinar o "saber erudito" do *expert*-professor em função da construção do saber do novato-aluno. O modelo permite colocar-se questões de ordem geral em relação ao saber:[4]
- O que é essencial para o aprendiz? *(nível de complexidade)*.
- Com que objetivo? Para fazer o quê? Para qual transferência desejada? Em que domínio de aplicação? *(nível de validade)*.
- Como esse saber se situa em uma rede conceitual? *(nível de abstração)*.
- Qual a relação entre os elementos de definição? *(nível de inter-relação)*.

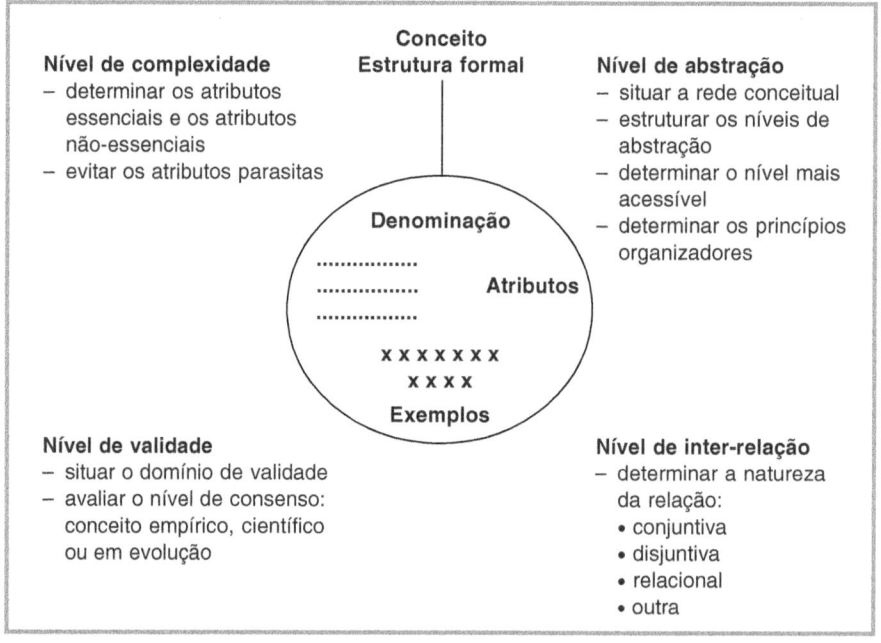

```
                        Conceito
Nível de complexidade   Estrutura formal      Nível de abstração
- determinar os atributos                     - situar a rede conceitual
  essenciais e os atributos                   - estruturar os níveis de
  não-essenciais                                abstração
- evitar os atributos parasitas               - determinar o nível mais
                                                acessível
                      Denominação             - determinar os princípios
                      ...........               organizadores
                      ...........  Atributos
                      ...........
                      x x x x x x x
                        x x x x
                       Exemplos

Nível de validade                             Nível de inter-relação
- situar o domínio de validade                - determinar a natureza
- avaliar o nível de consenso:                  da relação:
  conceito empírico, científico                 • conjuntiva
  ou em evolução                                • disjuntiva
                                                • relacional
                                                • outra
```

Figura 9.1 Estrutura operatória do conceito que pode funcionar como modelo pedagógico para examinar o saber e torná-lo possível.

No caso do Impressionismo, a definição que poderá resultar disso encontra-se na Figura 9.2.

Desse modo, a vantagem de examinar o saber é dupla. De um lado, o professor pode examinar o saber e circunscrevê-lo em função de necessidades de utilização futura daquele que deve, por sua vez, construí-lo. A

Filosofia para crianças **179**

experiência mostra que os professores têm grandes dificuldades de escolher os atributos essenciais em função de uma transferência pré-definida. Além disso, o aprendiz pode descobrir que é possível explorar todo saber a partir de uma certa estrutura: de compreender bem a diferença entre os exemplos, os atributos e a denominação. Essa tomada de consciência muda seu comportamento cognitivo: ele compreende que é preciso procurar e que é preciso relacionar. É um primeiro passo para uma autonomia cognitiva que depois lhe permitirá pôr em prática, conscientemente, uma estratégia para construir o sentido.

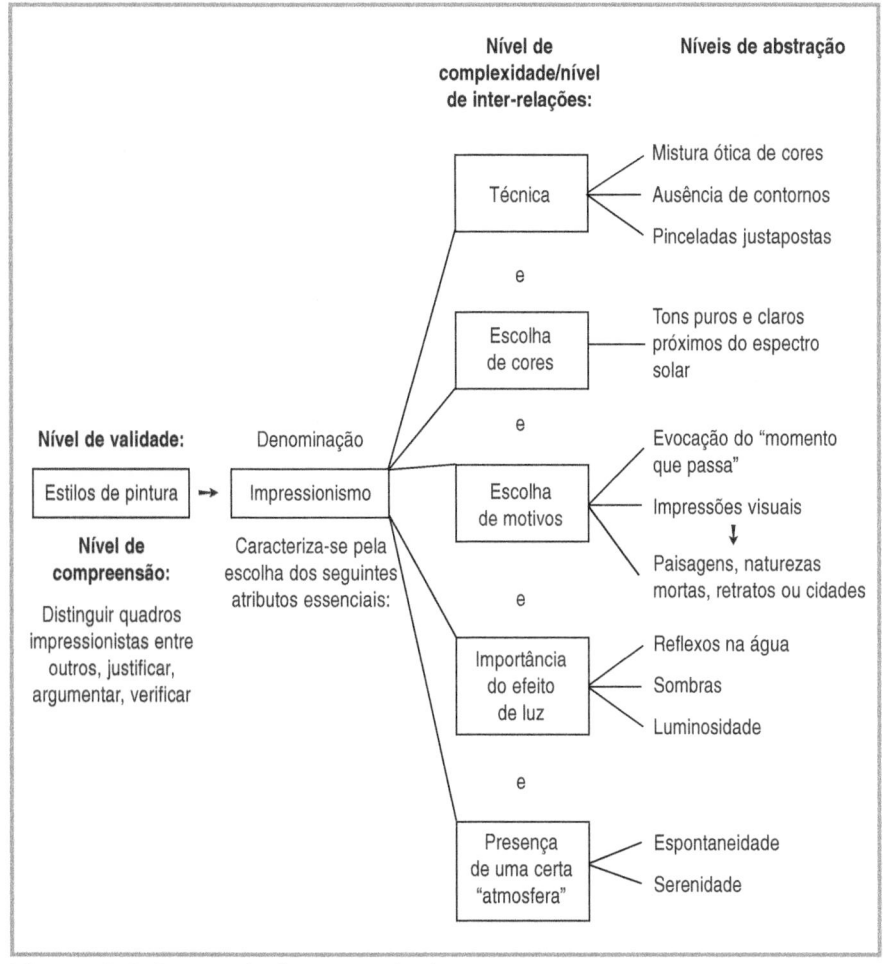

Figura 9.2 O exemplo do Impressionismo.

A reflexão prévia sobre a estrutura do próprio saber já comporta um elemento de resposta a uma questão essencial que condiciona a aprendizagem ao longo de todo o seu percurso: a disponibilidade intelectual do aprendiz. O que fazer para que ele tenha vontade de refletir, para que fique atento? Isso exige um enorme esforço cognitivo. Construir o saber em uma situação instituída não é um ato espontâneo.

Para ficar atento, nem sempre basta querer, sobretudo se o conteúdo não interessa *a priori* ao aluno. Mas é mais fácil mobilizar sua atenção quando se tem algo mais específico a fazer: é preciso, portanto, criar uma antecipação pela própria tarefa, uma tarefa estruturada que tenha um começo e um fim, uma tarefa que seja dominada pelos alunos, mas implicando um certo desafio intelectual. Cria-se uma antecipação de um objetivo a atingir – sem o qual não há atenção – para a tarefa que se propõe: uma tarefa concebida de maneira a fazer deslanchar um processo de conceitualização. É importante que o aluno compreenda o que deve fazer e o que é capaz de fazer para que tenha, desde o início, uma expectativa positiva de êxito. O desencorajamento é o inimigo número um de qualquer atividade intelectual.

Uma tarefa bem concebida pode assim estimular diferentes tipos de motivação, conforme os indivíduos: a atração da própria atividade, o desafio intelectual, a possibilidade real de ter êxito, a necessidade de se sentir valorizado. Essa tarefa estimula ao mesmo tempo a reflexão e o raciocínio. O cognitivo e o afetivo são inseparáveis. É na própria ação pedagógica que a afetividade deve ser levada em conta. Nessa ótica, a responsabilidade do professor situa-se exatamente no nível dos meios ativados para ajudar o aluno a aprender.

Se a escolha da tarefa é importante por todas essas razões, ela está estreitamente ligada a um outro fator que condiciona a aprendizagem: a maneira como se colocará o aprendiz em contato com o novo saber. Ele vai ouvir uma definição? Observar esquemas? Manipular objetos? A tarefa proposta ao aluno nesse modelo pedagógico consiste em fazer com que ele construa o conceito, de maneira progressiva, a partir de exemplos e de contraexemplos muito concretos e muito precisos. Tendo aprendido como se constrói um conceito, ele deve buscar a resposta a uma pergunta: o que os diferentes exemplos têm em comum? Deve comparar os exemplos a fim de descobrir os atributos comuns. Todas as respostas são ouvidas e anotadas pelo professor; à medida que deixam de ser pertinentes, elas são riscadas.

A função dos exemplos é multiplicar as experiências com o saber em sua forma concreta. A abstração tem sua fonte em uma experiência vivida. Se o aluno não a viveu (de modo consciente e em um contexto específico), é preciso fornecê-la. Os contra-exemplos permitem, em contrapartida, guiar e aguçar a percepção dos alunos; eles confirmam o conceito por uma informação negativa, muito útil quando é apresentada como tal. A escolha criteriosa desses exemplos é essencial para ampliar e modificar a percepção inicial do aprendiz. É preciso testá-los com os alunos para determinar se produzem o efeito desejado, isto é, se permitem construir a abstração por uma alternância entre o percebido múltiplo e o concebido abstrato e unificante.

Voltemos ao nosso exemplo: o conceito de Impressionismo, como definido antes, pode ser ilustrado por uma série de *slides* de obras de Renoir, Monet, Pissarro, destacando os atributos essenciais escolhidos. Os atributos não-essenciais, mas sempre presentes, como, por exemplo, o tipo de motivo (paisagens, retratos, cidades, naturezas mortas) ou as diferentes estações, devem ser variados para não parecerem constantes. Os primeiros contra-exemplos podem ser escolhidos entre pinturas abstratas de cores vivas, como as de Picasso, Kandinsky ou Braque, que não contenham nenhum atributo essencial de quadros impressionistas. Se a técnica do Impressionismo não é bem percebida pelos aprendizes, pode-se recorrer a um contra-exemplo cuja técnica apresente todos os elementos contrários, como algumas telas de Matisse. Certas observações dos alunos, como "é desfocado" ou "não tem desenho", podem ser relacionadas à noção de técnica para ajudá-los a agrupar as observações em uma categoria de atributos em vez de tratá-los como categorias diferentes. Outras observações, como "eu preferia estar nessa pintura", permitem fazer a ligação com a noção de atmosfera. Um comentário como "é suave" estimula a observar a escolha das cores e a compará-las com outras. Para mostrar o gênero natural, "o momento que passa", tão típico dos quadros impressionistas, pode-se contrastá-los com cenas mitológicas ou históricas pintadas em ateliê. Para ajudá-los a descobrir a importância do efeito da luz – os reflexos na água, as sombras coloridas, a luminosidade geral –, pode-se utilizar o contra-exemplo de um quadro cuja cor se espalha uniformemente. Para verificar se a percepção foi aguçada ao longo desse processo, pode-se reportar a distinções sutis, apresentando exemplos (sem especificar se são positivos ou negativos) muito próximos do Impressionismo, como os pré, pós e neo-impressionistas: em que um Turner, um Signac, um Seurat ou um van Gogh são diferentes?

Os exemplos devem ser suficientemente numerosos e variados para que sua aproximação envolva os alunos em uma verdadeira investigação epistemológica. (Seu conhecimento comum prévio da estrutura do saber – *o modelo operatório do conceito* – é uma condição para isso.) A variedade de exemplos e de contra-exemplos estimula o aprendiz a estabelecer relações múltiplas e a situar o conceito em seu campo conceitual. Um conceito não existe sozinho, mas sempre em uma rede conceitual; é importante que o aluno consiga captar diferenças sutis entre conceitos próximos para não confundi-los.

A ordem dos exemplos também conta: ela permite estabilizar um saber antes de desestabilizá-lo pela introdução de um exemplo que causa surpresa ou dúvida. Antes de poder modificar uma concepção, é preciso tomar consciência dela. É fundamental, portanto, ouvir os alunos para saber quando convém pôr em questão suas concepções.

O diálogo que acompanha a confrontação de exemplos e de contra-exemplos é um meio importante para esclarecer e retificar os "modelos" que os alunos estão construindo. Essa confrontação ocorre em níveis diferentes. Primeiro, o novo saber é confrontado com o saber existente do educando. Ele se expressa em suas observações que permitem ao professor compreender do que o aluno tem consciência. Depois, há a confrontação entre as concepções de uns e de outros: esse conflito conceitual entre os alunos manifesta-se pela discussão pela argumentação. Por último, há uma confrontação entre os alunos e o professor que se manifesta pelas perguntas deste último, visando encorajar a análise e o julgamento crítico, assim como a busca das palavras corretas.

O diálogo permite também exteriorizar o raciocínio. Quando o professor pensa "em voz alta" com os educandos, proporciona a eles uma experiência real de um processo abstrato. Essa experiência permitirá, em seguida, não reproduzir ou imitar esse raciocínio, mas tomar consciência e interiorizá-lo. Nessas condições, pode-se tornar uma ferramenta de pensamento para o futuro. Assim, coloca-se o aluno em situação de refletir e de raciocinar para aprender. O papel do professor é guiar esse raciocínio e ajudar o aluno a ir mais longe na transformação de seu saber do que ele teria conseguido sozinho. A formulação verbal faz parte do processo de aprendizagem; ela permite transformar e interiorizar o vivido.

Assim, o processo cognitivo (Figura 9.3) é implementado mediante um procedimento cognitivo que se traduz nas instruções da tarefa e na escolha de exemplos. Isso permite criar a surpresa, o questionamento, as respostas hipotéticas, a argumentação, etc. O professor está ali para ajudar a relacionar, para estimular a formulação, a verificação, a reformulação. Essa mediação, que é ao mesmo tempo social e cognitiva, possibilita ao educando tomar consciência de suas concepções e fazê-las evoluir. Ela evita justamente que ocorra essa ruptura entre o saber "empírico" e o saber "teórico", ruptura que depois impedirá a transferência: os alunos tomam consciência daquilo que sabem, ao mesmo tempo em que tomam consciência de si mesmos.

INSTRUÇÕES	O TEMPO	de conceber a tarefa.	
	O TEMPO	de observar os exemplos.	Percepção Distinção
	O TEMPO	de explicitar suas concepções intuitivas (tudo é anotado pelo professor).	Comparação: analógica ou analítica
	O TEMPO	de confrontar suas concepções com as de outros alunos.	Inferências: indutivas ou dedutivas
	O TEMPO	de verificar a partir de exemplos (direito ao erro: pode ser riscado).	Verificações
	O TEMPO	de modificar, estabelecer novas relações.	Novas inferências
Início de síntese			
VALIDAÇÃO	O TEMPO	de argumentar sobre as novas relações estabelecidas.	Julgamento crítico
	O TEMPO	de refletir e reformular.	Verificação
	O TEMPO	de verificar, transformar.	Novas verificações
	O TEMPO	de formular a conclusão.	Generalização Conceituação
	O TEMPO	de consolidar e memorizar a nova construção.	Memorização

Figura 9.3 Guiar o processo cognitivo (diretivo) pelo procedimento pedagógico (flexível).

Aquele que aprende elabora seu saber abstrato a partir de uma confrontação direta com exemplos concretos desse saber (escolhidos para ele pelo professor), de algum modo negociando o sentido com seu meio. O professor torna-se co-construtor de sentido. O procedimento é flexível e pode variar ao infinito, mas esse processo de construção de sentido, uma "alternância simultânea" entre a intuição e a análise, entre a hipótese e sua verificação que conduz à conceituação, deveria ser sempre posto em prática pelo aprendiz. Diferenças individuais podem ser levadas em conta no interior desse processo universal. O papel do mediador também pode ser desempenhado por um colega mais experiente – mas não basta reunir os alunos em grupo para que as interações sejam qualificadas. Ao contrário, com métodos de trabalho bem-definidos e bem-compreendidos (que na realidade são métodos de pensamento) e um treinamento para atuar como membro de um grupo, os alunos tiram proveito de um trabalho coletivo.

A avaliação é integrada à aprendizagem inicial e começa desde o primeiro exemplo. Ela é formativa e permite "retificar a rota" ao longo do caminho. O erro aqui tem um papel positivo, pois conduz à análise e à transformação das concepções iniciais e intermediárias. Os contra-exemplos podem funcionar como um conjunto de "erros" e, quando bem-escolhidos, surpreendem e estimulam a fazer perguntas que refletem uma verdadeira interrogação do aluno.

Esse procedimento é a condição mesma da reflexão, algo que se costuma esquecer. É evidente que isso toma tempo; contudo, ganha-se a longo prazo, visto que o aluno exercita-se para a auto-regulação do pensamento e, com isso, para a autonomia cognitiva. Esse tipo de avaliação em que os alunos devem analisar exemplos novos *justificando* suas conclusões descondiciona-os totalmente de seu hábito deplorável de dar "a resposta certa". A justificativa conduz a um julgamento crítico, à argumentação e à auto-avaliação. É nesse processo que o aluno aprende. Ele participa da validação de sua aprendizagem depois de ter compreendido os critérios que é preciso reter e cuja presença ele próprio pode muito bem verificar. *"Se há a presença deste ou daquele elemento* (atributo)*, então me encontro diante do fenômeno* (conceito)*"*. Trata-se de um raciocínio hipotético, verificado ao longo do caminho, que conclui com uma generalização. Essa elaboração ativa é indispensável para a memorização e a transferência. Ela também prepara o terreno para uma tomada de consciência posterior do próprio raciocínio.

A avaliação final situa-se ao mesmo tempo no nível do sentido (atributos), no nível do símbolo (a palavra) e no nível de produção de exemplos pessoais (transferência). Verifica que a aquisição não permaneceu no nível da associação verbal (reconhecimento de alguns exemplos em relação ao estímulo), mas que passou ao nível da *conceitualização* (capacidade de generalizar, de estender a toda uma classe os critérios observados).

Se um nível superior de reflexão (aqui induzido no aluno pela mediação do professor) permite adquirir conhecimentos sólidos no nível da conceitualização, pode-se ir mais longe: mobilizar voluntariamente seu pensamento para futuras aprendizagens. Entretanto, para avançar no sentido de uma transferência dos processos cognitivos, é necessário que o professor tenha demarcado claramente esses processos e que preveja uma aprendizagem no nível da conceitualização, assim como um treinamento para poder implementá-la. Antes de fazer metacognição com os alunos, é preciso ter uma idéia clara do que é a cognição. Trata-se de saber separar o conteúdo ensinado e o processo cognitivo implementado para sua apropriação a fim de refletir sobre o próprio processo. Aprofundar essa questão da metacognição, não apenas em situações de aprendizagem elaboradas e guiadas pelo professor, mas também naquelas em que um bom *software* serve de mediador, seria de grande interesse. Se a utilização do computador deve favorecer a transferência de processos de reflexão no aprendiz, será preciso analisar com ele por que isso ocorreu e o que o *software* estimulou o aluno a fazer.

O papel do professor nessa abordagem é essencial e específica: ser mediador entre o aprendiz e o saber. O professor é simultaneamente organizador de experiências com o saber e catalisador de "reações cognitivas" dos alunos. Cabe a ele colocar o aluno em situação de construção de saber, mais do que fornecer-lhe o saber já construído, e ajudá-lo a regular seu pensamento. Ele consegue isso propondo atividades apropriadas e oferecendo modelos de processos cognitivos superiores, bem como guiando a reflexão do aprendiz. Ao praticar uma pedagogia metacognitiva, ele permite ao aprendiz tomar consciência da própria reflexão e integrá-la progressivamente.

Essa pesquisa situa-se na corrente da mediação e do desenvolvimento cognitivo inspirada em Lev Vygotsky e Jerome S. Bruner. A citação seguinte, de Bruner, interpretando a "zona de desenvolvimento proximal", tal como definida por Vygotsky, mostra bem isso:

> Se a criança tem a possibilidade de ser guiada por um adulto – ou um colega mais "adiantado" do que ela –, este pode servir-lhe de substituto de consciência (*vicarious consciousness*) até o momento em que seja capaz de dominar sua própria ação por sua própria consciência e seu controle. Quando a criança atinge esse nível de domínio consciente de uma função ou de uma nova conceitualização, pode então utilizá-la como uma ferramenta.[5]

Nesse quadro de referência, meu trabalho com os alunos e também com os professores permitiu-me formalizar e tornar operatória a compreensão dos processos de aprendizagem, em particular a conceitualização, e as condições nas quais esses processos podem ser desenvolvidos. Evidentemente, estamos apenas no início do conhecimento nesse campo de estudo. Entretanto, devemos utilizar o saber que possuímos de modo a criar as condições ótimas por meio das quais professores e alunos possam desempenhar seus respectivos papéis.

As teorias de Howard Gardner[6] sobre as inteligências múltiplas estão, sem dúvida, entre as que permitem compreender como os processos universais do pensamento podem assumir formas diferentes, dependendo da maneira como os diversos sistemas simbólicos os amoldam. A pesquisa transdisciplinar nas ciências da cognição deveria oferecer novos elementos de resposta à questão que os filósofos sempre se colocaram: como funciona o espírito?

A formação inicial e contínua de professores tem um papel importante a desempenhar no sentido de se promover uma mudança qualitativa da prática pedagógica. Ela deve fornecer-lhes um suporte para que compreendam o que é aprender e consigam, assim, diagnosticar suas dificuldades e ensinar de outra maneira. Mediante uma parceria entre pesquisadores e professores em uma pesquisa-ação conjunta, deveria instaurar-se uma verdadeira tomada de consciência do desenvolvimento cognitivo dos alunos, o que beneficiaria a todos.

NOTAS

1 Esta colaboração apareceu pela primeira vez em francês em *Apprendre à penser, penser à apprendre*, documento da OCDE apresentado à conferência de julho de 1989 organizada pelo CERI, OCDE, 1993, p. 155-156. A obra está esgotada em francês há muitos anos. Reproduzimos aqui essa colaboração com a autorização da autora, que se dispôs também a rever a tradução francesa, o que agradecemos calorosamente a ela. Visto que o texto data de 1989, o leitor poderá reportar-se a publicações posteriores. Por exemplo: B.-M. BARTH, *Le Savoir en construction. Former à une pédagogie de la compréhension*, 1993, Paris, Retz; a nova edição ampliada de B.-M. BARTH, *L'Apprentissage de l'abstraction. Méthodes pour une meilleure réussite de l'école*, 1987, Paris, Retz, nova edição 2001; B.-M. BARTH, "Construire des concepts: construire le passé pour comprendre le présent" in J.-L. JADOULLE, M. BOUHON (dir.), *Développer des compétences en classe d'histoire*, 2000, Louvain-la-Neuve, UCL, coll. "Apprendre l'histoire?", p. 23-33; B.-M. BARTH, "La médiation dans les démarches d'apprentissage: un nouveau rapport au savoir", Actes du colloque *La Médiation: une nouvelle relation dans l'action éducative dans Les Cahiers de l'ISP*, 2002, n. 35, p. 17-34.

2 J.S. BRUNER, J.J. GOODNOW, G.A. AUSTIN, *A Study of Thinking*, 1956, New York, Wiley.

3 Para uma descrição detalhada, ver B.-M. BARTH, *L'apprentissage de l'abstraction*, op. cit., cap. 6.
4 Ao lado da abordagem formalizada do saber que se encontra em inteligência artificial, é preciso conhecer o trabalho de D. PERKINS, *Knowledge as Design*, 1986, NJ, Erlbaum, Hillsdale.
5 J.S. BRUNER, "Vygotsky: A historical and conceptual perspective" in J.V. WERTSCH, *Culture Communication and Cognition:* Vygotskian Perspectives, 1985, Cambridge, Cambridge University Press.
6 H. GARDNER, *Frames of Mind. The Theory of Multiple Intelligences*, 1983, New York, Basic Books. Publicado pela Artmed sob o título: *Estruturas da mente:* a teoria das inteligências múltiplas, 1994.

PARTE II

Aprender a cidadania e a julgar por si mesmo

10
Educar para a cidadania através da filosofia para crianças

Claudine Leleux

As duas colaborações que se seguem a esta, as de Gilles Abel e de Marie-Pierre Grosjean-Doutrelepont, cada uma à sua maneira, pretendem mostrar em que e como a filosofia para crianças, segundo o protocolo de Matthew Lipman, permite educar as crianças para a cidadania. Quanto a mim, gostaria de especificar o que devemos entender pelo conceito de cidadania, em seguida "deduzir" as competências que se deve ajudar os alunos a adquirir para que se tornem os cidadãos requeridos por uma democracia do século XXI, para mostrar, enfim, em que a filosofia para crianças constitui um dos dispositivos que permite formar os jovens para essas competências.

O QUE É A CIDADANIA?

Para dizer de forma sucinta, a cidadania caracteriza as relações que o homem mantém com outro em sua *dimensão política*. O cidadão é o homem enquanto membro de uma comunidade jurídica. As relações de cidadania, em nossas cidades modernas e contemporâneas, são relações "anônimas" no sentido de que *reconhecemos* o outro sem *conhecê-lo pessoalmente*. Assim, por exemplo, o acolhimento de um recém-nascido na comunidade jurídica se faz por intermédio do Estado: a carteira de identidade outorgada pela prefeitura é uma das maneiras da coletividade inscrever o recém-nascido em uma história comum mediante a nacionalidade, em uma linhagem familiar pelo sobrenome, reconhecendo sua individualidade pelo nome, pela data e pelo local de nascimento. Por meio do fisco ou da seguridade social, esse recém-nascido se beneficiará da solidariedade de outros cidadãos (por sua educação sanitária e escolar, por exemplo), aos quais, por sua vez, ele ajudará mais tarde sem conhecê-los mais do que eles o conhecem.

Traço revolucionário da democracia moderna, o cidadão passa a ser ao mesmo tempo o autor do direito e o *sujeito* ou o beneficiário de direitos.[1] De fato, e é exatamente esse o sentido das *Declarações dos Direitos Humanos*, o cidadão "declara" que tem direitos e se provê dos meios de usufruí-los legislando.

Visto que ele é o autor do Direito, este pode evoluir: o cidadão pode outorgar-se novos direitos assim como limitá-los, desde que respeite os procedimentos que foram fixados. Assim, é compreensível que, no início da democracia moderna, os cidadãos se reconhecessem essencialmente *Direitos políticos* e *Direitos-liberdades*, os direitos ditos da "primeira geração", o que significa, ao mesmo tempo, o direito de elaborar o Direito e o direito de ser livre nos limites da liberdade do outro. Somente com a "questão social" no século XIX e a pauperização massiva ligada à industrialização é que os cidadãos se outorgaram direitos sociais, ditos da "segunda geração" ou ainda *Direitos-créditos*, expressão que significa que o indivíduo tem direito de se beneficiar da solidariedade de seus semelhantes. Finalmente, em decorrência da Segunda Guerra Mundial e da profusão de crimes contra a humanidade, os cidadãos atribuem-se direitos ditos de "terceira geração" na *Declaração Universal dos Direitos Humanos* de 1948: os *Direitos morais e culturais*, ou Direitos-personalidade (direito à integridade moral, direito de acesso à cultura, à educação e à nacionalidade, por exemplo).

Na medida em que os cidadãos declaram-se iguais em direito, todo *direito* supõe conseqüentemente um *dever* em relação a outros beneficiários do mesmo direito. Minha liberdade termina onde começa a dos outros. O mesmo ocorre com minha segurança, minha propriedade, minha reputação... Como diz Kant, o Direito é "o conjunto conceitual de condições sob as quais o arbítrio de um pode conciliar-se com o arbítrio do outro segundo uma lei universal da liberdade".[2]

Os direitos das crianças supõem, portanto, deveres aferentes, como os deveres de pais que serão um dia...

COMO SE PODE APRENDER ESSA CIDADANIA NA ESCOLA?

A aprendizagem da cidadania – como de resto toda aprendizagem escolar – deve centrar-se na aquisição de competências, e não na transmissão de conhecimentos, como tentei mostrar em um livro recente.³ Evidentemente, não se forma sem informações, mas uma acumulação de informações não é em si formativa, o que Montaigne já compreendia no século XVI, quando afirmava que valia mais uma cabeça bem-feita do que uma cabeça muito cheia. Portanto, não acredito que a escola forme bons cidadãos restringindo-se, como se fez até aqui, a cursos de civismo que descrevem para os jovens toda a mecânica institucional.⁴

Quais seriam, nesse caso, as competências a adquirir? Vejo três, que são *interdependentes* e das quais decorrem todas as outras: a autonomia individual, a cooperação social e a participação pública.

Essas três competências fazem referência, de um ponto de vista sistemático, a três dimensões do homem: a primeira refere-se ao indivíduo como ser singular, único, indivisível; a segunda faz referência a ser-para-outro que, ao contrário da idéia que prevaleceu durante séculos, não pode constituir uma identidade fora de interações com os outros e não pode construir-se como ser social; e, finalmente, embora o ritual de registro da prefeitura de que falava acima ofereça apenas uma cidadania passiva, enquanto a cidadania ativa só é reconhecida na maioridade civil, a terceira competência, a participação pública do indivíduo, faz referência à sua dimensão de cidadão.

Além disso, essas três dimensões abrangem os três conceitos sobre os quais se articula a filosofia política: o Indivíduo, a Sociedade e o Estado. A sociedade é compreendida aqui no sentido da "sociedade civil", isto é, como o conjunto de relações interpessoais fora da esfera pública, privados ou particulares (as relações profissionais, comerciais, mas também íntimas, filiais, de amizade e amorosas), enquanto o Estado é compreendido, no sentido de Hegel, como a instância de mediação que expressa e garante o conjunto de relações interpessoais públicas.

Finalmente, essas três competências remetem também aos três grandes valores da democracia moderna: a *liberdade* associa-se à disposição à autonomia, a *solidariedade* à "co-operação" social e a *igualdade de direito* à participação pública.

Uma educação para a cidadania poderia então ser esquematizada como a formação para essas três competências interdependentes que serão divididas depois em subcompetências. Por exemplo, a autonomia individual, considerada no sentido de Kant como "o direito de cada indivíduo de determinar livremente as regras a que é submetido",[5] assume não apenas a forma da *autonomia política* que caracteriza os cidadãos de sociedades democráticas de que falei acima, mas divide-se em três tipos de autonomia (todas necessárias à autonomia política), segundo as regras às quais o indivíduo se submete livremente sejam regras intelectuais e de inteligibilidade, regras de julgamento e de ação ou regras de domínio ou de emancipação de suas "paixões": a *autonomia intelectual, moral* e *afetiva*.

A AUTONOMIA INDIVIDUAL

A autonomia intelectual

Nascido na época das Luzes, nosso sistema educativo direcionou-se principalmente – após o questionamento das universidades, a criação de academias e a reivindicação do livre-exame ou do livre pensamento dos eruditos – à formação das jovens gerações para a autonomia intelectual. Aprender a pensar por si mesmo, eis o ideal educativo moderno. Pelo menos no ensino superior, porque no nível do ensino fundamental e médio, a abordagem consiste mais em considerar que os jovens devem ser disciplinados e instruídos pelos mais velhos. Em matéria de formação teórica, tudo repousa, diz Kant, "sobre o exercício e a disciplina, sem que a criança tenha de conhecer máximas. Para o discípulo, ela é passiva, ele deve seguir a direção de outro. Outros pensam por ele".[6]

Nesse sentido, o sistema escolar ainda comporta os estigmas de uma formação que adota mais a postura de uma instrução do que de uma educação para *pensar por si mesmo*. Testemunho disso é a ênfase ainda desmesurada que se dá à memorização e ao "cálculo" em detrimento da reflexão e da auto-reflexão. Isso ajuda a compreender por que os alunos, sobretudo os do nível superior, como também muitos adultos, sentem dificuldade de conceitualizar e de manejar um pensamento abstrato. Contudo, essas competências são primordiais para a aquisição de uma cidadania participativa, forçosamente reflexiva e crítica. Nossas sociedades democráticas, modernas e contemporâneas, diferentemente das comunidades tradicionais, são sociedades *anônimas* que tiveram de se organizar, do ponto de vista funcional, com base em modelos extremamente abstratos. Por exemplo, a solidariedade, diferentemente da ajuda mútua ou da fraternidade, não repousa em relações familiares ou de proximidade, mas em um *sistema* fiscal e em um *sistema* de seguridade social que, por definição, são altamente abstratos – e, portanto, muito distantes do pensamento comum –, que asseguram uma redistribuição pela qual os cidadãos *se reconhecem* sem *se conhecerem*. Assim, todo mundo se beneficia do sistema e todo mundo contribui com ele conforme seus recursos, mas nem sempre percebem as ligações despersonalizadas que os unem. Concretamente, eu poderia estar ajudando meu vizinho de andar sem me dar conta disso. Um pensamento abstrato é necessário para chegar a essa compreensão da solidariedade. Quem não compreende os princípios do sistema fiscal ou de seguridade social fica limitado a opiniões muito particulares que põem em questão esses sistemas sem perceber seus fundamentos. Em outras palavras, o acesso a tal compreensão dos deveres cívicos – o dever fiscal ou o dever de contribuição social –, corolários de nossos direitos cívicos, favorece a integração política refletida e crítica dos cidadãos.

O protocolo de Matthew Lipman – o questionamento, a classificação de questões, assim como a comunidade de investigação – é um dos meios de desenvolver essas aptidões a conceitualizar e a generalizar.[7] Pode ser a oportunidade de favorecer a descentração cognitiva e de fazer com que os jovens reflitam sobre a ligação conceitual que une os direitos e os deveres.

A autonomia moral

Ainda que, desde o período carolíngio, a escola seja vista como um dos meios de moralizar o povo e de civilizar os costumes,[8] formar para a *autonomia moral* – competência que se refere à capacidade de julgar por si mesmo, de formular julgamentos de valor e de justificar julgamentos normativos – está longe de ser uma prioridade de nossos sistemas educativos democráticos. Isso ocorre porque, na linha argumentativa de Condorcet, muitos consideram que essa aptidão está ligada a uma educação familiar e/ou temem que os professores doutrinem as crianças. Ora, é perfeitamente possível responder às objeções de uns e de outros. Aos primeiros, pode-se responder que existe um nível de moralidade que implica todo cidadão, quaisquer que sejam suas convicções, como mostrou Jules Ferry já em 1883;[9] e aos segundos, que a educação para a autonomia moral, assim como a educação para a autonomia intelectual, pode ser feita de maneira reflexiva e auto-reflexiva segundo uma "ética da discussão"[10] no sentido de Jürgen Habermas. É essa formação para o julgamento que visa a filosofia para crianças: fazer com que as crianças reflitam sobre as questões da vida, do verdadeiro, do bem e do justo, do belo, sem esperar dessa reflexão o acesso a uma resposta prévia. A esse respeito, "comunidade de investigação", tal como a compreende Lipman, é um exemplo da experiência do pluralismo compartilhado. Outros dispositivos podem alcançar esse objetivo de formação, tal como os implementei em minha prática de ensino:[11] o esclarecimento e a hierarquização de valores segundo a metodologia de Simon, Howe e Kirschenbaum;[12] o recurso, como Lawrence Kohlberg,[13] a dilemas morais que, por dissonância cognitiva – devido ao fato de que não há um resultado "correto" *a priori* –, faz o jovem refletir, em vez de catequizá-lo ou moralizá-lo;[14] a reflexão sobre os direitos e os deveres e sua ligação conceitual nos conselhos de classe ou na elaboração de regulamentos de classe ou de escola...

A autonomia afetiva

O fato de poder gerir conscientemente suas pulsões e suas emoções foi totalmente negligenciado por muito tempo em nossos sistemas de ensino. A disciplina era o único meio empregado para atingir esse resultado. Essa falta de atenção à afetividade explica-se principalmente pela tradição racionalista de nosso sistema educativo que quase sempre confundiu afetividade e irracionalidade. Ora, como diz Jean Piaget,[15] a afetividade é um potente motor da atividade e da reflexão. Qualquer professor poderá corroborar essa observação na prática: a afetividade pode nos impulsionar a agir, assim como também pode ser a fonte de muitas inibições, sejam de ordem intelectual ou comportamental. Bem antes de agir e de discorrer, a pessoa sente, diz Jean-Marc Ferry,[16] e é nessa relação de comunicação com o outro que se "constrói" não apenas uma afetividade, mas uma reflexão sobre a experiência vivida. Durante muito tempo, imaginou-se que bastava saber para ter acesso à autonomia afetiva e que saber era sinônimo de poder (ser capaz de). Porém, a pessoa do estágio 6 do julgamento moral, conforme a classificação de Kohlberg, que obedece ao cientista da experiência de Milgram e age enviando descargas elétricas a um "paciente" que protesta por seu sofrimento, pode ficar bloqueada em seu desenvolvimento afetivo, com medo da sanção (estágio 1) ou ainda com medo de perder o amor de um ser amado (estágio 3) em caso de desobediência. Heteronomia afetiva – que pode perfeitamente ser compatível com um julgamento moral pós-convencional – que os modelos "autoritarista" e "maternante" de educação ameaçam cristalizar ou à qual podem conduzir mobilizando no jovem um comportamento pré-convencional ou convencional em nome do medo da sanção, como no primeiro modelo, ou em nome do medo de desagradar, como no segundo.

Contudo, parece estabelecido, com base em observações empíricas dos psicodesenvolvimentalistas kohlberguianos, que "existe uma boa correlação entre o julgamento e o comportamento moral".[17] A competência de julgar por si mesmo poderia assim favorecer a capacidade de agir no sentido do julgamento por um movimento de interiorização da regra: a força de um princípio às vezes é suficiente para pô-la em prática, mesmo que essa capacidade seja excluída temporariamente ou imediatamente. A formação para o julgamento, que é o objetivo da metodologia lipmaniana, pode então ajudar o jovem a dominar sua afetividade pela auto-reflexão. Do mesmo modo, a avaliação do programa de prevenção da violência primária de Marie-France Daniel[18] encoraja-nos a recorrer mais sistematicamente ao protocolo lipmaniano para formar os jovens para a autonomia afetiva. Os mesmos resultados foram observados a propósito da aprendizagem de matemática e de ciências, com base no programa de filosofia para crianças, com *Les aventures mathématiques de Mathilde et David* e *À la rencontre du monde des sciences*.[19]

A COOPERAÇÃO SOCIAL

Se a autonomia pressupõe a concepção antropológica de um homem livre, a cooperação pressupõe a de um homem solidário ou de um indivíduo social, sempre já em interação com um outro do qual ele necessita para se "co-construir". A criança, como eu já disse, não pode viver independentemente dos outros. A busca de entendimento com outro a conduz a adquirir a linguagem:

> Os complexos infantis, correspondentes ao significado das palavras, não se desenvolvem livre nem espontaneamente, conforme as linhas traçadas pela própria criança, mas seguem direções que lhes são prescritas pelos significados das palavras já estabelecidas na linguagem dos adultos.[20]

E, com ela, a gramática que veicula, como lembra aqui mesmo Jean-Marc Ferry,[21] as "lições" da experiência no mundo. Assim, ela integrará as normas de maneira convencional antes de poder aderir a elas de forma voluntária por mais que seu espírito crítico e sua auto-reflexão sejam estimulados. A "co-operação" intergeracional permite, assim, compreender como os jovens podem aprender rapidamente[22] aquilo que a humanidade levou milênios para aprender com sua experiência no mundo. E cada geração aprende das anteriores as regras do saber, do saber-fazer e do saber-ser.

Contudo, a passagem das comunidades às sociedades e a evolução concomitante no plano educativo de uma "endoformação" para uma "exoeducação" sinalizam um tipo de cooperação bastante particular, o de nos coordenar e nos entender com pessoas que não nos são familiares, mas estranhas, o que exige de todo indivíduo uma capacidade de descentração mais efetiva; não se trata apenas de poder adotar o ponto de vista *comum* de uma comunidade, mas um ponto *geral* ou *universal*. A globalização e a nova mundialização que vivem hoje nossas sociedades apenas reforçam essa exigência de cooperação despersonalizada.

A aprendizagem de tal descentração deve ser conscientemente e adequadamente perseguida pela escola. Dois fatores, ao menos, podem prejudicar essa aprendizagem: o espírito de competição e a relação pedagógica frontal.

- O espírito de competição, correlativo de uma escola seletiva, favorece sobretudo o "cada um por si" na escola, em vez da cooperação entre pares. Basta ver como reagem os alunos a uma injunção de discriminação arbitrária entre alunos por parte do professor[23] para se dar conta desse espírito.
- A relação pedagógica frontal, forçosamente assimétrica, coloca permanentemente o aluno em uma relação de pessoa a pessoa que certamente favorece uma descentração, mas uma descentração entre dois pontos de vista. Estabelecer dispositivos pedagógicos pelos quais os alunos cooperam entre si, à maneira como eles aprendem brincando fora da escola, ao contrário, multiplicaria as perspectivas e favoreceria o acesso a um ponto de vista geral.

A aprendizagem cooperativa não pode limitar-se como ocorre normalmente, a recorrer ao imperativo "Seja solidário" de uma moralidade convencional. Ela requer que se estabeleçam situações nas quais a cooperação seja experimentada, não apenas como eficácia social ou eficácia do grupo, mas também como um meio por excelência de atingir seus próprios objetivos. O termo "eficácia" não remete, em meu espírito, ao objetivo puramente estratégico (o de um "interesse bem compreendido"). O êxito do grupo e dos objetivos pessoais pode traduzir-se também em termos relacionais de intercompreensão, de entendimento mesmo, com os sentimentos de prazer que podem resultar para si e para os outros. De todo modo, quer o agir vise o "sucesso" ou o "entendimento", quer seja "instrumental" ou "comunicacional", comandado pelo interesse ou pela ética, ele requer desempenhos cooperativos que a escola pode desenvolver.

A "comunidade de investigação", preconizada por Matthew Lipman no protocolo da filosofia para crianças, é uma das ferramentas pedagógicas capaz de desenvolver habilidades cooperativas das crianças. Falar-se, ouvir-se, investigar junto e coordenar-se, responder-se, etc., são todas competências cooperativas que o professor pode ensinar por essa via. Outros dispositivos também podem contribuir para isso. Penso particularmente na pedagogia da cooperação,[24] na formação para o comportamento de ajuda e na pedagogia do projeto. O importante é evitar um "simples" trabalho de equipe no qual as crianças se reúnem sem interagir e uma comunidade de investigação na qual as intervenções das crianças se justapõem sem se responder. A primeira colaboração de Marie-France Daniel nesta obra mostra bem como esse perigo é possível, pois uma relação dialógica não é *a priori* crítica.

A PARTICIPAÇÃO PÚBLICA

Admitindo-se que o traço revolucionário da democracia moderna como sistema político caracteriza-se pelo fato de que agora são os próprios cidadãos que decidem, de um lado, as modalidades de acesso ao poder e, de outro, seus direitos e seus deveres, então a legitimidade "puramente" representativa de nossas democracias pode tornar-se problemática, ainda que possa justificar-se em uma sociedade essencialmente organizada em forma piramidal, com uma "vanguarda" esclarecida, instruída e cultivada no cume, dirigindo "como bom pai de família" massas laboriosas pouco informadas das questões políticas, por estarem mais preocupadas com suas condições de trabalho e de salário. Contudo a individualização crescente desde a modernidade e a mutação cultural por que passamos nos anos de 1970 com a contestação do modelo piramidal, vertical e autoritário das relações interpessoais – quer se trate de relações professores-alunos, homens-mulheres, pais-filhos ou patrões-empregados –, e das morais da obediência que o acompanham, fragilizam a democracia representativa "clássica". De um lado, porque há uma deslegitimação de toda "elite" ou "vanguarda" esclarecida que seria capaz *a priori* de determinar o que é o bem ou a "felicidade" do cidadão: os partidos políticos e as organizações ditas "representativas" não têm mais legitimidade para substituir a vontade dos cidadãos; no máximo, podem ser apenas porta-vozes após avaliação e discussão de projetos sociais pelos próprios cidadãos. De outro lado, porque as relações entre o indivíduo e o Estado já não são entendidas da maneira cívica do "devotamento ao Estado" como tal: o cidadão certamente tem deveres em relação ao Estado, mas este último não é por isso dispensado de suas obrigações em relação ao cidadão. Essa é a lição que se tira nestes últimos anos de alguns processos ou investigações parlamentares que põem em causa autoridades políticas de diferentes países: a operação "Mãos Limpas" na Itália, o caso do sangue contaminado na França, o processo Agusta-Dassault e a Comissão Ruanda na Bélgica, o caso Kohl na Alemanha...

Em outras palavras, para relegitimar o poder democrático, o cidadão deve ter a possibilidades de *participar* mais diretamente das grandes orientações políticas, tomar a parcela de poder que lhe cabe individualmente. A democracia representativa contemporânea não está mais em condições de dispensar procedimentos ou elementos de democracia direta.[25] Nesse sentido, ela só pode recobrar sua legitimidade se for mais participativa: no conceito de *participação*, entre *pars* e *capere*, o acento deslocou-se para *capere*: *tomar* sua parcela de poder.

Se a escola pretende contribuir, como sempre contribuiu no passado, para integrar politicamente as novas gerações, ela deverá fazê-lo dotando-as de competências para *participar*, e não somente para se fazer representar.

Essa nova cidadania, mais individualizada, requer, além de competências intelectuais, morais e afetivas para fazer uso de sua liberdade de cidadão, e de suas competências cooperativas para conceder seu julgamento e sua ação aos outros, aptidões para intervir pessoalmente na esfera pública para defender um ponto de vista, ainda que provisoriamente minoritário, ouvir os argumentos adversos, deliberar com os outros, organizar, se necessário, uma "resistência" ao poder político estabelecido, etc.

A "comunidade de investigação" do protocolo lipmaniano é um dispositivo pedagógico que favorece o desenvolvimento de competências comunicacionais de escuta e de diálogo, da capacidade de julgar, escolher, decidir e responder por seus julgamentos e suas ações, de expressar um ponto de vista e de argumentar para convencer os pares. Vivenciar uma "comunidade de investigação" favorece ainda as aptidões de (re)conhecer os procedimentos democráticos, inclusive aquelas que permitem modificá-los, delegá-los e de se fazer representar.

Ensinar os jovens a tornarem-se cidadãos legítimos, ou seja, *parceiros*, é também, no âmbito escolar, proporcionar-lhes meios de se exprimir e de discutir o ensino que lhes é dado, os regulamentos escolares que são obrigados a respeitar. Isso é mais fácil de dizer do que de realizar. Não esqueçamos que, desde a Idade Média, a escola é um lugar de silêncio. Silêncio com freqüência justificado pela eficácia das aprendizagens, mas, com mais freqüência ainda, utilizado para descartar a discussão e o questionamento. É esquecer que o *interdito* na democracia é, como indica a etimologia da palavra – o que é dito entre –, o resultado de uma discussão sobre as razões do que é permitido ou não. Formar cidadãos responsáveis é, portanto, admitir que as razões que prevaleceram por um tempo não valem mais e que o interdito não tem mais sentido, ou é fazer com que os jovens reencontrem as razões do interdito para que as novas gerações lhe dêem sentido.

Em resumo, o protocolo lipmaniano pode contribuir, como aliás é seu objetivo, para a educação para a cidadania por meio da aprendizagem da autonomia, da cooperação e da participação. Ele permite efetivamente ao jovem:

- introduzir-se na generalização e na abstração e, dessa maneira, desenvolver tanto sua autonomia intelectual (abstrata) e moral (adotar a perspectiva do universal) quanto afetiva (abstrair-se de seus afetos);
- confrontar-se com os outros (viver o pluralismo);
- desenvolver habilidades cooperativas (escutar os outros e entender-se com eles);
- exercitar-se para tomar a palavra no espaço público para defender um ponto de vista, convencer e aprender a responder pelo que diz e faz.

NOTAS

1. C. LELEUX, *La Démocratie moderne. Les grandes théories*, 1997, Paris, Éd. du Cerf.
2. E. KANT, *Métaphysique des mœurs*, vol. II, *Doctrine du droit* (1797), trad. A. Renaut, 1994, Paris, Garnier-Flammarion, n. 716, p. 17.
3. C. LELEUX, *L'École revu et corrigée. Une formation générale de base universelle et inconditionelle*, 2001, Bruxelles, De Boeck & Belin, coll. "Comprendre".

4   C. LELEUX, *Repenser l'Éducation civique. Autonomie, coopération, participation*, 1997, Paris, Éd. du Cerf.
5   *Petit Robert*.
6   E. KANT, *Réflexions sur l'éducation*, trad. A. Philonenko, 1993, Paris, Vrin, p. 117.
7   Sobre esse ponto, permito-me remeter o leitor à minha colaboração precedente nesta obra.
8   Para desdobramentos mais amplos, ver C. LELEUX, *L'École revue et corrigée*, op. cit.
9   J. FERRY, *Lettre aux instituteurs* (Circular do Ministro da Instrução Pública dirigida aos professores acerca do ensino moral e cívico, Paris, 17 de novembro de 1883).
10 C. LELEUX, "Éthique de la discussion chez Habermas", in N. BOUCHARD (dir.), *Pour un renouvellement des pratiques d'éducation morale. Six approches contemporaines*, 2002, Presses Universitaires du Québec, p. 105-134.
11 C. LELEUX, *Éducation à la citoyenneté. Apprendre des valeurs et des normes de 5 à 14 ans*, 2000, Bruxelles, De Boeck, coll. "Outils pour enseigner". Para o último ano do ensino médio: C. LELEUX, *Dans quelle societé je veux vivre?* (Manuel de 5e); C. LELEUX, *Qu'est-ce que je tiens pour vrai?* (Manuel de 6e), 2003, Bruxelles, De Boeck e C. LELEUX, L. MATELART, *Séquences didactiques de philosophie* (Guia do professor e correção dos exercícios), 2004, Bruxelles, De Boeck.
12 S.B. SIMON, L.W. HOWE, H. KIRSCHENBAUM, *À la rencontre de soi-même. 80 expériences de clarification des valeurs*, 1972, Québec, Institut de Développement Humain.
13 C. LELEUX, "Théorie du développement moral chez Lawrence Kohlberg et ses critiques (Gilligan e Harbermas)" in J.-M. FERRY et B. LIBOIS (dir.), *Pour une éducation postnationalist*, 2003, Éditions de l'Université de Bruxelles, coll. "Phisolophie et Societé", p. 111-128.
14 C. LELEUX, "Éduquer à la moralité sans moraliser" in *Le Cartable de Clio*, Revue Romande et Tessinoise sur les Didactiques de l'Histoire, 2002, Lausanne, n. 2, p. 243-252.
15 J. PIAGET, "Le Développement mental de l'enfant" in *Six études de psychologie*, 1964, Paris, Folio essais, pp. 100-101: "É sempre a afetividade que constitui o motor das ações das quais resulta, a cada novo patamar, essa ascensão progressiva, pois é a afetividade que atribui um valor às atividades e regula sua energia."
16 J.-M. FERRY, *Les Puissances de l'éxperience*, 1991, Paris, Éd du Cerf, col. "Passages", vol. I, cap. I, II e III.
17 Michel RAINVILLE, *Manuel pratique de formation à l'approche de Kohlberg*, Université du Québec, 1978, p. 62.
18 Ver a colaboração de M.-F. Daniel mais adiante nesta obra.
19 M.-F. DANIEL, L. LAFORTUNE, R. PALLASCIO, P. SYKES. *Philosopher sur les mathématiques et les sciences* (Guide d'accompagnement); *Les Aventures*

mathématiques de Mathilde et David et Rencontre avec le monde des sciences (contes philosophiques), 1996, Québec, Éd. Le Loup de Gouttière. Ver também a esse respeito a intervenção de M.-F. Daniel no painel de discussão, no Capítulo 7 deste livro, com o intertítulo "A filosofia para crianças, um protocolo transdisciplinar?"
20 L. S. VYGOTSKI, *Pensée et Langage* (1934). Seguido de Jean PIAGET, *Commentaire sur les remarques critiques de Vygotski*, trad. F. Sève, 1997, Paris, La Dispute, pp. 226-227.
21 Ver a entrevista com ele neste livro.
22 Como constata M. COHEN, "Kids are getting older younger", citado por G. Abel na colaboração que segue.
23 Ver, por exemplo, a experiência realizada por J. ELLIOTT (*La Classe divisée*, 1968, 55, reportagem de N. KHARBACHE, D. LEVY, R. ROELS e F. GRANET sobre a projeção do filme da ABC News, *Au cœur du cyclone*, 1954); ver também uma experiência do mesmo tipo conduzida por V. VAN GEND, "Refuser les discriminations?" in C. LELEUX, *Éducation à la citoyenneté, op. cit.*
24 Para uma aplicação pedagógica em filosofia, ver, por exemplo, C. LELEUX, L. MATELART, *Séquences didactiques de philosophie, op. cit.*
25 Ver, por exemplo, C. LELEUX, *La Démocracie moderne, op. cit.*, e, para as aplicações didáticas, C. LELEUX, *Dans quelle societé je veux vivre?* (Manual do aluno), *op. cit.*, e C. LELEUX, LUC MATELART, *Séquences didactiques de philosophie* (Guia do professor), *op. cit.*

11
No horizonte da filosofia em crianças: a democracia como atitude[1]

Gilles Abel

Além do interesse essencialmente pedagógico do modelo de Lipman, trata-se de descobrir a dimensão sociopolítica profundamente ancorada em seu procedimento. Certamente, a discussão filosófica com crianças constitui uma ferramenta valiosa para a aprendizagem de competências transversais, tanto lógicas quanto estratégicas. Ela parece igualmente valiosa para a aprendizagem de competências *éticas* e *socioafetivas*, de uma importância evidentemente significativa em uma educação para a democracia.

Para identificar em que medida o procedimento de Lipman inscreve-se de maneira perfeitamente coerente no seio de uma educação de vocação democrática, é importante partir do conceito de *comunidade de investigação*, eixo de seu procedimento. Esse conceito pode servir efetivamente como um valioso prisma para compreender até que ponto a experiência democrática inscreve-se explicitamente na essência do método Lipman. Ele o faz colocando em cena três balizas conceituais: a legitimidade, o espírito crítico e a solidariedade. Nessa perspectiva, trata-se não de vislumbrar uma formação para a democracia em uma perspectiva de educação para um sistema dado, para um procedimento, para um dogma democrático. Consistirá, ao contrário, em uma educação para uma experiência ou, se preferirem, para uma *atitude* democrática.

Trata-se, portanto, de observar, em primeiro lugar, que a filosofia com crianças[2] (FCC), via comunidade de investigação, oferece aos seus participantes um lugar propício ao exercício de comportamentos portadores de *legitimidade*, um dos ingredientes essenciais de uma dinâmica democrática. Constitui seu primeiro critério de validade. A comunidade de investigação é definida como um lugar onde as perguntas das crianças são apresentadas ao grupo e nutrem-se de pontos de vista diversos e divergentes. É concebida igualmente como um lugar onde a resposta construída não terá sentido se não for o produto de uma discussão, argumentação e avaliação coletivas.

Em segundo lugar, a reflexão mostrará em que a finalidade *de espírito crítico* da FCC inscreve-se no campo das preocupações pedagógicas de uma educação para a democracia. O espírito crítico – ao contrário do espírito de crítica – é ao mesmo tempo um fundamento e uma finalidade da comunidade de investigação. De fato, trata-se de um esforço permanente de submeter seus questionamentos, suas dúvidas e suas opiniões ao exame da crítica construtiva e argumentada do grupo, sem ignorar as dimensões afetivas e emocionais que podem surgir. Articulando nas crianças a crítica das palavras trocadas à autocrítica de suas próprias palavras e opiniões, a comunidade de investigação pretende-se um lugar de discussão crítica exigente sem ser intransigente. Mas, sobretudo, ela sempre recusa as opiniões e as respostas prontas.

Uma terceira parte procurará circunscrever a *solidariedade* que se opera na comunidade de investigação. Ela trará à luz o papel desempenhado pela discussão e pela investigação coletiva no estabelecimento de uma comunidade mais rica em termos de coesão e de comunicação. A solidariedade constitui, enfim, a terceira baliza conceitual. Em complementaridade com as duas outras, ela é o cimento da comunidade de investigação, um trunfo valioso e útil da investigação coletiva. Essa solidariedade é o resultado de uma pesquisa feita pelas crianças em relação às suas indagações filosóficas ou existenciais, que têm em comum fazer sentido para elas. Em uma forma de interesse bem compreendido, a solidariedade logo se mostra em toda a sua pertinência. A criança acaba percebendo o outro não como um adversário ou um concorrente, sem por isso tornar-se seu amigo íntimo ou cúmplice. Na verdade, ela o percebe simplesmente como um aliado, ou seja, uma pessoa diferente, com opiniões diferentes. E como um indivíduo cujo interesse, assim como o de seus parceiros, é construir uma resposta em que cada um encontre *ao menos* um elemento de satisfação.

COMUNIDADE DE INVESTIGAÇÃO: UM ESPAÇO DE LEGITIMIDADE

Quando um pensamento pode ser reconhecido como legítimo em um grupo? Vejamos uma classe com alunos de nove anos que forma uma comunidade de investigação. O dinamizador acaba de ler uma história. Feita a "coleta de perguntas", a investigação refere-se à responsabilidade. O dinamizador não é garantia de nenhuma verdade *a priori*. Somente da utilização correta de procedimentos na busca de uma verdade comum. Uma criança pergunta: "Com que idade a gente pode ser responsável?". O esforço para a comunidade é ter de definir, autocorrigir-se, investigar os pressupostos, as alternativas. Aprendendo como utilizar habilidades primeiramente cognitivas e depois progressivamente éticas, estéticas e socioafetivas, cada um descobre uma maneira de construir respostas às perguntas que se faz. O conceito de legitimidade corresponde, portanto, a esse processo em que a criança descobre que sua resposta será tanto mais satisfatória e rica na medida em que seja objeto de uma busca de sua parte e da parte da comunidade de investigação.

Matthew Lipman e seus colaboradores propõem meios de realizar desde idades muito precoces a aprendizagem de trocas discursivas portadoras de legitimidade para o grupo. Ela apresenta assim uma concepção eminentemente responsabilizadora para a criança do sistema de educação em que é preciso inscrevê-la através do conceito de comunidade de investigação.

Em uma perspectiva sensivelmente maiêutica, essa educação assume como missão encorajar na criança todas as habilidades que ela tem em germe desde os primeiros anos de vida. Por meio da comunidade de investigação, a criança é estimulada, pelo diálogo, a pôr em prática o rosário de habilidades tanto teóricas quanto práticas que traz consigo. Essas habilidades a conduzirão a articular uma reflexão racional com julgamentos razoáveis. Assim, ela poderá compreender que a legitimidade nada mais é que uma questão de reflexão, mas igualmente de julgamento.

Além disso, ela se verá envolvida em um processo que associa uma série de mecanismos idênticos aos que movem, naturalmente em grande escala, o conjunto da sociedade. Para Lipman, em *Philosophy goes to school*,

> as escolas devem preparar os alunos para a cidadania permitindo-lhes tanto quanto possível expor-se e participar nos modos de procedimentos que caracterizam a sociedade dos adultos [...] onde as pessoas são mediadoras, investigam, criticam, examinam os precedentes e as tradições, consideram alternativas, em suma, preferem refletir juntas, em vez de recorrer ao arbí-

trio e à violência. Somente por meio desse tipo de participação ativa em uma prática democrática e constitucional é que os jovens estarão preparados para exercer sua cidadania quando forem adultos.[3]

Essa vontade *ativa* de refletir junto, garantia de uma prática democrática, é definida como um verdadeiro objetivo pedagógico por Lipman. Escapando ao arbítrio e à violência, os jovens podem fundar uma prática democrática que permita a eles se apoiarem em bases normativas sólidas.

Para além do caráter teórico dessa noção de legitimidade como fundamento democrático, pode ser oportuno estudar seu lado "prático" em termos de atitudes morais. Lipman constata:

> Não se pode esperar dos cidadãos que eles se tornem racionais a menos que se ofereça a eles um ambiente de instituições e de procedimentos racionais, dado que é a preexistência desse tipo de ambiente que dá lugar e produz a natureza razoável do indivíduo [...]. Por isso, uma sociedade que deseja ver emergirem de suas escolas pessoas racionais e razoáveis deve fazer com que o próprio ambiente escolar seja razoável.[4]

Esse texto mostra suficientemente que a insistência feita sobre o racional não exclui de modo nenhum a preocupação com uma postura mais prática. Prova ainda é a distinção que Lipman estabelece entre os conceitos de *rationality* e *reasonableness*. Este último não possui um equivalente satisfatório em francês, ao lado da racionalidade, e assim se deveria falar de *"raisonnabilité"**. O desgosto com que ele constata que essa dimensão, mesmo sendo condição de existência de uma escola coerente, não é muito respeitada nos sistemas de educação é mais uma prova disso. Convém então procurar compreender, no momento, o que subentende a distinção desses dois conceitos, *rationality* e *reasonableness*.

A criança pode tornar-se um ser *racional* desenvolvendo as habilidades cognitivas estimuladas pela FCC: definição, autocorreção, investigação de pressupostos ou de alternativas, etc. Mas essas capacidades metacognitivas não são suficientes para criar um ser esclarecido e um cidadão consciente. É importante também para a criança tornar-se um ser *razoável,* pondo em prática valores e princípios dos quais ela se descobre, ao longo da pesquisa, instigadora e depositária simultaneamente. Portanto, a descoberta consciente de suas próprias opiniões e comportamentos ajudará a criança, evidentemente com o apoio de um grupo, a identificar

---

* N. de T. Já a língua portuguesa registra o termo "razoabilidade".

os fundamentos dos diferentes movimentos que impulsionam a sociedade. Ela se tornará assim capaz de contribuir ativa e solidamente para o exercício da democracia. Esse cuidado de ajudar a criança a se exercitar para pôr em prática uma cidadania ativa e responsável encontra-se em dois textos complementares. Lipman escreve por um lado:

> Um dos pressupostos da idéia de democracia, pelo menos depois de John Locke, é que os membros de uma sociedade não sejam apenas informados, mas reflexivos, que não sejam apenas conscientes dos desafios, mas que sejam razoáveis em relação a eles.[5]

E afirma, por outro lado:

> Há pouco interesse em ensinar aos alunos como as instituições funcionam, se ao mesmo tempo não os ajudamos a compreender as metas e os objetivos que devem ser perseguidos para sustentar essas instituições. Sem uma clara compreensão de conceitos como a liberdade, a justiça, a igualdade, a personalidade e a democracia, como é que os estudantes poderiam ser capazes de dizer quais instâncias eleitas ou quais instituições estabelecidas funcionam corretamente ou não?[6]

Esse "corretamente", como se pode ver, é o oposto do "politicamente correto". Ele supõe, de fato, um distanciamento e um julgamento de valor sobre os sistemas estabelecidos. Lipman tem consciência de que esse procedimento implica uma profunda mudança de mentalidade, não no nível da criança em primeiro lugar, mas no nível dos adultos que operam o sistema e, em particular, dos professores. Assim, ele formula habilmente a maneira como os professores deveriam logicamente desempenhar sua tarefa educativa. Eles não têm o privilégio de se afirmar como detentores de um saber que bastaria transmitir. A pedagogia da comunidade de investigação requer, ao contrário, que eles se tornem co-participantes da investigação com as crianças. Ele especifica, então, as duas tarefas que um procedimento de inspiração democrática implica para o professor:

> Em seguida, duas tarefas apresentam-se àqueles que se aventuram a ensinar crianças nas sociedades democráticas. A primeira é fazer com que os estudantes tomem consciência da natureza da sociedade a que pertencem, levando-os a conhecer as principais correntes de sua história e os aspectos fundamentais de sua estrutura contemporânea. A segunda é encorajá-los a pensar nessas matérias, aguçando suas habilidades de pensamento e mostrando-lhes como aplicar essas habilidades aos temas de importância. A primeira tarefa implica levar os estudantes a aprender; a segunda, levá-los a pensar. Isso dá

margem a acreditar que podemos praticar de modo eficaz a primeira sem praticar efetivamente a segunda e que não deveríamos fazê-lo.[7]

Levar os estudantes a *aprender*, mas igualmente a *pensar*, constituiria assim uma via pedagógica desejosa de democracia, pois eles seriam capazes de avaliar a legitimidade que fundamenta suas diversas práticas sociais. Será que poderíamos dizer que se trata de um novo princípio pedagógico revolucionário? Evidentemente, com relação à vivência atual do ensino, a distância é grande. Contudo, para além de todos os direitos adquiridos nesse sistema, não seria simplesmente o retorno saudável ao princípio da cabeça bem-feita, em vez de muito cheia, defendido por Montaigne?[8] Mais do que uma revolução, trata-se antes de tudo de uma vontade de reforma bem-equilibrada. Ela visa não a transformação do papel dos professores, mas uma melhoria de sua vivência para oferecer aos seus alunos e à sociedade, a educação democrática de que tanto se necessita.

Entretanto, sobre esse ponto, Lipman distingue-se claramente dos dogmas em voga sobre o papel da escola: o professor não deve ser a garantia do sistema social do qual ele é apenas um funcionário. Ele explica como segue:

> O professor é um mediador entre a sociedade e a criança, e não um árbitro. Não é papel do professor ajustar a criança à sociedade, e sim educar a criança de maneira que ela possa eventualmente amoldar a sociedade de uma maneira que seja mais sensível às suas preocupações individuais.[9]

Em um segundo momento, uma análise da natureza democrática da comunidade de investigação pode apoiar-se no exame da noção de espírito crítico. Assim, pode ser possível observar como ela pode ser uma noção propícia à reflexão de que nos ocupamos.

O ESPÍRITO CRÍTICO: UMA GARANTIA DE DEMOCRACIA

Em que o espírito crítico, pelo fato de não aceitar nenhuma asserção sem ter verificado antes se ela é verdadeira, pode ser uma garantia de democracia? Desde que se aceite que uma das grandes dificuldades vividas pelos indivíduos em nossas sociedades é *compreender* o ambiente em que vivem e o lugar que lhes cabe, parece lógico postular a importância do espírito crítico. A compreensão reside no intervalo que separa a realidade da percepção. Porém, a realidade torna-se complexa e, quanto mais a percepção é vivida na forma do imediato, mais fica difícil emergir a compreensão. Enfatizar o espírito crítico inscreve-se, portanto, em uma perspectiva decididamente democrática, uma vez que esta só pode acentuar a possibilidade para os indivíduos, conforme compreendam melhor, de poder decidir melhor.

Em uma comunidade de investigação composta de crianças de 10 anos, uma questão: "É sempre ruim dizer mentiras?". O dinamizador tenta levar os participantes a dar exemplos e contra-exemplos, a formular critérios e argumentos. Os resultados mostram que a primeira resposta de alguns ("Sim, com certeza!") é progressivamente atenuada ("mentir para não magoar"). Desse modo, o objetivo é levar as crianças a se *des*-centrar, a tomar distância em relação às suas indagações, depois observar como, com e através do grupo, construir uma resposta que lhe convém. Portanto, a comunidade de investigação desempenha aqui um papel e catalisador, que permite às crianças tomar distância de sua experiência para poder compreendê-la melhor.

A ligação entre educação para o pensamento crítico e educação para a democracia parece clara *a priori* para Lipman:

> O caso do pensamento crítico deve ser considerado. Para que serve ele, senão para tornar os indivíduos mais razoáveis? E, visto que a democracia necessita de pessoas razoáveis, o pensamento crítico é um meio necessário se o que se deseja é uma sociedade democrática.[10]

Porém, esse projeto não é necessariamente simples. Na verdade, ele é semeado de múltiplos obstáculos. Permitam-nos considerar duas ocorrências: de um lado, o lugar que o conhecimento ocupa na sociedade contemporânea; de outro lado, as mutações do desenvolvimento psicológico da criança.

Em outubro de 2000, o sociólogo francês Alain Touraine resumia assim a situação no programa *Bouillon de Culture*, explicando que a sociedade de hoje passou "de uma economia baseada na energia para uma sociedade baseada no conhecimento".[11] Explicando essa frase no mínimo lapidar, ele observava que somente o mundo empresarial parecia ter a exata dimensão desse desenvolvimento tecnológico. Ao mesmo tempo, assinalava a necessidade de reagir inteligentemente em todos os níveis e alertava contra uma interpretação errada dessa mudança social. Contudo, visto que a maioria dos países ocidentais já há alguns anos procurou adaptar seu sistema escolar a essa virada tecnológica, esse trabalho não pode eximir-se de um exame da questão, que evidencia a importância fundamental de uma educação para o espírito crítico. De fato, apesar da boa vontade institucional de educar os jovens para essas novas tecnologias, fazendo da ferramenta informática um novo instrumento do despertar da criança, é legítimo preocupar-se com a onipresença, e mesmo com a onipotência, que aparentemente deve adquirir na escola e na sociedade. Essas novas tecnologias, apesar de sua suposta neutralidade, não escondem uma rede de interesses consideráveis, particularmente financeiros. Uma diluição no espaço virtual não deve, portanto, impedir que se tenha isso sempre em mente. De fato, o interesse particular pode entrar em conflito aqui com o interesse geral que a instituição educativa deve encorajar e, se necessário, proteger. O espírito crítico constitui, nesse contexto, uma ferramenta valiosa na ótica educativa.

A evolução do desenvolvimento psicológico da criança requer igualmente privilegiar hoje a aprendizagem de um pensamento crítico. De fato, como explica, por exemplo, o Dr. Michael Cohen, com seu conceito de *Developmental compression*, a criança, cada vez mais, "está envelhecendo mais cedo".[12] Ele traduz assim a situação da criança hoje, à luz da reflexão que emerge dos trabalhos da psicologia do desenvolvimento cognitivo e social que

> se refere à maneira como as crianças progridem ao longo da trajetória do desenvolvimento a uma velocidade maior do que no passado [...]. A trajetória de desenvolvimento permanece a mesma, e as crianças não escapam a nenhuma fase de seu desenvolvimento. Eles não estão se tornando "pequenos adultos", mas estão crescendo mais rápido do que nunca.[13]

Admitir, como Cohen, mesmo sem captar todos os seus mecanismos, que essa trajetória de desenvolvimento está sofrendo uma profunda mutação, é também obrigar-se a aceitar que uma nova avaliação de nosso sistema de educação impõe-se para assegurar à juventude uma adaptação construtiva e razoável a essa nova realidade.

Se, no entanto, atores cada vez mais numerosos da educação concordam em reconhecer teoricamente que a escola precisa ser reformada, dado que, na sua forma atual, ela não pode mais assegurar sua missão, entre outras, de tecer o vínculo social, a estratégia a ser privilegiada está longe de ser consensual. De um lado, encontra-se a concepção conservadora que se apega cegamente a uma ideologia que faz do professor aquele que sabe tudo, até mesmo a essência das coisas, e da criança um funil ignorante que só consegue aprender o que vem da boca do professor. De outro lado, um "romantismo pedagógico" libertário que coloca a criançasoberana em um pedestal hermético a qualquer idéia de autoridade. O tempo veio, assim, buscar uma via intermediária. Como diz Michael Cohen, a questão não é saber se as crianças tornaram-se "pequenos adultos" capazes de se educar, e sim compreender que existem meios de reformar a escola sem jogar fora o bebê com a água do banho e sem eliminar *a priori* as aquisições de um sistema que veio do passado, mas que não existe infalivelmente no presente.

De todo modo, a rota do futuro, qualquer que seja, passa por um tipo de educação que não se limite a instruir as crianças pelas matérias, mas que lhes permita situar-se na massa de informações que as assalta e organizar, de maneira global, o conteúdo de sua aprendizagem. Como diz Lipman:

> A natureza da educação, geralmente malcompreendida, confunde educação e instrução [...] A instrução – não a educação – leva a adotar um pensamento e um comportamento convencionais e conformistas. A educação, ao contrário, tende a fazer pessoas razoáveis, capazes de julgar bem, as quais adotam, em face das crenças, uma atitude prudente e um espírito aberto.[14]

Como se pode constatar, o contexto criado para a criança oferece toda a pertinência para um profundo questionamento, inspirado no ar dos tempos, das mentalidades pedagógicas e dos programas escolares. Mas não importa qual evolução poderia ser a melhor. A solução oferecida pela comunidade de investigação, embora não constitua uma panacéia, tem o grande mérito de propor, dentro do ambiente escolar, um lugar favorável a implementar atitudes exigidas pela situação que prevalece atualmente. A comunidade de investigação estimula a prática, consciente e inconsciente, de comportamentos fundadores de um espírito crítico. A criança, de fato, está interessada tanto no questionamento de suas experiências e de seu ambiente quanto na busca de alternativas aos problemas que enfrenta. Essa comunidade encoraja, em uma dinâmica deliberadamente coletiva, a aquisição pela criança de um pensamento pessoal. E, dessa maneira, consagra a autonomia crítica como um valor necessário à vitalidade de uma democracia.

A SOLIDARIEDADE: UM FATOR DE COERÊNCIA DEMOCRÁTICA

Em que medida a solidariedade representa um parâmetro especificamente democrático? Em outras palavras, em que medida uma dinâmica de grupo marcada pela solidariedade favorece a descoberta de reflexos de caráter democrático? Uma comunidade de investigação de crianças de 11 anos indagava-se sobre as qualidades adultas que consideravam modelos. As definições da noção de modelo, os exemplos propostos, os critérios identificados, tudo isso fez com que o diálogo avançasse. Contudo, determinadas crianças expõem timidamente algumas de suas hipóteses. O dinamizador encoraja-as a explicar seu pensamento e pede ao grupo para reformular essas proposições. Para além da primeira impressão, isso autoriza que, pelo simples fato da nuança ou da reformulação, certos antagonismos se nivelem e que até se chegue às vezes a convergências. A solidariedade manifesta-se, portanto, em dois níveis. Em primeiro lugar, ela caracteriza esse processo pelo qual as crianças, graças às habilidades que põem em prática, fazem avançar paralelamente sua própria compreensão e a da comunidade. Em seguida, a solidariedade revela-se na descoberta feita pelas crianças de que o grupo, longe de ser um obstáculo à compreensão e à resposta às perguntas, é uma vantagem e um aliado precioso.

Na FCC, o procedimento de descoberta da experiência individual opera-se em uma comunidade de investigação. Por sua própria estrutura e seu modo de funcionamento, ela pode propor uma educação deliberadamente orientada para uma aprendizagem solidária. É isso que se deve esclarecer em um primeiro momento.

Durante uma discussão em uma comunidade de investigação, as crianças começam pela leitura de um texto com sabor reflexivo. Pede-se a elas que formulem perguntas sugeridas pelo conteúdo do texto. Em seguida, abre-se uma discussão que permite aos participantes explorar da forma mais rigorosa possível a problemática associada ao tema. Por seu papel de animador-mediador, o professor é incumbido de assegurar o bom andamento da conversa, mas sobretudo de estimular nos alunos a prática de habilidades diversas e de fazer com que respeitem alguns princípios necessários ao bom andamento da discussão. No essencial, trata-se de experimentar concretamente a importância de diversos valores de repercussão social: respeito verbal e não-verbal ao outro, tolerância para dar espaço às opiniões de um outro que se tenderia a denegrir ou descartar, compreensão entre participantes, submetendo ao grupo a reformulação de certas proposições individuais. Esse procedimento pode favorecer na criança a emergência de uma consciência da coletividade. Ela perceberá que esta pode ser enriquecida pela colaboração de cada um para a investigação e por um esforço de compreensão mútua. O papel do professor será então, principalmente, o de encorajar cada um a discutir seu ponto de vista segundo uma ótica de enriquecimento. Com isso, ele se abrirá às crenças, às opiniões e aos interesses do outro, criando um verdadeiro efeito de um saudável contágio democrático. Se a escola continua sendo o lugar privilegiado dessa prática, a descoberta feita em classe pela criança lhe possibilitará recorrer ao mesmo processo fora do meio escolar. Tendo aprendido a dar mais valor às opiniões de outro, a articular por si mesmas e a dominar sua experiência, as crianças perceberão progressivamente o mundo que as circunda de forma articulada. Um trabalho de sensibilização, e de conseqüente responsabilização, das crianças poderá estender-se não apenas à escala de uma classe, mas da sociedade inteira. Ele será facilitado pela tomada de consciência da importância – em uma perspectiva pragmática – da utilidade de uma ação solidária e coletiva. Essa tomada de consciência terá então repercussões não apenas em suas atitudes, mas também em suas opiniões. Assim, além do *agir* solidário, poderá desenvolver-se um *pensamento* solidário que foi sendo encorajado pouco a pouco pela comunidade de investigação, pois esta, mais do que ajudar cada um a se expressar, terá estimulado a investigação mútua e possibilitado uma melhor compreensão das temáticas levantadas durante as discussões. A criança também poderá se dar conta de que a riqueza de seus próprios julgamentos deve-se aos de outro. E, então, estará em condições de tomar consciência da pertinência tanto teórica quanto prática de uma atitude de ajuda e de busca recíproca.

Por sua componente de elaboração e de atualização coletiva dos saberes, a comunidade de investigação propõe uma educação solidária em que se associam problemáticas concorrentes. De um lado, o desenvolvimento da criança; de outro lado, uma aprendizagem concreta de atitudes que as crianças de hoje são chamadas a desenvolver em uma idade cada vez mais precoce. Assim, ela passa a ser o lugar em que a criança pode adquirir, mediante a prática, o domínio de habilidades que lhe permitirão agir amanhã de forma mais responsável e esclarecida na sociedade democrática da qual faz parte.

A oportunidade dessa educação solidária no âmbito da escola contemporânea mostra sua pertinência também em termos de democracia pela atitude *participativa* que surge da comunidade de investigação. O estudo dessa dinâmica permite atualmente observar uma potencialidade democrática suplementar da aprendizagem no seio do procedimento da FCC.

Como formulam muito bem dois pesquisadores em filosofia para crianças, Brynhildur Sigurdardottir e Pablo Cevello-Estarellas,[15] a concepção de uma democracia participativa é não apenas *qualitativamente* mais rica que seu contrário. Ela também converge com as virtudes estimuladas pelo procedimento da FCC. Favorece um reflexo mais fiel de decisões individuais e constitui um exercício que associa a ligação de interdependência entre a liberdade individual e a liberdade coletiva. Dessa maneira, a promoção de uma democracia feita de participação pressupõe uma maior confiança na possibilidade de uma democracia mais coerente e mais coletiva do que é atualmente. Conforme postulam os dois acadêmicos:

> Nas democracias participativas, pressupõe-se que os cidadãos, devidamente educados, são os melhores juízes para decidir o que é bom para eles, seja tomando decisões sobre a vida da comunidade, seja cobrando dos que estão no poder responsabilidade por suas ações.[16]

Consagrando de certa maneira a ligação entre o valor das escolhas individuais e de suas conseqüências para a vida comum, sua exposição permite-lhe igualmente definir que necessidades implica para o indivíduo a possibilidade de uma atitude democrática fundada na responsabilidade individual e coletiva. O primeiro elemento de que ele necessita é possuir, e sobretudo dominar, "o conhecimento necessário e as habilidades de pensamento para poder fazer julgamentos práticos acerca dos assuntos públicos".[17] A segunda exigência para a prática de uma democracia mais participativa é a presença, sempre segundo os dois pesquisadores, de

> certas disposições comportamentais ou traços de caráter que permitem agir em uma comunidade deliberativa e dialógica. Aqueles que se expressam habitualmente tanto pela identificação quanto pelo exercício de certas virtudes ou valores que incluem, mas não se restringem a elas, a justiça, a liberdade, a solidariedade, o respeito mútuo, a abertura de espírito, a tolerância e a falibilidade.[18]

A maneira como esses diferentes valores podem ser atualizados nos comportamentos encorajados pela comunidade de investigação depende principalmente do valor que cada um dos participantes atribuirá, em sua investigação, à solidariedade. Como conceber, de fato, experimentar comportamentos como o respeito, a tolerância ou ainda a falibilidade fora de um processo constituído por uma dinâmica em que todos os membros reconheçam seu fundamento intersubjetivo? Convencido do alto valor de um viver-junto feito de diálogo, de rigor cognitivo e moral, de gestão solidária das problemáticas coletivas, o procedimento de FCC expressa assim sua confiança em um futuro melhor, em que cada um, desde pequeno, seja capaz de desempenhar um papel. E, sobretudo, de ter consciência dele.

Como afirma o idealizador do procedimento, Matthew Lipman:

> A comunidade de investigação, concebida à imagem da democracia e iniciada no princípio e nos valores desse paradigma, envolve a criança em um processo de crescimento ao mesmo tempo individual e político. E parece lógico que, se a criança exerce regularmente sua liberdade de pensamento e de ação e respeita a do outro durante todas as etapas de sua educação, então, conseqüentemente, a democracia será para ela uma filosofia de vida, uma maneira de ser quando se tornar um adulto ativo no seio de sua sociedade.[19]

A democracia como *filosofia de vida* – eis uma expressão que poderia condensar o essencial do projeto de Matthew Lipman com a filosofia para crianças. Consagrando a democracia como sistema de valores intersubjetivos e solidários, mais do que como sistema de instituições públicas, ele se coloca como o arauto de uma pedagogia profundamente ancorada na sociedade, considerada em sua acepção mais global. De fato, paralelamente à especialização dos papéis sociais e à tecnicização das profissões, nenhum cimento ideológico vem colmatar hoje esse substrato identitário do indivíduo. Com isso, ele se constrói com muitas brechas individuais e sociais.

CONCLUSÃO

Três conceitos serviram-nos de indicadores para avaliar em que medida uma prática de FCC atribuía-se um objetivo explicitamente democrático. Observemos por ora em que medida a legitimidade, o espírito crítico e a solidariedade participam efetivamente da eclosão de uma dinâmica pedagógica portadora de veleidades de "sabor" democrático. Que esclarecimentos é lícito deduzir da reflexão feita neste artigo?

O problema colocado no início era: a ferramenta metodológica que constitui, no procedimento de FCC, a comunidade de investigação, pode ser considerada como um instrumento de despertar para uma *atitude* democrática? Uma democracia não poderia ser legitimamente um espaço onde se confrontam meros mecanismos econômicos e políticos. Tampouco poderia repousar em um confronto entre cidadãos, mas sim em um encontro para a investigação de bases comuns, para além de suas experiências particulares. No nosso contexto atual, parece evidente que a democracia deve fundar-se mais na intersubjetividade e no diálogo argumentado. E se é verdade que, na prática, existe um fosso entre a realidade e o ideal visado, este último não tem, entretanto, nada de impeditivo.

A FCC, por intermédio da comunidade de investigação, aparece como uma disciplina rica em potencialidades tanto reflexivas quanto éticas e políticas. De fato, por definição, ela organiza um lugar de aprendizagem cujas finalidades são da ordem do rigor argumentativo, da coerência ética, do espírito crítico, da autonomia racional, da colaboração solidária e da crítica construtiva. Valores constitutivos de um comportamento democrático, eles permitem entrever, na prática da reflexão filosófica com as crianças, um horizonte em que a democracia deixará de ser unicamente uma questão de sistema institucional e de gestão pública de problemáticas coletivas. Na verdade, esses valores remetem mais a uma concepção da democracia como uma atitude cotidiana em que a legitimidade, o espírito crítico e a solidariedade servem de indicadores. Desse modo, Lipman propõe-se modestamente, mas com a ajuda de uma ferramenta simples e coerente, a ajudar as crianças a modelar suas referências pouco a pouco.

Uma outra observação importante impõe-se aqui. A comunidade de investigação, como vimos, está na essência do procedimento de FCC. Pode ocorrer, às vezes, que se ouça falar tanto de comunidade de investigação quanto de comunidade de investigação *filosófica*. Parece indiscutível que os comportamentos, quer se trate de habilidades cognitivas ou morais, do espírito crítico ou das aptidões "comunicacionais", emergem do campo da filosofia. Eles se apóiam, de fato, em critérios temáticos que constituem, por definição, o "capital" dessa disciplina, pois, privilegiar o espírito crítico, a argumentação racional, o rigor lógico ou ainda a coerência moral são atitudes eminente e implicitamente filosóficas. Talvez fosse oportuno, para concluir, mostrar sua importância a fim de evitar que a comunidade de investigação seja reduzida, por exemplo, a uma simples comunidade de investigação científica. Enquanto "espaço metodológico" do procedimento de FCC, é fundamental, portanto, ter em mente que o processo implementado por ela articula postulados e finalidades de ordem filosófica.

Toda a sociedade hoje se vê confrontada com um grande número de realidades novas: tecnológicas, sem dúvida, porém igualmente políticas, econômicas, energéticas, climáticas, sanitárias ou demográficas. Nesse contexto, o indivíduo, submetido a diversas tensões, não se sente angustiado apenas em decorrência de uma perda de referências ou de compreensão, mas tem dificuldade também de se situar entre seus semelhantes. Em um contexto social caracterizado pela complexidade e pela concorrência, todos acabam sentindo a tentação do isolamento interior. A solidariedade com seus semelhantes não é mais algo transmitido como que automaticamente pelo sistema social. Torna-se urgente, então, estabelecer novos mecanismos que favoreçam sua eclosão. Em um mundo onde a comunicação e a informação são soberanas, o conhecimento corre o risco de encontrar na mundialização apenas um lugar de dispersão. A criança, desde muito pequena, vê-se confrontada com uma sociedade plural por meio da televisão, da imprensa, dos anúncios publicitários e, cada vez mais, pelo espelho virtual da internet. A realidade explode de algum modo diante dos seus olhos. Sua diversidade e sua complexidade podem acabar causando-lhe uma grave indigestão. Como, em sã consciência, sentir-se participante de uma sociedade que parece fragmentar-se ao infinito? Como evitar o risco de ter medo de tudo quando somos informados de todo o relativo, de todos os limites, de todas as perversões possíveis do ser humano? Como adquirir as ferramentas necessárias à estruturação de sua liberdade quando de saída lhe oferecem tão pouco de forma articulada? Como construir de dentro sua própria coluna vertebral, e não uma incômoda couraça para se proteger? Como se sentir estimulado a ser depositário de uma sociedade onde reina o "cada um por si" e o "a cada um sua verdade"?

Certamente, houve um tempo ainda recente em que ideologias sindicalistas, religiosas ou políticas na sociedade impunham à criança, de algum modo, uma camisa-de-força à qual ela tinha de se ajustar desde muito pequena. Esse risco de ser excessivamente condicionada quase não existe mais hoje, porém há um outro risco para a criança: o de oscilar ao sabor dos ventos na expectativa de uma hipotética estruturação de sua identidade. Exposta a uma infinidade de tendências, ela tem de fabricar sua própria camisa-de-força. Na verdade, nenhuma das tendências é suficientemente coercitiva para dispensar a criança dessa nova e súbita responsabilidade que lhe é imposta.

Além disso, o contexto educativo mudou muito. Até recentemente, a família e a escola representavam os dois suportes capazes de assegurar, de forma quase autárquica, a educação da criança. Ambas deveriam estar atentas hoje às mudanças que afetam a sociedade. Confrontadas com o desenvolvimento dos meios de comunicação, com a complexidade crescente dos sistemas referenciais, passando pelas contradições entre as diversas mídias com as quais são confrontadas, as crianças estão expostas a uma realidade de aparência nitidamente mais complexa do que antes e muito mais difícil de articular. Para ensinar-lhes a dominar as ferramentas de sua liberdade presente ou futura, parece ser necessária uma nova abordagem educativa. Ela deveria estar centrada em uma investigação pessoal, e não em uma mera aquisição de conhecimento.

Essa abordagem parece tanto mais necessária na medida em que o contexto político contemporâneo também evoluiu. Ao internacionalizar os mecanismos de poder, de trabalho, de lazer e de comunicação, o fenômeno da mundialização provoca uma fragmentação crescente das referências constitutivas da identidade tanto social quanto individual. No momento em que se afirma, cada vez mais, a interdependência das economias nacionais, das finanças e dos poderes políticos, o tempo parece estar solto. Dispersando-se em um mosaico de relações, as responsabilidades parecem diluir-se também. Logo se impõe, de modo subreptício, uma mentalidade tacitamente aceita como uma espécie de axioma, segundo o qual o equilíbrio entre os diferentes componentes da "aldeia global" seria o resultado de uma nova "mão invisível"[20] que asseguraria a harmonia do conjunto do sistema. Mas não é nada disso. O emaranhamento crescente das relações entre governo, cidadãos, empresas e organizações não contribui somente para amplificar as relações de força já desiguais entre os protagonistas desse grande jogo planetário. Ele engendra igualmente um profundo questionamento da dinâmica democrática. De fato, nossos regimes democráticos vivem uma séria crise de legitimidade que requer não apenas a crítica, mas também a renovação. E qual espaço parece mais predestinado a assegurar essa renovação do que a instituição escolar? Em um meio escolar atualmente em mutação e em evolução constante, à imagem da sociedade à sua volta, a vontade de desenvolver a autonomia nas crianças parece traduzir-se às vezes na escolha de estratégias das quais uma grande parte é constituída de objetivos ou de expectativas implícitos demais. Uma conseqüência bastante comum é que as crianças, às vezes deixadas à própria sorte, têm dificuldade de construir referências que, no entanto, são indispensáveis para evoluir em uma realidade extremamente carente delas.

Se admitimos que a sociedade contemporânea vive um período de transições, cuja acumulação crescente e a velocidade com que se operam multiplicam os problemas com os quais os indivíduos são confrontados desde muito pequenos, tanto individual quanto coletivamente, convém admitir também que, nesse contexto em perpétua mutação, dois pilares preservam a potencialidade simbólica e aglutinadora que tende a se disseminar por toda parte: a instituição escolar e a democracia. Nessa perspectiva, os procedimentos pedagógicos que procuram conjugar suas aquisições em uma ótica sintética estão recuperando seu interesse. O fato de suscitarem interrogações e comentários críticos não deve impedir que se avalie sua validade prática.

Se não é lícito medir o valor de uma sociedade na escala de suas ambições coletivas, parece oportuno reconhecer a pertinência, tanto conceitual quanto empírica, de um procedimento educativo crítico, autocrítico e solidário. O que está em jogo é o futuro de nossas sociedades.

NOTAS

1 Este artigo é inspirado em uma pesquisa sobre filosofia para crianças do autor, realizada entre 1999 e 2001, na Université Laval de Québec, sob a orientação de Michel Sasseville.
2 O autor prefere essa expressão a filosofia para crianças.
3 "Schools must prepare students for citizenship by affording them every possible exposure to and participation in the sorts of rational procedures that characterize adult society [...] wherever people mediate, search, criticize, examine precedents and traditions, consider alternatives, and in short reason together rather than have recourse to arbitrariness and violence. Only by such active participation in democratic and constitutional praxis will young people be prepared to exercise citizenship when they become adult.", in M. LIPMAN, *Philosophy goes to school*, 1988, Philadelphia, Temple University Press, p. 60.
4 "We cannot wait for individual citizens to become rational before providing them an environment of rational institutions and procedures, since it is only the prior of existence of such an environment that sets the stage for and produces the reasonableness of the individual. [...] Therefore, a society that wants thoughtful and reasonable persons to emerge from the schools must see to it that the school environment is itself thoughtful and reasonable.", in M. LIPMAN, ibid., p. 60.
5 "One of the presuppositions of the idea of democracy, at least since the time of John Locke, has been that the members of such a society should be not merely informed but reflective, that they should not merely be aware of the issues but be reasonable with regard to them.", in M. LIPMAN, ibid., p. 110.
6 "There is little point to teaching students how institutions operate, if we do not at the same time help them understand the goals and objectives that must be brought to bear such institutions. Without a clear understanding of such concepts as freedom, justice, equality, personhood, and democracy, how are students to be able to tell whether elected officials or operative institutions are performing well or badly?", in M. LIPMAN, ibid., p. 112.

7 "It follows that two tasks are laid upon those who venture to teach children in democratic societies. The first is to make students aware of the nature of the society in which they belong by getting them to learn the main strands of its history and the major features of its present-day structure. The second is to encourage them to think about these matters by sharpening their thinking skills and by showing them how to apply such skills to matters of importance. The first task involves getting student to learn; the second task involves getting them to think. There is reason to believe that we cannot effectively perform the first without effectively performing the second, and would not want to.", in M. LIPMAN, ibid., p. 110.
8 MONTAIGNE, *Essais*, 1962, Garnier-Flammarion, vol. I, p. 60.
9 "The teacher is a mediator between society and the child, not an arbitrator. It is not the teacher's role to adjust the child to society but to educate children in such a fashion that they can eventually shape the society in a way that is more responsive to individual concerns.", in M. LIPMAN, *Philosophy in classroom*, 1980, Philadelphia, Temple University Press, p. 159.
10 M. LIPMAN, *Thinking in Education* [1991], traduzido em francês por N. Decostre com o título *À l'École de la pensée*, 1995, Bruxelles, De Boeck Université, coll. "Pédagogies en développement", p. 292.
11 A. TOURAINE, in *Bouillon de Culture*, 6 octobre 2000, Paris, France 2.
12 "Kids are getting older younger", segundo a expressão do Dr. M. COHEN, in "Getting Older Younger: Developmental Differences in Children and the Challenge of Developmental Compression", 2000, Montréal, Actes du Colloque Médias-Jeunes, 2000, *Les nouveaux enjeux de la création jeunesse*.
13 M. COHEN, ibid., p. 6: "refers to the way in which kids are progressing through the developmental trajectory at a faster rate than they have in the past [...]. The developmental trajectory remains the same, and children are not skipping any steps of their development. They are not becoming 'little adults', but they are growing up faster than ever before".
14 M. LIPMAN, *À l'École de la pensée*, op. cit., p. 179.
15 B. SIGURDARDOTTIR E, P. CEVELLO-ESTARELLAS, "The community of Inquiry as a Means for Cultivating Democracy", in *Inquiry Critical Thinking across the Disciplines*, 2000, Morehead State University, vol. XIX, n. 2.
16 "In participatory democracies it is assumed that the citizens, properly educated, are the best judges to decide what is good for them, both by making decisions about the communal living, and by holding those who are in power accountable for their actions.", ibid., p. 49.
17 "the necessary knowledge and the thinking skills to make practical judgments about public affairs.", ibid., p. 49-50.
18 "Certain behavioral dispositions or traits of character that enable to work in a deliberative and dialogical community. These are usually expressed both through the identification and the exercise of certain virtues or values,

including, but not limited to, justice, freedom, solidarity, mutual respect, open-mindedness, tolerance and fallibility.", ibid., p. 50.
19 M.-F. DANIEL, *La Philosophie et les enfants. Les modèles de Lipman et Dewey*, 1997, Bruxelles, De Boeck & Belin, coll. "Comprendre", p. 280.
20 Trata-se, evidentemente, de uma referência à hipótese analítica sugerida pelo economista britânico Adam Smith para explicar a geração espontânea do equilíbrio entre a oferta e a demanda no sistema capitalista liberal, in A. SMITH, *An Inquiry into the Nature and Causes of the Wealth of Nations* [1776], 1966, London-New York, Strahan, Kelley.

12

Instaurar espaços de cidadania[1]

Marie-Pierre Grosjean-Doutrelepont

INTRODUÇÃO

O título deste capítulo requer duas observações: é escrito no infinitivo e não termina com um ponto de interrogação. Essas duas observações chamam a atenção para as duas intenções que guiam a redação deste artigo: do ponto de vista da forma, adotaremos o estilo narrativo, e não expositivo e demonstrativo, o que nos permitirá avançar em direção ao conceito de uma cidadania atual – descrevermos várias experiências de cidadania; do ponto de vista do conteúdo, examinaremos meios práticos de desenvolver uma formação para uma cidadania crítica, criativa e responsável – uma cidadania em ato, uma cidadania experimental –, em vez de expor uma reflexão filosófica sobre o conceito de cidadania. Em outras palavras, postulando que existem em nosso ambiente indicadores da existência de uma *cidadania possível* em uma sociedade multicultural e multinacional e que existem programas pedagógicos que assumem essa dimensão, procuraremos evidenciar o que, a nosso ver, constitui uma cidadania aberta e que meios julgamos que devam ser implementados para favorecer o seu desenvolvimento.

O título traduz claramente nossa intenção de agir em matéria de formação para a cidadania, considerando que a instauração de espaços de cidadania constitui um meio coerente de formação para a nova cidadania. Sem dúvida, essa intenção é uma resposta, ou melhor, um engajamento que decorre de um questionamento e de uma investigação filosófica sobre a cidadania hoje, mas não abordaremos esse aspecto aqui. Vamos tratar das investigações filosóficas e pedagógicas do filósofo americano Matthew Lipman que, de resto, devem muito aos trabalhos de John Dewey.[2]

Pretendemos falar de crise da cidadania e, como resposta, da obrigação da escola de formar para a cidadania. Mas o que é a cidadania? Ela tem sempre o mesmo rosto ao longo da história? Nos diferentes países? Pode-se reconhecer nela traços essenciais, universais ou, ao contrário, ela tem diferentes representações? Por último, para que tipo de cidadania formar as crianças? Assim, não seria mais apropriado, em um projeto educativo, começar por definir a cidadania antes de expor os meios de realizá-la?

Um comentário de M. Lipman permitirá esclarecer essa questão ao formular uma primeira advertência:

> Ocorre com muita freqüência, com extrema freqüência, de formularmos projetos educativos a fim de remediar as imperfeições ou as disfunções de um sistema, embora fosse mais razoável redefinir a educação.

Observemos, em seguida, que o convite para redefinir a educação requer uma segunda advertência: *redefinir a educação* pressupõe que ela seja redesenhada e que antes ocorra ali uma revolução. Encontramos uma iniciativa desse tipo em uma obra de 1988, *Philosophy goes to school*, em que Lipman formula um projeto de educação para os valores cívicos (*education for civic values*), considerando objetivos fundamentais de uma educação digna da sociedade da qual faz parte. Ele sustenta, a exemplo de muitos outros, que a escola tem uma grande responsabilidade na socialização da criança. E entende por socialização a aquisição do comportamento característico do bom cidadão, que tem como um de seus traços essenciais visar o bem da sociedade ao mesmo tempo levando em conta seu próprio bem.[3] Ele constata ainda que a criança aprende muitas coisas por *imitação* e que os pais, os professores e as instituições, em sua prática e em seu funcionamento, são modelos que as crianças interiorizam, o que deveria levá-los a tomar consciência da responsabilidade que lhes cabe.

Não existe educação para a cidadania que não seja *reflexiva*, explica ele. A idéia de democracia, ao menos desde Locke, repousa sobre o pressuposto de que seus membros devem não apenas ser informados, mas também reflexivos; não se pede que sejam apenas conscientes das escolhas sociais, mas também que se comportem de maneira razoável, de acordo com essas escolhas.

Como conseqüência, duas tarefas são atribuídas ao professor:

A primeira é fazer com que os alunos tomem consciência da natureza da sociedade a que pertencem, transmitindo-lhes os grandes momentos da história e as grandes características da estrutura atual da sociedade. A segunda é encorajá-los a pensar nessas matérias aguçando suas habilidades de pensar e mostrando-lhes como aplicar essas habilidades a temas importantes. A primeira tarefa inclina-os a aprender, a segunda a pensar.

Uma educação para a cidadania implica, portanto, que se assuma não só o ensino da história e das instituições – o que já acontece nas escolas –, mas também o desenvolvimento do pensamento para aprender a fazer escolhas razoáveis em um determinado contexto sociocultural e permitir uma evolução que ganhe em qualidade – o que ainda está por ser feito. O exercício do pensamento implica que se organize um tempo e um espaço durante uma jornada escolar. É nesse sentido que falamos de *instaurar espaços de cidadania*, onde finalmente se dará oportunidade às crianças de ter a experiência de dimensões essenciais para se tornar cidadão.

O programa de filosofia para crianças[4] proporciona ferramentas metodológicas capazes de desenvolver três fatores essenciais a uma educação para a cidadania, tal como é definida em sua dupla dimensão crítica e criativa.

Considerando que:
- as regras da lógica e os princípios da investigação são os *critérios de racionalidade* que permitem distinguir os raciocínios pertinentes dos que não o são;
- as noções filosóficas de verdade, pessoa, justiça, eqüidade, etc., são *objetos de controvérsias* e, com isso, favorecem o crescimento das habilidades intelectuais, a sustentação da curiosidade e a capacidade de avaliar as proposições;
- a base do processo que se chama de "pensar" é um diálogo entre os membros de uma comunidade de investigação cooperativa, quando é interiorizada e transformada em um fórum em pensamento para cada participante.[5]

a educação para a cidadania supõe que seja criado um espaço onde as crianças possam dialogar de maneira cooperativa a propósito de temas que, por natureza, são contraditórios e portadores de vários sentidos, como é o caso das noções filosóficas de justiça, de democracia e de cidadania, a fim de que possam descobrir os critérios de racionalidade capazes de levá-las a formular raciocínios fundamentados e razoáveis e a fazer escolhas autônomas, conscientes e responsáveis.

Esses espaços privilegiados que se instauram na escola constituem, a nosso ver, uma maneira de os professores cumprirem o dever que lhes cabe, ou seja, de garantir às crianças a proteção requerida para a sua formação. Lipman chama esses espaços de "comunidades de investigação", onde vemos, em seu aspecto prático, *espaços de cidadania*.

COMUNIDADE DE INVESTIGAÇÃO E ESPAÇO DE CIDADANIA

Fazemos nossa uma das teses pedagógicas de Lipman:

> As informações são transmitidas, as doutrinas são inculcadas, os sentimentos podem ser compartilhados – mas os significados devem ser descobertos. Ninguém tem condições de "dar" aos outros os significados.[6]

Preferimos descrever aqui a "comunidade de investigação" tal como os impressionistas pintam, para mostrar com o que se parece o caminho que conduz à instauração de um espaço de cidadania, e não para transmitir a experiência pronta ou descrevê-la em todos os seus aspectos, embora se saiba da existência de uma abordagem teórica que descreve o conceito de comunidades de investigação, que aparece na última obra de M. Lipman, intitulada *Thinking in education*.[7]

Consideramos assim como adquiridas as noções de cidadania civil, aquela que se obtém ao nascer, pelos laços biológicos ou pelo laço de nascimento – lei do sangue, lei da terra –, e de cidadania política, que designa os direitos e os deveres do cidadão, por exemplo, o direito de voto. A cidadania moderna designa ao mesmo tempo o pertencimento a um Estado nacional, europeu, ou mesmo mundial, a responsabilidade política de cada um e a organização voluntária da vida social. Alguns falarão de cidadania passiva e de cidadania ativa e insistirão no segundo aspecto a fim de que cada um se dê conta da importância de fazer valer os interesses da sociedade civil, como fazem os organismos econômicos e políticos em uma democracia.

Esse último ponto, que diz respeito à relação do indivíduo com a sociedade e à tomada de consciência da atividade que pode exercer ali, é o que requer toda a atenção do professor. Recordemos então a dupla tarefa que lhe cabe: *ensinar a cidadania* pela transmissão de informações apropriadas à idade da criança em matéria de aquisição de cidadania e de conhecimentos dos mecanismos democráticos de exercício da cidadania (*civismo*) e a exercitar-se a pensar como cidadão (*cidadania*).

Em Lipman, o conceito de cidadania (*citizenship*) raramente aparece, ao menos em sua última obra, embora a idéia de cidadania esteja implicitamente no primeiro plano de suas reflexões sobre a educação, assim como o papel da filosofia na educação, a transformação da classe em "comunidade de investigação" e a transformação de uma discussão em uma discussão dialogada e filosófica.

Hoje, muitos vêem a educação para a cidadania como um remédio urgente e necessário para aliviar a irresponsabilidade política dos adultos, a confusão dos jovens, o desenvolvimento de seitas, o crescimento do vandalismo e da violência... M. Lipman, de sua parte, considera urgente rever globalmente a concepção de educação, redefini-la. Compartilhamos suas inquietações quanto às intervenções curativas pontuais e apressadas; como ele, julgamos que as crianças devem ser atores legítimos na reflexão sobre a cidadania e elementos orgânicos de seu desenvolvimento. Vive-se a cidadania, e a definição que se possa oferecer é apenas a última etapa de uma experiência que começou há muito tempo. A instauração de espaços de cidadania na escola abre verdadeiramente às crianças um espaço e um tempo para desenvolver sua cidadania e exercitá-la.

> Recorremos cada vez mais a remediar, em vez de redefinir (*redesign*) o sistema educativo.[8]

Desde 1980, M. Lipman defende a idéia de uma necessária *redefinição da educação*, cujo critério essencial seria responder simultaneamente às necessidades da criança e às dos pais.

> O objetivo de um projeto de redefinição do sistema educativo seria conceber um sistema baseado no valor intrínseco (em oposição a um sistema cujos valores são puramente instrumentais e extrínsecos), que focalizasse sua atenção no desenvolvimento do sentido e da racionalidade, em um método que visasse a unidade e a coerência.[9]

Ele interpreta as reivindicações das crianças como uma *demanda de sentido* e as dos pais como uma *demanda de responsabilidade*. E conclui com a terrível constatação de que a escola não responde nem às necessidades das crianças nem às dos pais, no sentido de que, na organização atual de seus programas, não dá às crianças uma formação que as torne capazes de raciocinar de maneira efetiva e que as experiências que propõe a elas não são suficientemente contextualizadas, condição *sine qua non* para que emerja uma área de aprendizagens significativas.[10]

M. Lipman é drástico quanto a esse ponto:

> O que não tem contexto não tem sentido.[11]

O significado de um evento, seja de uma palavra em uma frase, seja de um episódio em um filme, é compreendido no momento em que se percebe a relação que liga a parte ao todo. Nesse sentido, fala-se de *significado intrínseco*, essencial, a fim de distinguir significados que nascem da percepção de metas, da finalidade, das condições materiais de realização, que podem ser classificadas sob a denominação de *significado extrínseco*.

> A escola deve ser definida com base na natureza da educação, e não a educação a partir da natureza da escola. Em vez de insistir no fato de que a educação é uma forma particular de experiência que só a escola pode proporcionar, poderíamos dizer que tudo o que ajuda a descobrir o significado das coisas é educativo e que a escola é educativa com a condição expressa de facilitar essa descoberta... As informações são transmitidas, as doutrinas são inculcadas, os sentimentos podem ser compartilhados – mas os significados devem ser descobertos. Ninguém tem condições de "dar" aos outros os significados.[12]

A tarefa da educação aparece como um trabalho incessante de *conceitualização*, isto é, de comunicação. A tarefa da educação como ciência é também arriscar o enunciado de novas hipóteses, formular desafios.

Cidadãos nacionais, somos também cidadãos europeus e sonhamos talvez em ser cidadãos do mundo.

A que realidades remetem esses conceitos? É concebível um projeto pedagógico que sustente essa diversidade? Por quais meios implementá-los?

São todas questões abertas que constituem o objeto de nossa pesquisa.

TRÊS FIGURAÇÕES DE ESPAÇOS DE CIDADANIA

Encontram-se aqui três exemplos pertencentes a esferas diferentes: uma *comunicação cidadã* feita pelo rádio em um período eleitoral por uma parlamentar européia (1999), uma *parábola de Confúcio*, suporte de uma discussão filosófica proposta no guia pedagógico *Investigação política e social*,[13] e um esquema teórico, o júri, visto como um *modelo de dis-*

cussão filosófica por M. Lipman (1990). Esses três exemplos são apresentados para mostrar alguns traços distintivos de uma "comunidade de investigação" e de um espaço de cidadania.

O debate parlamentar europeu

Bem recentemente, uma parlamentar européia relatou, nas ondas do rádio, a evolução atual da estrutura do debate parlamentar a partir da observação de debates realizados durante as últimas sessões do Parlamento europeu. Ele observa que os protagonistas não tomaram parte na discussão para defender os interesses de seus partidos políticos, de seus eleitores, mas o que prevaleceu na discussão foi *o exame dos critérios a se considerar na análise do problema na ordem do dia e a busca comum de uma solução adequada*. A parlamentar vê nisso um sinal positivo de que a *ética* entrou no campo político; nós vemos um exemplo de exercício da cidadania.

Estamos longe dos debates que a televisão costuma apresentar, em que cada um faz valer sua opinião argumentando com mais convicção a fim de levar a melhor contra um parceiro considerado *a priori* adversário.

A sabedoria chinesa

Lie-Tseu relata a história de um encontro de duas crianças com Confúcio.[14]

> Dirigindo-se para o Leste, Confúcio encontrou duas crianças discutindo. Ao perguntar o motivo, uma delas lhe disse: "Eu afirmo que o sol está mais perto de nós de manhã e mais afastado ao meio-dia, enquanto ele afirma o contrário". E acrescentou: "Quando o sol aparece, ele é grande como uma roda de carro, enquanto ao meio-dia seria um prato. E, portanto, ele deve estar mais afastado quando parece menor e mais próximo quando parece maior". A outra replicou: "Quando o sol se levanta, o ar está muito fresco e ao meio-dia está queimando como uma sopa quente. Por isso, ele deve estar mais próximo quando está quente e mais afastado quando está fresco". Como Confúcio não conseguiu decidir qual delas tinha razão, as crianças zombaram dele dizendo-lhe: "Como você pode se dizer inteligente?".

Estamos diante de um desses problemas bastante conhecidos dos cientistas e dos epistemólogos, em que duas interpretações diferentes dão conta de um mesmo fato sob aspectos diferentes. No caso, o tamanho e o calor aparecem como critérios sensíveis que conduzem a apreciações opostas da distância do sol. Porém, o conflito de argumentos não é insuperável. *Os pontos de vista subjetivos podem ser superados com a condição de se elevar a um nível superior de racionalidade*, examinando-se as leis do deslocamento respectivo dos astros. A história é objeto de um questionamento que permite abordar a questão epistemológica da descrição do real. O professor poderia optar por uma atitude que respeitasse pontos de vista divergentes dando razão às duas crianças e explicando-lhes que ambas estão certas, ainda que por razões diferentes. Encontramos no guia metodológico um plano de discussão que permite ao professor levar as crianças a refletir sobre a natureza do conflito que as opõe e, no momento oportuno, ajudá-las a descobrir os conhecimentos científicos que, nesse caso, lhes permitirão reformular o problema em um contexto ampliado.

- O raciocínio das crianças encontradas por Confúcio é válido?
- Por que você pensa que Confúcio não conseguiu decidir quem tinha razão?
- Você pensa que o estabelecimento da distância da terra em relação ao sol baseia-se em um raciocínio melhor que outro?
- Quais são os temas que podem ser discutidos pelo raciocínio e quais os que exigem o conhecimento de fatos, de leis?
- Há temas por meio dos quais se podem superar as divergências de opiniões sem recorrer ao raciocínio?
- Nessas circunstâncias, Confúcio tinha razão em não intervir?

Essas seis questões levantadas ajudam-nos a descobrir os limites que afetam as duas hipóteses e sua possível superação pelo conhecimento da lei da revolução dos astros e conduzem-nos à essência de uma reflexão epistemológica que permitirá, em seguida, avaliar hipóteses de maneira autônoma.

A deliberação dos jurados

Um *espaço de cidadania* assemelha-se bastante ao que M. Lipman chama de "comunidade de investigação" e a *imagem* que ele passa é de um *júri*. M. Lipman observa que a discussão entre jurados é radicalmente diferente das discussões que ocorrem durante debates políticos e descreve o júri como um modelo de instituição social em que pessoas sem *expertise* jurídica reúnem-se em torno de um tema de interesse comum, visando *formular um julgamento* (um veredicto) que se apóie na *verdade dos fatos* e que seja tão *razoável* quanto possível. Colocamos em itálico os termos que constituem os critérios que caracterizam, a nosso ver, uma discussão travada em uma comunidade de investigação e que julgamos essenciais ao desenvolvimento da cidadania. Encontramos essas características na descrição do método concebido por M. Lipman, assim como na aplicação que foi feita na Haute École de la Communauté Française de Mons.

M. Lipman considera que a instituição do júri testemunha a grande confiança que os cidadãos depositam na democracia. De fato, os jurados não são nem teóricos nem especialistas em matéria jurídica. Em geral, eles não têm nenhuma experiência na deliberação, pois é comum ocorrer de fazer parte de um júri uma única vez na vida.

O dispositivo do júri repousa na convicção, ou melhor, na presunção de que os cidadãos são suficientemente razoáveis para abordar esses temas de forma inteligente, para compartilhar seus talentos e suas experiências, e para chegar a um veredicto apropriado às circunstâncias.

M. Lipman destaca dois grandes momentos na vida do júri que marcam *a passagem da discussão argumentativa ao diálogo cooperativo* e observa que a transformação repousa em uma discussão preliminar que permite a criação de *regras de decoro e de procedimentos* que orientam a investigação. Eis como ele descreve a evolução da discussão desde o primeiro encontro até o encerramento do caso: durante as primeiras sessões, os jurados às vezes tentam concluir rapidamente, utilizando argumentos persuasivos que reproduzem a *defesa* dos advogados. À medida que se desdobra o processo, eles se habituam uns aos outros e se aclimatam ao caso. Fixam-se *regras de decoro* próprias ao júri: percebe-se entre eles a necessidade de ouvir atentamente os argumentos expostos, de fundamentar as opiniões em razões, de apoiar as idéias que pareçam plausíveis. Criam-se *regras de procedimento*: por exemplo, a constatação da existência de divergências de pontos de vista requer que se efetuem as transcrições das discussões, uma reconstituição dos fatos, um exame das provas, a eventual formulação de novas hipóteses. Os jurados, isolados da vida familiar e profissional, começam a se reconhecer mutuamente como pessoas que procuram juntas estabelecer a verdade.

A sociedade democrática mostra-se audaciosa quando deposita confiança em cidadãos comuns para o estabelecimento da verdade, mesmo em casos de extrema gravidade. Assim, ela dá crédito à competência de pessoas não-qualificadas em matéria jurídica e à sua capacidade de formular julgamentos razoáveis em casos de grande complexidade com a tripla condição de que essas pessoas sejam *imparciais*, disponham de bastante *tempo* e possam estar *juntas* para deliberar. Não se impõe um teste de raciocínio aos membros do júri, e o mero fato de ter interesses no caso é suficiente para liberá-los de suas obrigações, o que mostra como a *imparcialidade* é um critério essencial que determina a escolha dos jurados.

INSTAURAR ESPAÇOS DE CIDADANIA

Instaurar espaços de cidadania pela transformação da classe em uma comunidade de investigação e pela introdução da discussão filosófica decorre de um projeto concreto e realizável por cinco razões:
- Ele já foi realizado e posto à prova em grande escala: o programa de filosofia para crianças é aplicado nos Estados Unidos, na América Latina, na Austrália e em vários países europeus, entre os quais a Bélgica.
- Está ao alcance de todos, com a condição de ser formado para isso, pois se trata de introduzir na jornada escolar um tempo para o que M. Lipman chama de "comunidade de investigação", isto é, um momento consagrado ao exercício do pensamento realizado coletivamente a fim de se dedicar à investigação da verdade e do sentido, a pensar de maneira crítica e criativa e a formular julgamentos razoáveis.
- Dispomos de um material pedagógico concebido por M. Lipman e pela equipe do IAPC[15] da Universidade Montclair, em New Jersey.
- Dispomos igualmente de um protocolo de implantação da "comunidade de investigação", isto é, de um método.
- Os diferentes países que utilizam o método trataram de avaliar suas atividades. Publicam seus resultados e comunicam suas grades ou protocolos de avaliação. A revista *Thinking*, jornal de filosofia para crianças, publica artigos e resultados de experiências do mundo inteiro.

MÉTODO DE INSTAURAÇÃO DE UMA COMUNIDADE DE INVESTIGAÇÃO FILOSÓFICA

Recordemos os diferentes aspectos da instituição do júri: *um tema de interesse comum*, um *espaço material* – uma reunião de pessoas, sem especialização jurídica, imparciais (não envolvidas pessoalmente), dispondo do isolamento e do tempo necessários para a investigação e a discussão –, *habilidades lógicas* – um protocolo de investigação, regras de decoro, a formulação de julgamentos razoáveis orientados para a investigação da verdade e do bem –, um *clima afetivo* que permita a atenção ao contexto e às pessoas.

Em *Thinking in education*, M. Lipman destaca cinco etapas metodológicas que possibilitam a transformação de uma classe em "comunidade de investigação". Nós as retomamos aqui e a reinterpretamos de maneira a mostrar explicitamente o que, nessas abordagens, contribui para implantar um espaço de cidadania, entendendo-se que, a nosso ver, a comunidade de investigação é um conceito e um método que permitem instaurar os espaços de cidadania. Retomamos ponto por ponto as cinco etapas consignadas abaixo em um quadro sintético a fim de explicitá-las.

Quadro 12.1 Instaurar uma comunidade de investigação filosófica: cinco etapas

1. Referencial comum: episódio de um romance filosófico.
2. Ordem do dia: topografia dos temas a discutir.
3. Discussão dialogada: reforço da comunidade de investigação.
4. Intervenção formativa do professor: exercício e/ou plano de discussão do guia pedagógico.
5. Aprofundamento e/ou ação.

Leitura compartilhada

Na primeira etapa, as crianças receberão um extrato de um romance filosófico; a leitura será feita oralmente e por todos alternadamente.

Essa maneira de proceder, considerada às vezes como incomum, e mesmo em desuso, tem muitas vantagens quando se trata de instaurar um espaço de cidadania: ela remete a essa relação congênita entre filosofia e democracia que repousa sobre a garantia de que todos tenham acesso a uma mensagem escrita, referencial comum, condição de exercício do pensamento crítico. Após a leitura oral, os protagonistas voltarão ao texto muitas vezes, a fim de verificar um elemento ou compreender o sentido, e com isso desenvolvem o espírito crítico.

A leitura compartilhada por todos alternadamente permite um primeiro contato com o texto: é uma maneira de se aproximar dele, de se habituar a ele, do mesmo modo que se dedicará um tempo para se habituar aos outros, à entonação de sua voz, ao ritmo de suas palavras, ao sentido que dão às coisas...

A finalidade dessa leitura não é captar individualmente o sentido do texto, como se poderia esperar de uma leitura silenciosa, mas sim compartilhar uma experiência, momento inaugural de uma busca de sentido no movimento de uma aventura coletiva.

Compartilhar uma leitura, ato de relacionar a palavra e a escrita, constitui assim o *primeiro momento de instauração de um espaço de cidadania*: é um momento essencial, uma condição *sine qua non*, cuja pertinência foi amplamente argumentada pelo especialista da filosofia grega J.-P. Vernant e pelo filósofo da educação O. Reboul.

> A democracia nasce na Grécia no século VI a.C. com a introdução da escrita em Atenas.

Se a referência possível a uma mensagem escrita é condição primordial de exercício da cidadania, o romance filosófico modeliza seu funcionamento. A referência a algumas idéias essenciais da filosofia de M. Lipman nos permitirá compreender o alcance pedagógico de romances que são merecidamente chamados de romances filosóficos, assim como se fala de romances policiais ou de romances de ficção científica.

Uma *reflexão preliminar sobre* a realidade, a justiça, o belo, o bem, a amizade, a felicidade, etc., que são *os grandes temas da filosofia,* permite ter acesso a um pensamento de ordem superior, capaz de superar as contradições aparentes em matéria de julgamento prático, e os diálogos dos romances filosóficos de M. Lipman modelizam essa habilidade.

A cidadania pertence ao domínio do pensamento prático, e uma educação do pensamento para a reflexão filosófica faz merecer essa confiança atribuída a cada um por uma sociedade democrática.

Mais ainda, a aprendizagem do exercício da cidadania por se dar por imitação de heróis de um romance filosófico que debatem entre eles os grandes problemas filosóficos mencionados, adotando um *protocolo de discussão* que faz disso um diálogo filosófico.

Há outros aspectos em que o romance filosófico inicia-nos na cidadania:
- criamos o hábito de fundamentar uma discussão em um referencial comum e escrito;
- temos prazer em descobrir o fundamento de noções filosóficas como a natureza, a justiça, a amizade, etc.;
- descobrimos um estilo de diálogo cooperativo, que incorporamos progressivamente;
- concebemos o que é uma comunidade de investigação, um espaço de cidadania.

Consciente do papel primordial da imitação na educação e na formação da criança, M. Lipman introduz em seus romances modelos de discussão, de investigação e de reflexão. Há muito a dizer a propósito desses romances, pois, se eles modelizam a "comunidade de investigação" e a discussão filosófica, eles são também a expressão pedagógica de teses filosóficas do autor a propósito da educação. Os romances escritos por M. Lipman traduzem sua filosofia e seu engajamento democrático. Nesse sentido, encontramos ali o modelo, o protocolo de uma discussão filosófica que instaura mais uma vez uma comunidade de investigação, um espaço de cidadania, para quem se envolve nela.

Quadro 12.2 O romance filosófico

1. Modelo de uma "comunidade de investigação" apresentada em forma de narrativa.
2. Veiculador da cultura e dos valores da sociedade.
3. Mediador entre o indivíduo e a cultura.
4. Aguçador da percepção dos problemas.
5. Retrato de relações humanas analisáveis em termos de relações lógicas.
6. Objeto de uma leitura por todos alternadamente:
   • reconhecimento do outro na alternância do ler e do escutar;
   • desafio da formulação oral do escrito;
   • a alternância como a divisão de tarefas.
7. Interiorização progressiva de habilidades de pensamento de heróis fictícios.
8. Descoberta do caráter significante do texto.

Elaboração de uma ordem do dia

No primeiro momento da instauração de um espaço de cidadania, as crianças vivem progressivamente a experiência de uma cidadania à sua medida: habituam-se umas às outras, reconhecem-se mutuamente na alternância do ler e do escutar, aceitam o desafio de intervir publicamente, – e isso de uma maneira socializada, seja vencendo sua timidez, seja moderando sua inclinação a dominar e ainda – vivem a experiência de dividir uma tarefa, abordando juntas uma problemática comum.

Entretanto, a leitura compartilhada requer uma segunda etapa metodológica, *um segundo momento da instauração de um espaço de cidadania*, que está intimamente ligado a ele a tal ponto que não é possível conceber um sem o outro.

É verdade que, no início, a leitura compartilhada desvia a atenção dos participantes: as dificuldades que alguns sentem de decifrar as palavras, o medo de perder a vez, a busca de unidades de sentido, etc., constituem obstáculos à compreensão do sentido. Pedir simultaneamente para ler um texto escrito em voz alta, captar o conteúdo e compreender o sentido e ao mesmo tempo ficar atento para distribuir a atividade de modo que todos estejam envolvidos é uma atividade complexa, que exige uma certa experiência.

Assim, *o segundo momento da instauração de um espaço de cidadania, o estabelecimento da ordem do dia*, será dedicado à elaboração conjunta do sentido ao longo de várias etapas organizadas logicamente.

O professor recolhe as perguntas dos alunos

Primeiramente, o professor pedirá às crianças para *fazer perguntas* a propósito do referencial comum, o episódio do romance. Mais uma vez, as crianças são atores; o professor, por sua vez, desempenha um papel não-desprezível: ele tem como tarefa registrar fielmente essas perguntas no quadro, sem modificá-las ou reformulá-las, seguidas dos nomes das crianças que as formularam. A iniciativa do questionamento compete à criança, o que é um momento importante no exercício da cidadania.

Também nesse caso requer-se a atividade de todo aluno, pois suas perguntas contribuem para a compreensão de uma mensagem e para a descoberta de problemas que ele levanta. A atribuição de sentido é agora uma aventura coletiva. De fato, o sentido não é comunicado, nem desvendado pelo professor ou por um tenor da classe que faria uma leitura expressiva, mas se constrói progressivamente a partir do caos ou da cacofonia das primeiras leituras compartilhadas. Não é preciso dizer que essa impressão de caos logo será superada por aqueles que praticam regularmente o método da filosofia para crianças: ao longo das sessões, a leitura compartilhada torna-se expressiva, ritmada, a coleta de perguntas afunila-se e é fácil identificar as problemáticas a serem discutidas. Nesse momento, pode-se afirmar que a classe transformou-se em uma comunidade de investigação e que se instauraram espaços de cidadania, onde imperam a autonomia, a imparcialidade e a responsabilidade.

Portanto, é a partir de atos puramente escolares – ler um parágrafo, fazer uma pergunta – que as crianças aprendem a se tornar cidadãos; elas se engajam em uma investigação conjunta cooperando e, ao mesmo tempo, respondendo por suas intervenções; descobrem como uma intervenção individual pode ter impacto sobre a vida do grupo, como as particularidades podem pôr em perspectiva uma visão comum e global.

Os alunos, com a ajuda do professor, estabelecem uma ordem do dia

Uma vez que as perguntas foram escritas no quadro, trata-se de *estabelecer uma ordem do dia* a fim de discutir os vários temas propostos.

Durante as sessões de filosofia para crianças que organizamos e das quais participamos, concebemos quatro modos de estabelecer uma ordem do dia, sendo que a última nos parece particularmente indicada quando se trata de instaurar um espaço de cidadania, embora exija tempo e competências.

- Alguns professores procedem à votação: aplica-se, assim, a lei democrática da maioria, em que certas perguntas são consideradas essenciais e outras acessórias, podendo inclusive ser descartadas.
- Alguns professores escolhem uma pergunta que consideram essencial a fim de iniciar o debate, sabendo de antemão, por ter observado, que há outras perguntas ligadas a ela e que poderão ser tratadas na mesma linha. Eles exercem, então, um direito democrático de minoria ou um papel de mediador que se costuma atribuir aos especialistas.
- Alguns professores, por considerar que as iniciativas de questionamento e da escolha de temas de discussão cabem com todo direito às crianças, pedem a elas que agrupem as perguntas por temas ou por assuntos. Pede-se, assim, que exerçam uma habilidade lógico-ética fundamental e essencial ao exercício da cidadania: destacar o que é semelhante entre elementos diferentes.
- Alguns professores esboçam com os alunos a topografia das problemáticas a serem discutidas. Considerando que a preparação de uma ordem do dia é uma atividade essencial ao desenvolvimento da cidadania e à instauração de um espaço de cidadania, avalia-se que é preciso um tempo para conhecer e memorizar as diversas perguntas individuais, para tentar captar as relações que ligam as perguntas umas às outras, para estabelecer uma topografia de problemas a serem examinados. Essa maneira de proceder, que é mais demorada e que exige evidentemente habilidades lógicas, tem o mérito de exercitar as crianças a abandonar os particularismos

para se voltar a um tema de interesse geral e lançar as bases de um raciocínio imparcial. Descentramento e imparcialidade constituem elementos essenciais ao exercício da cidadania em uma democracia de opiniões.

O estabelecimento de uma ordem do dia adquire assim pleno sentido, visto que as crianças engajam-se verdadeiramente em uma aventura da cidadania. Elas avançam de um ponto de vista lógico, político e ético, aprendendo a analisar as relações humanas em termos de relações lógicas,[16] a passar de um ponto de vista subjetivo – as questões individuais – para uma problemática de interesse geral, a ancorar uma investigação teórica ou abstrata em uma série de observações e de questões particulares que traduzam um evento ou uma experiência, reconhecendo a contribuição de outro na elaboração de seu próprio julgamento.

Se tivéssemos de avaliar os quatro procedimentos que permitem estabelecer a topografia dos temas, a ordem do dia, em vista de uma discussão, diríamos que o primeiro é certamente um procedimento clássico de eleição na democracia, que tem o mérito de ser rápido e de abrir a discussão, mas apresenta certos limites: o voto majoritário, em um grupo de opiniões, tem como efeito reforçar as opiniões mais comuns, criar obstáculo à contribuição de todas as pessoas e de todas as idéias, com o risco de sufocar os pontos de vista minoritários, os argumentos fracos, de valorizar as escolhas heterônomas, priorizando o reconhecimento social ou a notoriedade de que se beneficiam alguns sujeitos em detrimento das necessidades expressas pelos membros do grupo por meio de suas perguntas. O terceiro procedimento testemunha o cuidado do professor de compartilhar com seus alunos a tarefa complexa da elaboração de uma ordem do dia a fim de que eles possam viver a experiência da investigação e da compreensão em um espaço protegido, a classe, lugar de cidadania.

A discussão filosófica

A *discussão filosófica* é um aspecto suplementar da instauração de um espaço de cidadania, é *o terceiro momento*, pois ela desenvolve as aptidões que permitem a formulação de um problema a partir da compreensão de seus fundamentos e o exame de soluções possíveis com a imparcialidade necessária.

Quadro 12.3. Elaborar uma ordem do dia: três momentos-chave

1. Perguntar:
   - Os alunos são estimulados pelo professor a fazer perguntas a propósito do texto, as quais gostariam de discutir depois.
   - O professor reconhece a participação individual dos alunos, escrevendo suas perguntas no quadro seguidas de seu nome.

2. Problematizar:
   - Os alunos interessam-se por todas as perguntas e tentam descobrir as relações que as sustentam mutuamente.
   - O professor ajuda os alunos a desenhar o mapa de suas áreas de interesse.
   - O professor toma conhecimento do que os alunos consideram importante no texto.
   - O professor detecta as necessidades cognitivas dos alunos.

3. Estabelecer as prioridades da discussão.

Uma vez escolhidos os temas de debate, é preciso submetê-los a uma discussão visando a formulação de julgamentos racionais e argumentados, mas sobretudo razoáveis.

Mais uma vez, o papel do professor é redefinido: longe de agir como um *guardião do saber*, interessando-se pelo conteúdo da discussão, intervindo para retificar os argumentos falaciosos, proporcionando aos alunos informações atuais sobre este ou aquele tema, ou como *censor de costumes*, seja na organização das relações entre alunos que se espera que sejam respeitosas, calmas, seja na conveniência de suas proposições, alguns temas podendo ser impedidos, outros devendo ser deixados para mais tarde, o professor se preocupará, como testemunha o estilo de suas intervenções, em estabelecer uma discussão filosófica, isto é, uma discussão que assuma a forma de um *diálogo de muitos* a propósito de um problema *formulado em conjunto*, objeto de uma *investigação cooperativa*.

Apresentamos aqui um esboço das características de uma discussão filosófica no sentido em que Lipman a entende.

Quadro 12.4 Discussão filosófica: reforço da comunidade de investigação

1. Privilegiar os temas ancorados na experiência.
2. Relacionar pontos de vista diferentes e/ou divergentes.
3. Tentar compreender.
4. Reforçar as habilidades cognitivas.
   * investigação do fundamento;
   * generalização;
   * exemplificação;
   * contra-exemplificações.
5. Utilizar as ferramentas cognitivas descobertas:
   * apresentar uma ou várias razões;
   * enunciar critérios;
   * conceitualizar;
   * formular uma lei;
   * enunciar um princípio.
6. Juntar-se na elaboração cooperativa de um raciocínio.
7. Interiorizar as ferramentas cognitivas.
8. Aumentar sua sensibilidade às diferenças contextuais.
9. Seguir um raciocínio até onde ele conduz.

Durante a discussão, o professor adotará certas atitudes a fim de desenvolver essas habilidades nos alunos de maneira que aprendam a formular julgamentos razoáveis.

Seguem-se algumas atitudes práticas que podem ser adotados para transformar uma discussão caótica em uma discussão crítica e criativa, base da formulação de julgamentos razoáveis.

Quadro 12.5 Estruturar uma discussão filosófica. Objetivo: aquisição do julgamento razoável

1. Percepção das diferenças entre coisas similares.
   Percepção das semelhanças entre coisas diferentes.
2. Sentido da perspectiva e da proporção.
3. Disposição a se surpreender, a se inquirir, a ser crítico.
4. Aptidão a elaborar e a analisar conceitos e argumentos.
5. Sensibilidade às semelhanças e às diferenças de contextos.

AVALIAÇÃO

O programa de filosofia para crianças é essencialmente discursivo, visto que o texto, escrito, é submetido ao questionamento e que a discussão dialogada é o meio privilegiado de instauração da comunidade de investigação.

É nesses momentos consagrados à investigação conjunta, ao questionamento, ao diálogo, à reflexão, à formulação de hipóteses e de avaliação, atividades expressas oralmente, que se estabelece o que Lipman chama de "comunidade de investigação", na qual reconhecemos um conceito pedagógico suscetível de instaurar espaços de cidadania na dimensão das expectativas de uma democracia aberta, ativa e criativa por uma sociedade multicultural como a Europa.

O caráter discursivo das atividades não impede absolutamente sua avaliação, e o programa pedagógico da filosofia para crianças não negligencia esse aspecto, embora ela também tenha de ser redefinida para assegurar a coerência com a finalidade das atividades realizadas.

- A avaliação incidirá menos sobre os conteúdos do que sobre as habilidades de pensamento.
- Serão avaliados não só os aspectos cognitivos, mas também as habilidades lógicas e os comportamentos socioafetivos.
- Será avaliado o desenvolvimento do aluno, assim como as habilidades do professor e a qualidade da discussão.

Agora, não é apenas o aluno que é objeto de avaliação, mas o professor, de um lado, o questionamento e a discussão, de outro, serão igualmente submetidos a uma avaliação adequada.

Quadro 12.6 Objetos de avaliação

1. Aluno.
2. Professor.
3. Questionamento.
4. Discussões dialogadas.

A título de exemplo, são apresentadas aqui as grades de avaliação concebidas pelo Institut de Recherche et d'Education (IREF)[17] e sua utilização a título experimental com alunos de segundo ano do magistério literário na Haute École de la Communauté Française de Mons.

Quadro 12.7 Filosofia para crianças de 4 a 17 anos. Avaliação de uma sessão

Objeto: o diálogo filosófico	
Programa:	*Nível:*
Número de alunos:	*Data:*
Tema(s):	

1. Aquisições dos alunos.
2. Competências desenvolvidas.
3. Competências reforçadas.
4. Competências a serem desenvolvidas posteriormente.
5. Dificuldades encontradas.

Quadro 12.8 Filosofia para crianças de 4 a 17 anos. A comunidade de investigação

	sempre	freqüentemente	às vezes	nunca
Ato de ver-se				
Ambiente calmo				
Escuta mútua				
Apontamento de contradições				
O professor faz as perguntas				
Os alunos fazem as perguntas				
O professor estimula o comentário de opiniões				
A discussão é aprofundada pelo questionamento				
A discussão é construída				
O professor bombardeia os alunos com perguntas				
O professor levanta uma questão; as crianças a desenvolvem				

UMA DISCUSSÃO EM UM ESPAÇO DE CIDADANIA

Problema levantado pelos alunos após a leitura de um episódio do romance *Mark*

Após a transferência da fábrica em que a senhora Jahorsky ocupa uma função importante, a família decide mudar-se. O pai deixará seu emprego de bibliotecário, as duas crianças deixarão a escola e os amigos, e assim a mãe manterá seu emprego. (extrato de *Mark*)

A questão é saber *quem*, na família, pode intervir na tomada de decisão e se a decisão tomada é razoável.

Essa discussão só será iniciada depois que os alunos tiverem a oportunidade de desenvolver as habilidades de raciocínio exigidas. Para isso, o professor escolherá um exercício apropriado no guia pedagógico.

Exercício (Extrato de *Mark*, Guia pedagógico)

Sua classe tem dinheiro suficiente para organizar um passeio. Vocês escolheriam ir:
1. ao zoológico
2. ao museu
3. a Walibi
4. à floresta

Transcrição da discussão desenvolvida na classe

Carine: *A escolha é restritiva; isso depende do gosto de cada um.*

Manuel: *Quando vai ser o passeio?*

Leyla: *Sua classe? O quer que dizer "sua", a classe dos alunos ou a classe do professor? Quem escolherá?*

Anna: *Fazer a escolha mais diversificada, lúdica e educativa ao mesmo tempo, como o zoológico.*

Xavier: *Isso depende dos objetivos da classe: relaxar? Aprender?*

Yvone: *E da idade.*

Zoé: *E do curso.*

Nicole: *Eu não gosto de zoológicos.*

Quadro 12.9 Filosofia para crianças de 4 a 17 anos. Avaliação de uma sessão: o diálogo filosófico

---

Programa: MARK, Investigação social e política
Nível: 1º ano
Número de alunos: 20   *Data:*
Tema(s): escolha de critérios – estabelecer as prioridades

1. **Aquisições dos alunos**
   Enunciado espontâneo de critérios para fundamentar uma opinião.
   Definir o sentido de uma palavra segundo o contexto (que sentido dar a "sua"?).
   Espírito crítico (a compreensão da palavra "sua" pode desempenhar um papel essencial na tomada de decisão. Anna pede implicitamente que se estabeleça um acordo sobre esse ponto antes de prosseguir a investigação).

2. **Competências desenvolvidas**
   Questionamento das circunstâncias (Manuel).
   Cooperação (o critério de diversificação proposto por Xavier é completado pelos critérios propostos por Yvonne e Zoé).

3. **Competências reforçadas**
   Busca de razões.
   Busca de critérios.
   Busca de sentido a partir do contexto.

4. **Competências a desenvolver posteriormente**
   Classificação de critérios.
   Avaliação da ordem de prioridades.

5. **Dificuldades encontradas**
   Apego a uma posição individualista e estereotipada, testemunho da impotência de ação sobre o ambiente, manifestação de desinteresse por uma escolha coletiva, uma decisão conjunta, atitude de facilidade e de aprovação das escolhas da maioria... (Carine).
   Retorno do subjetivo no momento de decidir após a aprovação de critérios racionais (Nicole). O professor verá aí o estímulo para prosseguir a busca, e não uma contradição insuperável.

O professor completará a *avaliação de uma discussão* por meio da *avaliação de seu comportamento e de suas intervenções* durante a sessão. A grade proposta a seguir retoma essencialmente aspectos socioafetivos e atitudes de animação da discussão.

A transcrição mostra que a intervenção do professor limitou-se à proposição de uma questão e à escuta ativa. Ele poderia, na verdade, ter exercido um papel formativo, orientando os alunos a organizar os critérios propostos e a julgar o valor de cada um durante a sessão.

Quadro 12.10 Filosofia para crianças de 4 a 17 anos. Auto-avaliação do professor. A comunidade de investigação

Programa: MARK, Investigação social e política			Nível: 1º ano	
Número de alunos: 20			Data:	
	sempre	freqüentemente	às vezes	nunca
Ato de ver-se	X			
Ambiente calmo		X		
Escuta mútua		X		
Apontamento de contradições				X
O professor faz as perguntas				X
Os alunos fazem as perguntas	X			
O professor estimula o comentário de opiniões				
A discussão é aprofundada pelo questionamento			X	
A discussão é construída		X		
O professor bombardeia os alunos com perguntas				X
O professor levanta uma questão; as crianças a desenvolvem	X			

NOTAS

1 Esta colaboração foi publicada pela primeira vez no *Bimestriel de l'Enseignement Provincial et Communal*, mars-avril 2000, n 4/99, p. 5-24. É reproduzida aqui com a autorização da autora, a quem agradecemos.
2 M.-F. DANIEL estabeleceu claramente essa relação em *La Pholosophie et les enfants. Les modèles de Lipman et Dewey*, 1997, Bruxelles, De Boeck & Belin.

3 M. LIPMAN, *Philosophy goes to school*, 1988, Temple University Press, p. 57.
4 M. Lipman e sua colaboradora A.M. Sharp conceberam um programa de *Filosofia para Crianças* dirigido a crianças de 4 a 17 anos. Ele é difundido pelo IAPC (Instituto para o Desenvolvimento da Filosofia para Crianças) da Universidade Montclair, de New Jersey.
5 M. LIPMAN, *Philosophy goes to school*, op. cit., p. 111.
6 M LIPMAN, A. M. SHARP, F. S. OSCANYAN, *Philosophy in the Classroom*, 1980, Philadelphia, Temple University Press, 2ª ed., p. 3.
7 M. LIPMAN, *Thinking in education* [1991], traduzido em francês por N. Decostre com o título *À l'École de la pensée*, 1995, Bruxelles, De Boeck Université, coll. "Pédagogies en développement".
8 M.LIPMAN, A M. SHARP, F.S. OSCANYAN, *Philosophy in the Classroom*, 1980, Philadelphia, Temple University Press, 2ª ed., p. 3.
9 Ibid., p. 1.
10 Ibid., p. 11.
11 Ibid., p. 9.
12 Ibid., p. 6.
13 *Investigação política e social* é o título do guia de acompanhamento do romance *Mark*, concebido por Lipman.
14 A história foi introduzida por M. Lipman no guia de exercícios *Investigação política e social* já citado. Ela é proposta para abordar um diálogo sobre a questão de saber quando a intervenção em um conflito é oportuna.
15 IAPC é o Instituto para o Desenvolvimento da Filosofia para Crianças da Universidade Montclair, em New Jersey. É dirigido por M. Lipman e sua colaboradora A.M. Sharp.
16 Cf. ponto 5 do Quadro 12.2, p. 237.
17 Instituto de Pesquisa e de Educação em Filosofia para Crianças. O IREF desenvolve de maneira sistemática o programa de Filosofia para Crianças na Catalunha. O programa constitui um projeto de escola em Esparraguerra, e as grades aqui apresentadas permitiram a estruturação de atividades implementadas nas diferentes escolas, seu desenvolvimento e sua avaliação. A avaliação dos professores parece primordial para julgar a pertinência da aplicação do programa e a avaliação das crianças ao longo das atividades. Todos esses aspectos conduzem a um consenso dinâmico dos professores, uma possibilidade de validação e de avaliação do programa.

13

A aprendizagem do dialogar e a prevenção primária da violência
Estudo quebequense com crianças de cinco anos[1]

Marie-France Daniel e Michael Schleifer

Cada vez mais, no Ocidente, o corpo é dissociado da pessoa. Ele é freqüentemente industrializado, explorado e mesmo abusado. Há vários anos, governos e organismos ligados à educação, à saúde, à segurança e aos serviços sociais investem somas enormes e esforços consideráveis para combater a violência e os comportamentos que o engendram.

Nas páginas a seguir apresentaremos, em primeiro lugar, uma definição da violência, dos fatores de risco ligados a ela, assim como as suas conseqüências sobre o êxito escolar das crianças. Em segundo lugar, introduziremos a abordagem de filosofia para crianças (FPC), cujos objetivos visam o desenvolvimento global da criança, bem como uma adaptação que foi feita para a prevenção primária da violência. Finalmente, apresentaremos três resultados de uma experiência com crianças da pré-escola.

A VIOLÊNCIA, FATORES DE RISCO E CONSEQÜÊNCIAS

A violência nem sempre é negativa. Quando é integrada, ela é um motor de ação, da criatividade e da superação. Ao contrário, quando não é integrada, a violência é um abuso de poder que nega a liberdade e os direitos da pessoa, pois pressupõe comportamentos que transgridem as normas de conduta comumente aceitas, e deve ser combatida e superada.

A violência não-integrada é um fenômeno cada vez mais alardeado em nossas sociedades. Entre os comportamentos violentos mais facilmente observáveis, mencionemos os abusos físicos (bater, golpear, etc.) e sexuais (carícias, assédio, tentativa de violação, etc.). Mas há também a violência psicológica, dissimulada e muitas vezes invisível (depreciação, discriminação, rejeição, silêncio, etc.) que vitima a criança. Assim, a violência não-integrada pode manifestar-se sob diversas formas, variando de moderada a grave.[2]

Entre os fatores de risco, observamos meio familiar desintegrado, baixo estatuto socioeconômico dos pais, ausência de estrutura e de ambiente em casa, consumo abusivo de drogas e de álcool, falta de auto-estima e debilidade do nível da comunicação.[3]

Sob qualquer forma que se apresente, a violência mina a qualidade de vida da criança e prejudica seu rendimento escolar: falta de apetência intelectual, problemas de memorização, distúrbios de atenção, dificuldades de aprendizagem, falta de auto-estima e problemas de comportamento como agressões, isolamento e dependência.[4] Além disso, a criança vítima de abuso caracteriza-se pela confusão e o silêncio. Não compreende o que se passa com ela: as causas lhe escapam totalmente e, em geral, ela se convence de sua responsabilidade pelo comportamento violento do outro. De resto, não conhece nem as normas, nem os limites aceitáveis relativos aos direitos fundamentais, às carícias decentes, às palavras aceitáveis, etc. – conhecimento necessário para se conscientizar do abuso e denunciar quem o pratica. Assim, ela não chega a comunicar o que vive.[5] As lacunas no plano da comunicação referem-se também às emoções. De fato, a violência quase sempre está ligada a emoções mais ou menos intensas que são malgeridas e malrepresentadas pela criança.

Vários autores concordam que a escola pode participar na prevenção da violência e que ela deve começar suas intervenções a partir da ordem primária, portanto, a partir dos 6 ou 7 anos.[6] Nossa posição é a de que convém fazer com que as crianças reflitam e dialoguem sobre as emoções e sobre manifestações da violência desde a pré-escola, ou seja, a partir dos 5 anos. De fato, estudos indicam que os comportamentos violentos aparecem muito cedo nas crianças.[7] Além disso, pesquisadores demonstram que as crianças pequenas são capazes de refletir sobre suas emoções para compreender suas causas e conseqüências[8] e que essa reflexão pode ter uma incidência sobre a qualidade de suas interações sociais.[9]

FILOSOFAR SOBRE O CORPO E A VIOLÊNCIA NA PRÉ-ESCOLA: UM PASSO PARA A PREVENÇÃO PRIMÁRIA DA VIOLÊNCIA

Existem três níveis de prevenção, ou seja, primária, secundária e terciária. Neste texto, situamo-nos em uma perspectiva de prevenção primária que se dirige a uma população saudável e que visa antecipar os malefícios da violência.

A prevenção primária passa por programas escolares que tendem a desenvolver na criança a compreensão de seus direitos e de seu corpo, a auto-estima e as habilidades ligadas ao diálogo a fim de ajudá-la a preservar sua integridade corporal, a confirmar seu direito a uma existência marcada pela liberdade e pela dignidade, a construir seu lugar no mundo. A abordagem da FPC, concebida por Matthew Lipman e seus colegas da Montclair State University (New Jersey)[10] nos anos de 1970 é promissora nesse sentido. De fato, pesquisas recentes mostram que a utilização regular (uma hora por semana) e sustentada (durante um ano letivo) da FPC tem impactos positivos, entre outros, sobre o desenvolvimento do pensamento crítico dos jovens e favorece-lhes uma capacidade de se engajar em um diálogo autêntico com seus pares.[11] Outras pesquisas científicas, publicadas desde o início dos anos de 1980, mostram igualmente a pertinência dessa abordagem em relação ao desenvolvimento da auto-estima e da socialização.[12]

A abordagem de FPC é utilizada hoje em cerca de 50 países em todo o mundo e seu material é traduzido em 20 línguas. Porém, entre o material escrito por Lipman, não existe nenhum até agora que seja dirigido às crianças de cinco anos e que vise explicitamente a prevenção da violência. A coletânea de 16 contos filosóficos, *Les contes d'Audrey-Anne*, e um guia destinado aos professores, *Dialoguer sur le corps et la violence: un pas vers la prévention,*[13] foram concebidos justamente para as crianças dessa faixa etária e em uma perspectiva de prevenção primária da violência. Os contos são chamados de filosóficos porque põem em cena e questionam conceitos "abertos" para os quais não existe uma resposta única e sobre os quais as crianças são chamadas a refletir juntas.

Cada um dos 16 contos é desenvolvido em relação a três dimensões que são exploradas no guia do professor. A primeira está ligada aos planos sensório-motor e afetivo. Encontram-se ali planos de discussões e exercícios referentes, de um lado, aos jogos, às partes do corpo privado e público, aos cinco sentidos, à motricidade, à orientação espacial, e, de outro lado, à exploração das emoções (raiva, medo, alegria, tristeza, surpresa).

A segunda dimensão de *Les contes d'Audrey-Anne* apresenta situações (geralmente mais implícitas do que explícitas) que podem levar as crianças, se essas situações as interessarem, a questionamentos sobre manifestações de violência física (uma borboleta com a asa rompida, uma boneca com os cabelos arrancados), sexual (uma joaninha que tenta seduzir outra para que lhe mostre seu corpo), psicológica (divertir-se fazendo um cachorrinho tremer de medo, dizer palavras que fazem o outro sentir-se ridículo).

A terceira dimensão que aparece em *Les contes d'Audrey-Anne* está ligada ao desenvolvimento cognitivo: questionar, observar, explorar, organizar, hierarquizar, comparar, estabelecer analogias, justificar suas opiniões, elaborar hipóteses, inventar jogos, prever as conseqüências, distinguir as intenções das conseqüências, relações entre as partes e o todo, fazer críticas, etc.

Quanto ao desenvolvimento social, ele advém por meio da utilização regular (uma hora por semana) e contínua (durante todo ano letivo) da própria abordagem que se centra no diálogo filosófico na "comunidade de investigação".

Sugere-se uma abordagem em três etapas para levar as crianças de cinco anos a "filosofar" sobre o corpo e as manifestações da violência: 1) o adulto lê contos às crianças, ou lhes apresenta o conto em forma de teatro de marionetes; 2) em seguida, pede-se às crianças que façam perguntas "filosóficas" (Por que...? Será que...? O que quer dizer...?, etc.) inspiradas pela leitura, as quais elas gostariam de discutir juntas; 3) as crianças tentam responder juntas à pergunta que escolheram e, para isso, são conduzidas a dialogar filosoficamente.

O objetivo do diálogo não é fazer com que as crianças contem casos pessoais com relação às manifestações de violência, mas sim incitá-las a refletir sobre conceitos. Consideremos a situação em que uma criança rasga o desenho de seu amigo. Algumas abordagens sugerem que se faça a criança verbalizar e, desse modo, pensar (de forma intra-subjetiva) sobre a mágoa do "eu" causada por "você" ou por "ele" (exemplo: *meu amigo me magoou porque ele rasgou meu desenho*). De maneira distinta e complementar, a abordagem filosófica sugere ajudar a criança a refletir (de forma intersubjetiva) sobre os conceitos inerentes à situação. Eis alguns exemplos de perguntas que se poderia fazer à criança para estimulá-la nesse sentido: *O que é um amigo? É fácil ser amigo de alguém? Por quê? É possível chatear um amigo? Por quê? Será que rasgar um desenho é um gesto violento? É mais ou menos violento do que rasgar um lenço de papel?*

Por quê? O que é a tristeza? O que é a raiva? Quais são as semelhanças e as diferenças entre raiva e tristeza? Ao final de sua reflexão, a criança não apenas compreende a ação que é a causa de sua mágoa, como também percebe suas circunstâncias. Com isso, começa a compreender o mundo à sua volta e a adquirir as ferramentas para controlá-lo (*vs.* sofrê-lo).

RESULTADOS DE UMA EXPERIÊNCIA COM GRUPOS DE CRIANÇAS DE CINCO ANOS

No âmbito de um projeto de pesquisa subvencionado pelo Conseil Canadien de la Recherche en Sciences Humaines (CRSH),[14] com vistas a estimular em crianças de pré-escola habilidades e atitudes ligadas a uma prevenção primária da violência, trabalhamos com 81 crianças de 5 anos pertencentes a seis classes de pré-escola, sendo que 39 crianças faziam parte de grupos experimentais (isto é, que se beneficiaram do suporte filosófico *Les contes d'Audrey-Anne* durante um ano letivo, à razão de uma hora por semana) e 42 crianças de grupos-testemunhos (que não se beneficiaram de nenhum suporte filosófico).

Entre outros objetivos, o estudo abordava: 1) a capacidade das crianças de cinco anos de dialogar entre pares; 2) o impacto do diálogo sobre o aguçamento de suas representações sociais de quatro emoções básicas; 3) o impacto do diálogo sobre o desenvolvimento da empatia e do julgamento.

Eis os resultados dessas três análises.

O diálogo filosófico

Do início de outubro a meados de abril, gravamos em vídeo todas as sessões filosóficas com as crianças participantes dos grupos experimentais. Essas gravações foram transcritas e depois analisadas. Apresentamos aqui a análise da primeira e da última transcrição do ano.

Após ler o primeiro conto (anexo A), a professora perguntou às crianças o que tinham retido a fim de estimular uma discussão entre elas. Eis um extrato da discussão:[15]

A : O que é que você reteve do conto?
74 : Elas (as crianças do conto) fazem um círculo.
A : Então, a primeira pergunta que eu coloco é: "Será que eu posso fazer um círculo em torno do meu corpo?".

74	: Pode fazer um círculo ou pode girar em torno de um círculo que a gente faz com "Kosh-tape".
A	: E será que a gente pode fazer um círculo em torno de nossos pensamentos?
73	: Pode, sim, a gente pode fazer um círculo em torno de nossos pensamentos, é isso que prende toda a nossa cabeça... depois um pensamento é uma coisa que a gente se lembra ou que gosta.
A	: Um pensamento é visível ou invisível?
67	: A gente vê, mas os outros não.
A	: Todo mundo pensa como o 67, ou alguém tem idéias diferentes?
Todos	: Sim.
A	: Será que podemos ver nossos pensamentos?
71	: É visível porque qualquer um pode ver.
74	: Eu ainda lembro quando fui ao trabalho do meu pai.
A	: Agora eu gostaria de saber de vocês qual é a diferença entre um pensamento e o corpo?
73	: Bom, o nosso corpo é uma coisa que... se mexe. Depois, nossa cabeça não se mexe de verdade.
A	: Mas, veja, eu consigo mexer minha cabeça.
73	: O que eu quero dizer é que nosso corpo, nossa barriga não mexe de verdade, mas a nossa cabeça mexe.
A	: Então, vamos utilizar nosso corpo e vamos nos mexer. Eu pediria que você ficasse em pé, porque a gente vai fazer um pequeno exercício físico.

A análise da primeira transcrição revela que cada criança fala por si mesma, não ouve o ponto de vista de seus pares e não é influenciada por ele. Quanto às habilidades de pensamento utilizadas pelos alunos durante essa primeira discussão, elas eram simples (enunciados, exemplos pessoais). Vale dizer que essa sessão de FPC foi muito curta (máximo de 10 minutos), porque as crianças perdem a concentração.

Eis algumas características particulares que foram observadas na primeira transcrição: as crianças não eram capazes de formular perguntas referentes ao conto; respondiam às perguntas da professora em uma ou duas palavras; todas concordavam com os pontos de vista de seus pares; quando reformulavam as idéias dos pares, às vezes o faziam com erros de compreensão; ficavam desestabilizadas cognitivamente com os contra-exemplos da professora e mudavam de opinião para que seu ponto de vista se ajustasse ao dela.

No último encontro filosófico do ano (meados de abril), após a leitura do décimo terceiro conto, *O pai de Philippe* (anexo B), pediu-se às crianças do mesmo grupo que fizessem perguntas. Entre outras coisas, elas perguntaram: *"Por que Philippe tinha um aparelho nas orelhas?"* e *"Por que ele (Philippe) chorava?"*. Eis alguns extratos da discussão que se seguiu e as análises que fizemos:

> A : Eu gostaria (de fazer) a primeira pergunta: por que Philippe tinha um aparelho auditivo?
> 71 : Porque ele queria escutar (...)
> 70 : Se ele não pusesse, as pessoas iam gritar porque ele não escutaria nada. Elas iam gritar e Philippe não gostava disso.

Nesse extrato, ligado à primeira pergunta colocada, duas crianças expressam-se e complementam-se. As duas conseguem colocar-se no lugar da criança que tem uma deficiência positiva e de seu meio. De um lado, 71 enuncia a perspectiva de Philippe (ele quer escutar) e, de outro, 70 estabelece uma seqüência de relações causais: primeiro, uma conseqüência direta não da experiência sensorial direta, mas do raciocínio (se ele não usasse o aparelho, não escutaria nada), depois uma conseqüência hipotética ligada a esta última (as pessoas teriam de gritar) e, finalmente, uma outra conseqüência hipotética ligada ao aspecto afetivo (Philippe não ia gostar disso). Assim, é manifesto que o pensamento lógico marca a coerência e as relações, assim como a empatia no plano das atitudes.

> A : (...) Agora, na segunda questão, a gente pergunta por que Philippe chorava. O 70 disse que o pai é que devia consolar o menino e a gente queria saber por quê.
> 77 : Eu acho que são as crianças que consolam os pais que às vezes estão tristes.
> 75 : Na vida real, o pai é que devia consolar o menino.
> A : Por quê?
> 75 : Porque, se o menino está triste, é o pai que tem que consolar.
> A : E você sabe por quê?
> 70 : Porque o menino é muito pequeno.
> 69 : Porque uma criança é mais sensível que um adulto.
> A : Como assim?
> 69 : Porque uma criança é menor e um adulto é maior.
> 75 : Um bebê é bem mais frágil do que uma criança.
> A : Por quê?
> 75 : Porque é menor.
> 77 : Um bebê, quando a gente pega, às vezes ele pode cair.
> 69 : Um adulto é mais pesado do que uma criança... porque um adulto é mais forte e uma criança é menos forte.

Nesse extrato, várias crianças unem-se em torno da mesma pergunta. Eles não se limitam a responder à pergunta da dinamizadora, mas estão engajadas em um processo de investigação comum, em que os pontos de vista dos pares servem para enriquecer a perspectiva do grupo. Aliás, a participação da dinamizadora é mínima nesse extrato em que as crianças tomam a palavra por si mesmas: seu engajamento reflexivo e discursivo é motivado por uma questão comum.

Algumas crianças são críticas em relação às proposições dos pares. Assim, 77 enuncia um ponto de vista diferente de 70, enquanto 75 inverte a proposição de 77, retomando o enunciado de 70, mas explicitando uma distinção entre a história e a "vida real".

Além disso, à medida que a dinamizadora as estimula nesse sentido, as crianças justificam seus pontos de vista ("porque o menino está triste"; "porque uma criança é menor"; "porque, quando a gente pega, às vezes ele pode cair")

Em seu procedimento de justificativa, as crianças estabelecem várias comparações entre o adulto e a criança (menor e maior; mais sensível; mais pesado e mais forte). Se o tamanho e a força revelam experiência sensorial e observação concreta, a "sensibilidade" revela raciocínio e uma compreensão intuitiva da diferença entre os adultos e as crianças. Na linha das comparações, 75 acrescenta um outro elemento que enriquece a hierarquia dos pequenos e dos grandes: "os bebês". 75 não retoma as características precedentes, mas acrescenta outra (a fragilidade), que ele justifica adequadamente. Sua justificativa é completada por 77, que ilustra a fragilidade com um exemplo ("um bebê, quando a gente pega, às vezes ele pode cair").

A : Na história, por que Philippe chorava?
76 : Porque ele estava triste que seu pai lhe disse umas grosserias.
74 : Ele chorava porque o pai tinha dito uma grosseria.
77 : Depois também, quando o pai diz grosserias, a criança chora. É melhor falar gentilmente.

Nesse último extrato, 76 e 74 respondem à pergunta que foi feita. O 77 sintetiza as duas intervenções anteriores e generaliza as proposições. Ele apresenta sua intervenção como uma regra lógica cuja conseqüência é inevitável e indissociável da ação ("quando o pai diz grosserias, a criança chora"). Conclui enunciando uma outra regra, desta vez de ordem social e moral ("é melhor falar gentilmente"). Essa intervenção denota habilidades cognitivas ligadas a uma capacidade de abstrair, de generalizar e de categorizar.

Em resumo, na última discussão com os alunos, no final da experiência com *Les contes d'Audrey-Anne*, a análise das transcrições revela que a maioria das crianças constrói seus pontos de vista a partir das intervenções dos colegas. Em outras palavras, elas "dialogam". A última discussão durou 45 minutos e a maioria das crianças participou. Eis algumas características particulares que foram observadas na última transcrição: as crianças formulam espontaneamente perguntas relacionadas ao conto; estão engajadas em um processo autônomo de investigação, em que a contribuição da professora é mínima; escutam e compreendem os pontos de vista dos pares; demonstram empatia; seus enunciados decorrem do raciocínio, e não da simples experiência perceptual (observação); utilizam habilidades de pensamento complexo (hipótese, comparações, relações lógicas, etc.); apresentam boas razões para justificar seu ponto de vista.

As representações que as crianças fazem das emoções

Para os pesquisadores que trabalham no campo das representações sociais (RS), a realidade objetiva não existe. Ela é sempre apropriada por um indivíduo ou por um grupo, reconstruída em seu próprio universo simbólico e integrada em seu sistema de valores. A RS é o produto e o processo de uma atividade mental pela da qual uma pessoa ou um grupo reconstrói a realidade e confere-lhe sentido. A RS corresponde às opiniões, às crenças e às atitudes.[16]

Visto que a compreensão – e uma justa representação das emoções – está estreitamente ligada a uma prevenção primária da violência, estudamos, no âmbito do mesmo projeto de investigação, a evolução das representações que as crianças fazem de quatro emoções básicas (a alegria, a tristeza, a raiva e o medo) na seqüência da utilização semanal do suporte filosófico.

Fizemos entrevistas individuais com alunos pertencentes a seis grupos experimentais e testemunhos (9 crianças por classe para um total de 54 crianças). As entrevistas foram aplicadas no final de setembro (pré-teste) e no final de abril (pós-teste). Perguntava-se às crianças: *"O que quer dizer para você alegria?"*, *"O que quer dizer para você medo?"*, *"O que quer dizer para você raiva?"*, *"O que quer dizer para você tristeza?"*.

Da análise das respostas das crianças emergiram conceitos que foram sistematizados em dez subcategorias, as quais foram agrupadas em três categorias (a emoção não-representada, a representação egocêntrica da emoção e a representação socializante da emoção). Eis uma ilustração em forma de quadro.

Quadro 13.1 Categoria 1: o não-representado

Subcategoria	Denominação	Descrição
1	Desconhecido	Indica que a criança não conhece a palavra indutora (exemplo: não sei).
2	Incoerente	Aplica-se quando a criança enuncia uma definição não-relacionada com a palavra indutora (exemplo: passar o dia, curativo, etc.).
3	Repetição do indutor	Significa que a criança repete apenas a palavra indutora (exemplo: alegria).

Quadro 13.2 Categoria 2: a representação egocêntrica da emoção

Subcategoria	Denominação	Descrição
4	Manifestação a propósito do estado sentido	Distingue-se das anteriores por indicar uma certa visão do que é a alegria. Pode ser identificada a uma maneira de ser mais ou menos duradoura. Assim, 4 indica que as crianças representam a alegria pelo bem-estar afetivo que sentem (exemplo: estar contente, estar calmo, etc.). Esse estado é elaborado a partir do eu em uma forma egocêntrica.
5	Estado conceitualizado	Aqui, em vez de ser expresso por um substantivo, o estado afetivo é expresso em forma de conceito (exemplo: a felicidade). É preciso notar que, embora a representação da emoção seja expressa por um conceito abstrato, refere-se ao próprio sentimento da criança. A representação da emoção não faz referência ao outro como participante de sua felicidade.
6	Manifestação concreta	Indica que a criança representa a alegria por meio de experiências sensoriais (exemplo: comer um bolo de chocolate) ou pelas de suas manifestações concretas ou observáveis (exemplo: sorrir).
7	Causa concreta	Aqui, a resposta da criança remete não a uma manifestação da alegria, como em 6, mas a uma de suas causas. É preciso observar que essa causa pode ser concreta (exemplo: quando é seu aniversário, quando vou ao parque), ou egocêntrica, inclusive em uma relação de exclusividade, e não de reciprocidade (exemplo: ficar sozinha com a mamãe)

Quadro 13.3 Categoria 3: a representação socializante da emoção

Subcategoria	Denominação	Descrição
8	A participação de outro (sofrida)	Intervém a consideração do outro. Representa uma defasagem em relação às anteriores, na medida em que evidencia a visão social que introduz. De resto, não dá ênfase à relação recíproca com os pares em que o "eu" e o "você/ele" são ativos de igual maneira: subentende que a alegria depende do outro (exemplo: quando alguém brinca comigo, quando alguém gosta da gente).
9	Dever moral integrado	Indica que as crianças representam a alegria pela expressão de um dever moral ou de uma obrigação assumida e integrada (exemplo: você tem que dividir com seu amigo).
10	Relação socializante (reciprocidade)	Indica que as RS das crianças não supõem uma relação de exclusividade com os pares na qual o "eu" tem um papel ativo a desempenhar. Fazem referência a uma relação interpessoal construída e baseada na reciprocidade (exemplo: ter o amor, me divertir com meus amigos, ter bons amigos, sentir prazer com os outros).

De fato, a análise das entrevistas individuais demonstrou que, ao longo de um ano letivo, em todos os grupos (experimentais e testemunhos), as crianças modificaram suas representações das emoções. Contudo, nas crianças pertencentes a grupos-testemunhos, o núcleo principal das representações das quatro emoções estabilizou-se na segunda categoria (representação egocêntrica), enquanto que nas crianças pertencentes aos grupos experimentais o núcleo principal dividiu-se entre a segunda e a terceira categoria (representações egocêntrica e socializante).

No que se refere à raiva, duas categorias emergiriam no pós-teste nos grupos experimentais: a representação egocêntrica e a representação socializante. Assim, no fim do ano letivo, para vários alunos, a raiva estava ligada agora a uma causa, que coloca em primeiro plano as relações interpessoais.

Quanto ao medo, no final do ano, as crianças dos grupos experimentais representaram-no em suas causas reais *vs* em causas imaginárias, como no início do ano. Assim, várias delas não apenas parecem conhecer melhor o sentido do medo, como também parecem ter mais controle sobre ele, o que faz supor que provavelmente adquiriram maior confiança em si mesmas e no mundo à sua volta.

No que se refere à tristeza, o que predominou nesses mesmos grupos de crianças foram suas manifestações concretas e, ao mesmo tempo, a participação do outro como causa de tristeza. Assim, não apenas a tristeza é representada explicitamente nesses grupos de crianças, como as representações indicam que ela é sofrida com freqüência.

Finalmente, quanto à alegria, as crianças dos grupos experimentais, no pós-teste, dividiram-se em partes mais ou menos iguais em três categorias. Assim, enquanto certas crianças não tinham representações da alegria, outras a identificaram com um sentimento e outras ainda a associaram a uma relação interpessoal. Ou seja, algumas crianças compreenderam, com um certo grau de consciência, que a alegria advém quando há a presença do outro; que ela requer um engajamento pessoal ou uma construção (ativa *vs* sofrida) da relação social.

Em suma, duas das questões de interesse de nosso projeto de pesquisa eram: *As RS que as crianças da pré-escola fazem das emoções podem modificar-se no espaço de um ano letivo?* E: *As crianças de 5 a 6 anos são capazes de levar em conta seus pares quando representam as emoções?* A resposta à primeira pergunta é afirmativa em todos os casos. A resposta à segunda pergunta é afirmativa na medida em que se utilizou um suporte filosófico. De fato, apenas nos grupos experimentais um número significativo de crianças evoluiu em suas representações das quatro emoções a ponto de fazê-las passar do não-representado a uma representação socializante.

Empatia e julgamento

Ainda no âmbito do mesmo projeto de pesquisa subvencionado pelo CRSH, introduzimos um terceiro estudo para verificar se a participação em discussões filosóficas a partir de *Les contes d'Audrey-Anne* tinha alguma incidência sobre o desenvolvimento de habilidades sociocognitivas – entre as quais a empatia – e do julgamento das crianças.[17]

Os testes referentes à empatia e ao julgamento foram aplicados no início de outubro (pré-testes) e, posteriormente, no final de abril do ano seguinte (pós-testes) a todas as crianças das seis classes participantes de nosso projeto (experimentais e controles).

Para medir a empatia, tomamos como base os dilemas de Selman[18] que colocam, por exemplo, o problema de saber se deve dar um cachorrinho a um amigo cujo cão acabou de morrer.

O julgamento era medido por um teste desenvolvido por Schleifer[19] e baseado em uma definição consensual do julgamento[20] no centro da qual se encontram a similaridade e a distinção de situações e de relações. Ter um julgamento pressupõe essencialmente perceber diferenças e semelhanças que parecem complexas e ambíguas. O teste foi adaptado do grupo de idade estudado: o conteúdo era centrado na distinção das semelhanças e das diferenças em relação ao animado e ao inanimado e em relação a manifestações sutis de violência (ver anexo C).

Os resultados sobre a empatia demonstraram uma mudança significativa entre o pré-teste e o pós-teste ($F = 7,5$; $p < 0,001$), assim como um efeito de interação significativo ($F = 7,6$; $p < 0,001$). Os grupos que experimentavam a FPC melhoraram de forma mais significativa que os grupos-controle, cujo escore era mais baixo no pós-teste.

Os resultados sobre o julgamento demonstraram uma mudança altamente significativa entre o pré-teste e o pós-teste ($F = 51,05$; $p < 0,0001$), mas não indicaram diferença entre os grupos experimentais e os grupos-testemunhos ($F = 0,68$; $p < 0,05$), salvo para o item 4 sobre a violência (ver anexo C), que evidencia um efeito de interação altamente significativo ($F = 7,2$; $p < 0,0001$), além do principal impacto significativo ($F = 5,8$; $p < 0,01$). Os grupos experimentais melhoraram de maneira significativa sobre esse item comparativamente aos grupos-controle.

O presente estudo limitava-se ao fato de que as mudanças medidas ocorreram ao longo de um único ano letivo e de uma prática filosófica com *Les contes d'Audrey-Anne* de apenas seis meses. Portanto, é interessante constatar que um período tão curto permite um progresso significativo.

DISCUSSÃO E CONCLUSÃO

As crianças podem aprender a "dialogar" aos 5 anos? A aprendizagem do diálogo tem uma incidência sobre as representações que as crianças fazem das emoções? Ela tem uma incidência sobre o desenvolvimento das habilidades e atitudes ligadas à empatia e ao julgamento? Eis as três questões sobre as quais nosso projeto de pesquisa permitiu que nos debruçássemos.

Os resultados apresentados por nossas análises são positivos. De um lado, todos os grupos (experimentais e testemunhos) evoluíram. Contata-se isso pela maturação devida à experiência de um primeiro ano vivido na escola em um grande grupo (*vs.* a casa ou o berçário) e à passagem dos 5 aos 6 anos. Porém, nas crianças participantes dos grupos experimentais (que utilizavam o suporte filosófico), a capacidade de dialogar, o aguçamento das representações das emoções, assim como a empatia e o julgamento, foram mais acentuados do que nos grupos-testemunho. Isso pode ser explicado pelo fato de que *Les contes d'Audrey-Anne* visam o desenvolvimento global da criança, isto é, os planos sensório-motor, afetivo, cognitivo e social. Primeiramente, o guia do professor sugere planos de discussão e exercícios para ajudar a criança a se conhecer melhor em suas forças e em seus limites (plano sensório-motor) e a se aceitar melhor como um ser diferente e em perpétua evolução (plano afetivo). E, visto que o diálogo tem como condição o respeito ao outro e às divergências, a criança adquire gradualmente a confiança e a estima necessárias para se afirmar e se expressar diante do grupo (plano afetivo).

Em seguida, o material trabalha particularmente a estimulação dos planos cognitivo e social. De fato, os contos propõem às crianças situações extraídas de seu cotidiano, mas que possuem um caráter conflituoso e ambíguo. Por isso, é difícil resolvê-las individualmente. A ajuda da "comunidade de investigação" torna-se, então, um apoio valioso por meio do qual cada um expressa idéias que enriquecem o grupo e contribuem para a melhoria da qualidade de vida. Além disso, o conteúdo de *Les contes d'Audrey-Anne* põe em cena (implícita ou explicitamente) manifestações ligadas à violência, o que estimula na criança uma consciência da realidade e uma reflexão crítica em função do que é e do que não é desejável dizer e fazer. Finalmente, esse material não propõe uma "resposta certa" que a criança deve memorizar, ou um "bom comportamento" que deve assumir. São as crianças, em conjunto, que devem procurar os elementos de resposta, construir ferramentas, elaborar estratégias, explicitar procedimentos, selecionar relações, criticar idéias, propor diversos contextos, etc., para conseguir resolver de forma autônoma, empática e crítica problemas que têm sentido para elas.

Para concluir, os três estudos realizados a partir do projeto de pesquisa indicam que a prática do diálogo a partir de *Les contes d'Audrey-Anne* estimulou as habilidades de pensamento complexas das crianças participantes dos grupos experimentais, assim como suas competências de dialogar com seus pares. Ela também influenciou positivamente suas representações das emoções, favorecendo a passagem do não-representado a uma representação mais concreta ou até mesmo mais socializante. E estimulou igualmente suas habilidades e atitudes ligadas à empatia e ao julgamento.

Esses resultados, embora promissores, não são suficientes para sustentar que o diálogo filosófico contribui diretamente para uma prevenção primária da violência. Assim, uma equipe de pesquisadores realizará outras experiências com um número maior de crianças (em Quebec, na França, e na Suíça) e com uma diversidade maior de instrumentos de análise (quantitativa e qualitativa) para estudar em que medida a aprendizagem do dialogar entre pares constitui uma verdadeira educação preventiva.

NOTAS

1 Uma versão deste texto será publicada em italiano em uma obra coletiva dirigida pela professora Marina Santi da Universidade de Pádua (Itália), Departamento de Psicologia, pela Ligori Editore (Nápoles).
2 Institut de la Statistique du Québec, *La Violence familiale dans la vie des enfants du Qébec*, 1999, Québec, Les publications du Québec.
3 P.-A. DOUDIN, M. ERKOHEN-MARKÜS (dir.), *Violences à l'école. Fatalité ou défi?*, 2000, Bruxelles, De Boeck Université.
4 Ibid.
5 T. PETROVIC LAGHZAOUI, "Un programme pour prévenir les abus sexuels auprès d'élèves de 6 à 12 ans" in P.-A. DOUDIN et M. ERKOHEN-MARKÜS (dir.), ibid., p. 191-207.
6 S. HYMEL, K. RUBIN, L. ROWDEN, L. LEMARE, "Children's peer relationship: Longitudinal prediction of internalizing and externalizing problems from middle to late childhood", *Child Development*, 1990, 61; Y. LAPOINTE, F. BOWEN, M.C. LAURENDEAU, *Habilités prosociales et prévention de la violence en milieu scolaire: répertoire d'animation pour la première année*, 1993, 1996, Montréal, Direction de la Santé Publique de Montréal-Centre; M. NAFPAKTITIS, B. F. PERLMUTTER, "School-based early health intervention with at-risk studentes", *School Psychology Review*, 1998, 27(3), p. 420-432.
7 F. DODSON, *Toute se joue avant 6 ans*, 1972, Paris, Robert Laffont; J. DUMAS, *L'Enfant violent – le connaître, l'aider, l'aimer*, 2000, Paris, Bayard.
8 P.L. HARRIS, F. PONS, "Perspectives actuelles sur le développement de la compréhension des émotions chez l'enfant" in J.-M. COLLETTA et A. TCHERKASSOF (dir.), *Les Émotions. Cognition, langage et développement*, 2003, Sprimont (Belgique), Mardaga, p. 209-229.
9 F. PONS, P. HARRIS, P.-A. DOUDIN, "Teaching emotion understanding", *European Journal of Psychology of Education*, 2002, 17 (3), p. 293-304; L. VILLANUEVA, R. CLEMENTE, F. GARCIA, "Theory of mind and peer rejection at school", 2000, *Social Development*, 9, p. 271-283.
10 M LIPMAN, A.M. SHARP, F. S. OSCANYAN, *Philosophy in the Classroom*, 1980, Philadelphia, Temple University Press, 2a ed.
11 M.-F. DANIEL, L. LAFORTUNE, R. PALLASCIO, M. SCHLEIFER, "Developmental dynamics of community of philosophical inquiry in an elementary school mathematics classroom", *Thinking*, 2000, 15 (1), p. 2-10.
12 Para uma lista de referências: M.-F. DANIEL, *La Philosophie et les enfants*, 1997,

Bruxelles, De Boeck Univesity, coll. "Comprendre".
13 M.-F. DANIEL, *Les Contes d'Audrey-Anne*, 2002, Québec, Le Loup de Gouttière. *Dialoguer sur le corps et la violence: un pas vers la prévention*, 2003, Québec, Le Loup de Gouttière.
14 Subvenção escalonada de 2001 a 2003 (inclusive).
15 O exemplo que apresentamos foi extraído de um grupo composto por 11 crianças. No extrato apresentado, "A" designa a dinamizadora e, por uma questão de confidencialidade, os nomes das crianças foram substituídos por números.
16 J.C. ABRIC, *Jeux, conflits et représentations sociales*, 1976, Thèse de doctorat d'État, Aix en Provence, Université de Provence; J.C. ABRIC, *Coopération, compétition et représentations sociales*, 1987, Cousset, Frigourg, Del Val; J.C. ABRIC, "L'étude expérimentale des représentations sociales" in J. DODELET (dir.), *Les représentations sociales*, 1989, Paris, PUF, p. 187-203; J. C. ABRIC, *Pratiques sociales et représentations*, 1984, Paris PUF; W. DOISE, "Stratégie de jeu à l'intérieur et entre groupes de nationalités différentes", *Bulletin du CERP*, 1969, 18. p. 13-26; W. DOISE, "L'ancrage dans les études sur les représentations sociales", *Bulletin de psychologie*, Numéro spécial, "Nouvelles voies en psychologie sociale", 1992, XLV, p. 405, 189-195; G. DUVEEN, "Le développement des représentations sociales ches les jeunes enfants: un exemple, le genre" in M.L. ROUQUETTE et C. GARNIER (dir.), *La Genèse des représentations sociales*, 1999, Montréal, Édtions Nouvelles, pp. 114-136; C. GARNIER, "La genèse des représentations sociales dans une perspective développementale" in M.L. ROUQUETTE et C. GARNIER (dir.), *La Genèse des représentations sociales*, ibid., p. 87-113.
17 Para o conjunto do estudo (resultados dos quatro instrumentos), consultar: M. SCHLEIFER, M.-F. DANIEL, E. AURIAC, S. LECOMPTE, "The impact of philosophical discussions on moral autonomy, judgment, empathy and the recognition of emotion if five years olds", *Thinking*, 2003, 16 (4), p. 4-13.
18 R.L. SELMAN, "The relation of role taking to the development of moral judgment in children", *Child Development*, 1971, 422), p. 79-91; R.L. SELMAN, D.F. BYRNE, "A Structural-Developmental Analysis of Levels of Role Taking in Middle Childhood", *Child Development*, 1974, 45, p. 803-806.
19 M. SCHLEIFER (dir.), *La formation du jugement*, 1992, Montréal, Éd. Logiques.
20 S. BAILIN, R. CASE, J.R. COOMBS, L.B. DANIELS, "Common Misconceptions of Critical Thinking", *Journal of Curriculum Studies*, 1999a, 31(3) 3, p. 269-283; S. BAILIN, R. CASE, J.R. COOMBS, L.B. DANIELS, "Conceptualizing Critical Thinking", *Journal of Curriculum Studies*, 1999b, 31 (3), p. 285-302; S. BRUNEAU, *Is there a political agenda behind critical thinking?* Artigo apresentado à Canadian Society for the Study of Education, 1996, Brock University; A. GIROUX, "Enseigner à penser: passer de maître à mentor", *Revue Canadienne de l'Education*, 1990, 15 (3), p. 229-244; M. LIPMAN, "L'Éducation au jugement" in M. SCHLEIFER (dir.), *La formation du jugement*, op. cit., p. 99-123; M. LIPMAN, *À l'école de la pensée*, trad. N. Decostre, 1995, Bruxelles, De Boeck Université (originalmente *Thinking in Education*, 1991).

Anexo A
A procura de Audrey-Anne

Na escola, é hora de educação física. Em geral, Audrey-Anne gosta de jogar e de se mexer. Mas hoje está diferente...

No ginásio, as crianças formaram um círculo para fazer um jogo. De repente, Philippe percebe a ausência de Audrey-Anne. Fica preocupado. É normal, pois é o namorado dela na escola. Ele pensa: "Audrey-Anne estava aqui ainda há pouco, e agora não está mais".

Philippe vira a cabeça e procura Audrey-Anne. Chama-a com os olhos: "Audrey-Anne, onde está você? Onde está você, Audrey-Anne?".

Nenhuma resposta!

Chama mais uma vez mentalmente: "Audrey-Anne, onde está você? Onde está você, Audrey-Anne?".

Philippe deixa o grupo e sai à procura de Audrey-Anne. Busca em todos os cantos do ginásio: olha para a direita, para a esquerda, sob uma caixa de papelão, ao lado do trampolim, atrás dos cones laranja, na cesta das grandes bolas vermelhas e verdes... Nada!

De repente, ali, debaixo da mesa do gravador, Philippe percebe duas pernas com sapatinhos vermelhos. Com a certeza de não estar enganado, ele grita para professora Camille e para as outras crianças:

– Olhem! Audrey-Anne se escondeu debaixo da mesa do gravador.

Audrey-Anne está deitada no chão, de barriga para baixo, com a cabeça enterrada nos braços. Ela não se mexe. Sua boneca está deitada ao seu lado. As crianças formam um círculo em volta de Audrey-Anne.

– Acorde, Audrey-Anne, a hora do descanso já passou – sussurra Vincent.

– Talvez ela não esteja dormindo – diz Jeanne.

– O que ela está fazendo então? – pergunta Philippe.

– Talvez tenha se escondido porque acha que a gente não gosta dela – sugere Sophie.

Vincent quer tocar Audrey-Anne. Ele estende a mão em direção à sua bunda. Sophie o detém imediatamente:

– Pare, idiota! Você não pode tocar na bunda dela!

– Por que não? – pergunta Vincent intrigado.

Sophie não sabe o que responder:

– Porque sim! – responde ela cruzando os braços sobre o peito.

E, depois de um momento de silêncio, ela acrescenta:

– Porque você não tem o direito!

– Não tenho o direito? Vamos ver! Eu posso tocar na bunda da boneca sem pedir permissão. Por que seria diferente com a bunda dela?

– Não é a mesma coisa de jeito nenhum! – responde Sophie batendo o pé.

– Ah! Não? Por quê? Explique-me então a diferença! – acrescenta Vincent em um tom irritado.

...

Anexo B
O pai de Philippe

Audrey-Anne e Philippe são namorados, eles estão sentados no fundo do guarda-roupa. A porta está entreaberta, o suficiente para deixar que um raio de sol entre na boca de Audrey-Anne. Audrey-Anne gosta de se sentar atrás de caixas e sapatos. Ela sente o odor de seus sapatos e de suas roupas. Isso lhe faz bem. É um cheiro que conhece. Sente-se segura, protegida. O guarda-roupa é sua casa, seu refúgio. Está sentada no chão, com os joelhos encolhidos na barriga.

Philippe usa um aparelho auditivo. Ele ouve mal as vozes. Distingue mal as palavras quando se fala baixo demais, ou quando não se abrem suficientemente os lábios para pronunciar.

Audrey-Anne está feliz. Ela pensa: "Gosto do Philippe porque ele sempre ouve quando eu falo".

Em seguida, vira-se para ele e pergunta:
– Philippe, de quem você gosta mais: do seu pai ou do namorado da sua mãe?
– Do meu pai, é claro! Ele é meu herói! É o mais forte! O mais legal dos pais!
– Eu também, o meu pai é o pai mais legal da Terra! Eu sempre o abraço.
– Ah! Eu também! Principalmente quando eu fui malvado com ele e quero que me perdoe.
– O que é que você faz para ser malvado, Philippe?
– Não sei! – responde Philippe erguendo os ombros. Ele parece irritado.

Audrey-Anne, curiosa e surpresa por saber que seu namorado pode ser malvado, insiste:
– Dê um exemplo, Philippe, senão não acredito em você.
– Bom, às vezes... deixa ver... às vezes, papai está cansado quando chega do trabalho à noite. Então, ele me diz palavras grosseiras e eu choro.

Audrey-Anne não compreende:

– Ah! Por que você chora, Philippe?
– Não sei. Não sei de verdade. Meu pai, ele é muito legal... Ele sempre me compra presentes. Ele gosta tanto de mim! Mas toda vez que ele me diz palavras grosseiras, meu coração começa a bater mais forte e eu fico com medo.
– Você tem medo de palavras? – pergunta Audrey-Anne rindo. – Como você é gozado! Uma palavra não pode lhe fazer mal, Philippe! Uma palavra é... é... é apenas um som, não?
– É, você tem razão, Audrey-Anne. Eu sou realmente estúpido! Mas, quando papai grita que eu sou "burro" porque eu não entendo, isso me faz tão mal!
– E é por isso que você diz que é malvado?
– Bom, é porque, quando eu choro desse jeito, isso deixa o papai muito triste. Então, para consolá-lo, eu sento no seu colo e o abraço bem forte para ele me perdoar.

Anexo C
Teste do julgamento
("Qual é diferente dos outros?")

Item 1 – Martelo

Item 2 – Cavalo

Item 3 – Pavão

Item 3 – Violência